日本その日その日

エドワード・シルヴェスター・モース
石川欣一訳

講談社学術文庫

目次

日本その日その日

本書は一九三九年に創元社より刊行されたものを原本として、文庫化しました。

原本は旧字、歴史的仮名遣いとなっていますが、新字、現代仮名遣いに改め、あわせて、用字や送り仮名などについて、編集部の判断により整理をおこなっております。また、原注と訳注について、前者は（　）、後者は〔　〕としました。さらに、その他に編集部による補足を〔　〕にて付しています（本文のみ）。

著者、訳者が故人であり、かつ本書は歴史的文献であることに鑑みて、現在では差別、偏見とされ不適切と思われる表現についても、原則として原本どおりにしています。ただし、編集部の判断に基づいて、一部の表現については改めています。

本書の原本は、原典の一部が訳者自身によって割愛されたものです（詳細は「後記」のとおり）。割愛部分もふくめた版は、平凡社「東洋文庫」に全三巻として収められています。

一八七七年の日本――横浜と東京

サンフランシスコからの航海中のこまかいことや、十七日の航海を済ませて上陸した時のよろこびやは全部省略して、この日記は日本人を最初に見た時から書き始めよう。

我々が横浜に投錨した時は、もう暗かった。ホテルに所属する日本風の小舟が我々の乗船に横づけにされ、これに乗客中の数名が、乗り移った。この舟というのは、細長い、不細工な代物で、犢鼻褌《ふんどし》だけを身につけた三人の日本人――小さな、背の低い人たちだが、おそろしく強く、重いトランクその他の荷物を赤裸の背中にのせて、やすやすと小舟におろした――が、その側面から櫓をあやつるのであった。我々を海岸まではこぶ二哩《マイル》〔約三・二キロメートル〕を彼等は物凄い程の元気で漕いだ。そして、彼等は実に不思議な呻り声を立てた。お互いに調子を揃えて、ヘイ　ヘイ　チヤ、ヘイ　ヘイ　チャというような音をさせ、時にこの船唄（若《も》しこれが船唄であるのならば）を変化させる。彼等は、舟を漕ぐのと同じ程度の力を籠めて呻る。彼等が発する雑音は、こみ入った、ぜいぜいいう、汽機の排出に似ていた。私は彼等が櫓のひと押し毎に費す烈しい気力に心から同情した。我々が岸に近づくと、舟子の一人が「人力車」「人力車」と呼んだ。すぐに誰かが海岸からこれに応じた。これは人の力によって引かれる二輪車を呼んだのである。

小舟はやっと岸に着いた。私は叫びたいくらい嬉しくなって――まったく私は小声で叫んだが――日本の海岸に飛び上った。税関の役人たちが我々の荷物を調べるために、落着き払ってやって来た。純白の制帽の下に黒い頭髪が奇妙に見える、小さな日本の人達である。我々は海岸に沿うた道を、暗黒の中へ元気よく進んだ。我々の着きようが遅かったので、ホテルはいささか混雑し、日本人の雇人達が我々の部屋を準備するために右往左往した。やがて床についた我々は、境遇の新奇さと、早く朝の光を見たいという熱心さとの為に、丁度独立記念日の朝の愉快さを期待する男の子たちみたいに、殆ど睡ることが出来なかった。

私の三十九回の誕生日である。ホテルの窓から港内に集った各国の軍艦や、この国特有の奇妙な小舟や、戎克《ジャンク》や、その他海と舟とを除いては、すべてが新しく珍しい景色を眺めた時、なんという歓喜の世界が突然私の前に展開されたことであろう。我々の一角には、田舎から流れて来る運河があり、この狭い水路を実に面白い形をした小舟が往来する。舟夫たちは一生懸命に働きながら、奇妙な船唄を歌う。道を行く人々は極めて僅か着物を着ている。各種の品物を持っている者もある。たいていの人は、粗末な、木製のはき物をはいているが、これがまた固い道路の上で不思議な、よく響く音を立てる。

朝飯が終るとすぐに我々は町を見物に出かけた。日本の町の街々をさまよい歩いた第一印象は、いつまでも消え失せぬであろう。——不思議な建築、最も清潔な陳列箱に似たのが多い見馴れぬ開け放した店、店員たちの礼譲、いろいろなこまかい物品の新奇さ、人々のたてる奇妙な物音、空気を充たす杉と茶の香り。我々にとって珍しからぬ物とては、足の下の大地と、暖かい輝かしい陽光とくらいであった。ホテルの角には人力車が数台並んで客を待っていたが、我々が出て行くや否や、彼等は「人力車？」と叫んだ。我々は明瞭に要らぬことを表示したがそれにも拘らず二人我々について来た。我々が立ち止ると彼等も立ち止る。我々が小さな店をのぞき込んで、何かを見て微笑すると、彼等もまた微笑するのであった。私は彼等がこんなに遠く迄ついて来る忍耐力に驚いた。何故かなれば我々は歩く方がよかったから人力車を雇おうと思わなかったのである。しかし彼等は我々よりも、やがて何が起るかをよく知っていた。歩き廻っている内に草疲《くたび》れてしまうばかりでなく、路に迷いもするということである。果してこの通りのことが起った。一歩ごとに出喰わした、新しいこと珍しいことによって完全に疲労し路に迷い、長く歩いて疲れ切った我々は、よろこんで人力車に乗って帰る意志を示した。如何にも弱そうに見える車に足をかけた時、私は人に引かれるということに一種の屈辱を感じた。若し私が車をおりて、はだしの男と位置を代えることが出来たら、これ程面喰わずに済んだろうと思われた。だが、この感はすぐに消え去った。そして自分のために一人の男がホテル迄の道のりを一休みもしないで、自分の前を素敵な勢で駈けているということを知った時の陽気さは、この朝の経験の多くと同様に驚くべきことであった。ホテルへ着いた時彼等は十仙《セント》とった。この為に彼等は午前中を全くつぶしたのである！

誰でも皆店を開いているようである。店と、それからそのうしろにある部屋とは、道路に向って明けっぱなしになっているので、買物をしに行く人は、自分が商品の間から無作法にも、その家族が食事をしているのを見たり、簡単なことこれに比すべくもない程度にまで引き下げられた家事をやっているのを見たりしていることに気がつく。大抵の家には炭火を埋めた灰のはいっている器具がある。この上では茶のための湯が熱くされ、寒い時には手をあたためるのだが、最も重要な役目は喫煙家に便利を与えることにあるらしい。パイプと吸い口とは金属で柄は芦みたいな物である。煙草は色が薄く、こまかく刻んであり、非常に乾いていて且つ非常にやわらかい。雁首には小さな豆粒くらいの煙草のたまが納まる。これを詰め、さて例の炭で火を点けると、一度か二度パッと吸っただけで全部灰になってしまう。このような一服でも充分なことがあるが、続けて吸うために五、六度詰めかえることも出来る。またお茶はいつでもいれることが出来るような具合になっていて、お茶を一杯出すということが、一般に店に来た人をもてなすしるしになっている。かかる小さな店のありさまを描写することは不可能である。ある点でこれ等の店は、床が地面から持ち上った明けっぱなしの仮小屋を連想させる。お客様はこの床の端に腰をかけるのである。商品は——可哀想になるくらい品数のすくないことが間々ある——低い、段々みたいな棚に並べてあるが、至って手近にあるので、お客様は腰をかけたまま手を伸ばして取ることが出来る。このうしろで家族が一室に集り、食事をしたり物を読んだり寝たりしているのであるが、若しこの店が自家製品を売るのであると、その部屋は扇子なり菓子なり砂糖菓子なり玩具なり、その他何であろうと、商品の製造場として使用される。子供が多勢集ってままごとをやっているのを見ているような気がする。時に箪笥《たんす》がある以外、椅子、テーブルその他の家具は見当らぬ。煙筒《えんとつ》もなし、ストーヴもなし、屋根裏部屋もなし、地下室もなし、扉《ドア》もなく、只すべる衝立《ついたて》があるだけである。家族は床の上に寝る。だが床には六呎《フイート》〔約百八十センチメートル〕に三呎の、きまった長さの筵《むしろ》が、恰《あたか》も子供の積木が箱にピッタリはいっているような具合に敷きつめてある。枕には小さな、頭をのせる物を使用し、夜になると綿の充分はいった夜具を上からかける。

この国の人々がどこ迄もあけっぱなしなのに、見る者は彼等の特異性をまざまざと印象づけられる。例えば往来のまん中を誰はばからず子供に乳房をふくませて歩く婦人をちょいちょい見受ける。また、続けさまにお辞儀をする処を見ると非常に丁寧であるらしいが、婦人に対する礼譲に至っては、我々はいまだ一度も見ていない。一例として、若い婦人が井戸の水を汲むのを見た。多くの町村では、道路に沿うて井戸がある。この婦人は、荷物を道路に置いて水を飲みに来た三人の男によって邪魔をされたが、彼女は彼等が飲み終る迄、辛抱強く横に立っていた。我々は勿論彼等がこの婦人のためにバケツに一杯水を汲んでやることと思ったが、どうしてどうして、それどころか礼の一言さえも云わなかった。

いたる所に広々とした稲の田がある。これは田を作ることのみならず、毎年稲を植える時、どれ程多くの労力が費されるかを物語っている。田は細い堤によって、不規則な形の地区に分たれ、この堤は同時に各地区への通路になる。地区のあるものには地面を耕す人があり、他では桶から液体の肥料をまいており、更に他の場所では移植が行われつつある。草の芽のように小さい稲の草は、一々人の手によって植えられねばならぬので、これは如何にも信じ難い仕事みたいであるが、しかも一家族をあげてことごとく、老婆も子供も一緒になってやるのである。小さい子供達は赤ン坊を背中に負って見物人として田の畔《あぜ》にいるらしく見える。この、子供を背負うということは、至る処で見られる。婦人が五人いれば四人まで、子供が六人いれば五人までが、必ず赤ン坊を背負っていることは誠に著しく目につく。時としては、背負う者が両手をうしろに廻して赤ン坊を支え、又ある時には赤ン坊が両足を前につき出して馬に乗るような恰好をしている。赤ン坊が泣き叫ぶのを聞くことは滅多になく、又私は今までのところ、お母さんが赤ン坊に対して癇癪を起しているのを一度も見ていない。私は世界中に日本ほど赤ン坊のために尽くす国はなく、また日本の赤ン坊ほどよい赤ン坊は世界中にないと確信する。かつて一人のお母さんが鋭い剃刀で赤ン坊の頭を剃っていたのを見たことがある。赤ン坊は泣き叫んでいたが、それにも拘らず、まったく静かに立っていた。私はこの行為を我が国のある種の長屋区域で見られるところのものと、何度も何度も繰りかえして対照した。

私は野原や森林に、我が国にあるのと全く同じ植物のあるのに気がついた。同時にまるで似ていないのもある。棕櫚《しゅろ》、竹、その他明らかに亜熱帯性のものもある。小さな谷間の奥では仏蘭西《フランス》の陸戦兵の一隊が、意気な帽子に派手な藍色に白の飾をつけた制服を着て、つるべ撃ちに射撃の練習をしていた。私は生まれて初めて茶の栽培を見た。どこを見ても興味のある新しい物象が私の目にはいった。

はじめて東京――東の首府という意味である――に行った時、我々は横浜を、例の魅力に富んだ人力車で横断した。東京は人口百万に近い都会である。古い名前を江戸といったので、以前からそこにいる外国人達はいまだに江戸と呼んでいる。我々を東京へ運んで行った列車は、一等二等三等から成り立っていたが、我々は二等が充分清潔で且《か》つ楽であることを発見した。車は英国の車と米国の車と米国の鉄道馬車との三つを一緒にしたものである。連結機と車台とバンパー・ビームは英国風、車室の両端にある昇降台と扉とは米国風、そして座席が車と直角に付いている所は米国の鉄道馬車みたいなものである。我々は非常な興味を以て辺りの景色を眺めた。鉄路の両側に何哩も何哩もひろがる稲の田は、今や（六月）水に被われていて、そこに働く人達は膝の辺りまで泥にはいっている。淡緑色の新しい稲は、濃い色の木立に生き生きした対照をなしている。百姓家はおそろしく大きな草葺きの屋根を持っていて、その脊《せき》梁《りょう》には鳶尾に似た葉の植物が生えている。時々我々はお寺か社を見た。いずれもあたりに木をめぐらした気持のいい、絵のような場所に建ててある。これ等すべての景色は物珍しく、かつ心を奪うようなので、十七哩の汽車の旅が、一瞬間に終ってしまった。

我々は東京に着いた。汽車が停ると人々はセメントの道におりた。木製の下駄や草履がたてる音は、どこかしら馬が沢山橋を渡る時の音に似ている――このカラコロいう音には、不思議に響き渡るどっちかというと音楽的な震動が混っている。我々の人力車には、肩に縄をつけた男が一人余計に加った――なんのことはない、タンデム・ティーム〔竪に二頭馬を並べた馬車〕である――そして我々はいい勢で走り出した。横浜が興味深かったとすれば、この大都会の狭い路や生活の有様は、更に更に興味深い。人力車は速く走る、一軒々々の家をのぞき込む、異様な人々と行き違う――僧侶や紳士や派手に装った婦人や学生や小学校の子供や、その殆ど全部が帽子をかぶっていず、みんな黒い頭の毛をしていて、下層社会の人々の、全部とはいわぬが、ある者どもは腰のまわりに寛かに衣の一種をまとっただけである――これは全く私を混乱させるに充分であった。私の頭はいろいろな光景や新奇さで、いい加減ごちゃごちゃになった。

古風な、美しい橋を渡り、お城の堀に沿うて走る内に、間もなく我々はドクタア・

デーヴィッド・マレーの事務所に着いた。優雅な傾斜を持つ高さ二十呎、あるいはそれ以上の石垣に接するこの堀は、小さな川のように見えた。石垣は広い区域を取り囲んでいる。堀の水は十五哩も遠くから来ているが、全工事の堅牢さと規模の大きさとは、大したものである。我々はテーブルと椅子若干とが置かれた低い建物にはいって行って、文部省の督学官、ドクタア・デーヴィッド・マレーの来るのを待った。テーブルの上には、煙草を吸う人の為の、火を入れた土器が箱にはいっている物が置いてあった。間もなく召使がお盆にお茶碗数個をのせて持って来たが、部屋をはいる時頭が床にさわるくらい深くお辞儀をした。

大学の外国人教授達は西洋風の家に住んでいる。これ等の家の多くは所々に出入口のある、高い塀にかこまれた広い構えの中に建っている。出入口のある物は締めたっきりであり、他の物は夜になると必ず締められる。東京市中には、このような場所があちこちにあり、ヤシキと呼ばれている。封建時代には殿様たち、即ち各地の大名たちが、一年の中の数ケ月を、江戸に住むことを強請された。で、殿様たちは、時として数千に達する程の家来や工匠や召使を連れてやって来たものである。我々が行きつつある屋敷は、封建時代に加賀の大名が持っていたもので、加賀屋敷と呼ばれていた。市内にある他の屋敷も、大名の領地の名で呼ばれる。かかる構えに関する詳細は、日本に就いて書かれた信頼すべき書類によってこれを知られたい。大名のある者の大なる富、陸地を遥々と江戸へ来る行列の壮麗、この儀式的隊伍が示した堂々たる威風……これ等は封建時代に於ける最も印象的な事柄の中に数えることが出来る。加賀の大名は家来を一万人連れて来た。薩摩の大名は江戸に来るため、家来と共に五百哩以上の旅行をした。これ等に要する費用は莫大なものであった。

現在の加賀屋敷は、立木と藪と、こんがらかった灌木との野生地であり、数百羽の烏が鳴き騒ぎ、あちらこちらに古井戸がある。ふたのしてない井戸もあるので、すこぶる危い。烏は我が国の鳩のように馴れていて、ごみさらいの役をつとめる。彼等は鉄道線路に沿った木柵にとまって、列車がゴーッと通過するとカーと鳴き、朝は窓の外で鳴いて人の目をさまさせる。

我々は外山教授と一緒に帝国大学を訪れた。日本服を着た学生が、グレーの植物学を学び、化学実験室で仕事をし、物理の実験をやり、英語の教科書を使用しているのを見ては、一寸妙な気持がせざるを得なかった。この大学には英語を勉強する為の予備校が附属しているので、大学にはいる学生は一人のこらず英語を了解していなくてはならない。私は文部卿に面会した。立派な顔をした日本人で、英語は一言も判らない。若い非常に学者らしい顔をした人が、通訳としてついて来た。この会見は、気持はよかったが、おそろしく形式的だったので、私にはこのように通訳を通じて話をすることが、いささか気になった。日本語の上品な会話は、聞いていて誠に気持がよい。ドクタア・マレーも同席されたが、会話が終って別れた時、私が非常にいい印象を与えたといわれた。私はノート無しに講義することに馴れているが、この習慣がこの際幸いにも役に立ったのである。私は最大の注意を払って言葉を選びながら、この国が示しつつある進歩に就いて文部卿を賞めた。

汽車に乗って東京を出るとすぐに江戸湾の水の上に、海岸と並行して同じような形の小さい低い島が五つ一列にならんでいるのが見える。これ等の島が設堡されているのだと知っても、別に吃驚することはないが、只どんなに奇妙な岩層か、あるいは浸蝕かが、こんな風に不思議な程均斉的な島をつくる原因になったのだろうということに、驚きを感じる。そこで説明を聞くと、これ等の島は人間がつくったもので、しかもそのすべてが五ケ月以内に出来上ったとのことである。ペリー提督が最初日本を去る時、五ケ月の内にまた来るといいのこした。そこでその期限内に日本の人たちは、単にこれ等五つの島を海の底から築き上げたばかりでなく、それに設堡工事をし、更にある島には大砲を備えつけた。かかる仕事に要した信じ難い程の勤労と、労働者や船舶の数は、我々に古代の埃及《エジプト》人が行った手段となしとげた事業とを思わせる。只日本人は、古代の人々が何年かかかってやっとやり上げたことを、何日間かでやってしまったのである。これ等の島は四、五百呎平方で約千呎ぐらいずつ離れているらしく見える。東京の公園で我々は氷河の作用を受けたに違いないと思う転石を見たが、あとで聞くと、それは何百哩もの北の方から、和船で運ばれた石であるとのことであった。

東京の死亡率が、ボストンのそれよりもすくないということを知って驚いた私は、この国の保健状態に就いて、多少の研究をした。それによると赤痢及び小児霍乱は全く無く、マラリヤによる熱病はその例を見るが多くはない。リューマチ性の疾患は外国人がこの国に数年間いると起る。しかし我が国で悪い排水や不完全な便所その他に起因するとされている病気の種類は日本には無いか、あっても非常に稀であるらしい。これは、すべての排出物質が都市から人の手によって運び出され、そして彼等の農園や水田に肥料として利用されることに原因するのかも知れない。我が国では、この下水が自由に入江や湾に流れ入り、水を不潔にし水生物を殺す。そして腐敗と汚物とから生ずる鼻持ちならぬ臭気は公衆の鼻を襲い、すべての人を酷い目にあわす。日本ではこれを大切に保存し、そして土壌を富ます役に立てる。東京のように大きな都会でこの労役が数百人の、それぞれ定まった道筋を持つ人々によって遂行されているとは信用出来ぬような気がする。桶は担い棒の両端に吊るし下げるのであるが、一杯になった桶の重さには、巨人も骨を折るであろう。多くの場合、これは何哩も離れた田舎へ運ばれ、蓋のない、半分に切った油樽みたいなものに入れられて暫く放置された後で、長柄の木製柄杓で水田に撒布される。土壌を富ます為には上述の物質以外になお函館から非常に多くの魚肥が持って来られる。元来土地が主として火山性で生産的要素に富んでいないから、肥料を与えねば駄目なのである。日本には「新しい田からはすこししか収穫が無い」という諺がある。

この国の人々は頭に何もかぶらず、殊に男は頭のてっぺんを剃って、赫々《かくかく》たる太陽の下に出ながら、日射病が無いというのは面白い事実である。我が国では不摂度な生活が日射病を誘起するものと思われているが、この国の人々は飲食の習慣に於て摂度を守っている。

この国に来た外国人が先ず気づくことの一つに、いろいろなことをやるのに日本人と我々とが逆であるという事実がある。このことは既に何千回となく物語られているが、私もまた一言せざるを得ない。日本人は鉋《かんな》で削ったり鋸《のこぎり》で引いたりするのに、我々のように向うへ押さず手前に引く。本は我々が最終のページとも称すべき所から始め、そして右上の隅から下に読む。我々の本の最後のページは日本人の本の第一頁である。彼等の船の帆柱は船尾に近く、船夫は横から艪をこぐ。正餐の順序でいうと、糖果や生菓子が第一に出る。冷水を飲まず湯を飲む。馬を厩に入れるのに尻から先に入れる。

日本で出喰わす愉快な経験の数と新奇さとにはジャーナリストも汗をかく。劇場はかかる新奇の一つであった。友人数名と共に劇場に向けて出発するということが、すでに素晴しく景気のいい感を与えた。人通りの多い町を一列縦隊で勢よく人力車を走らせると、一秒ごとに新しい光景、新しい物音、新しい香い（この最後は必ずしも常に気持よいものであるとはいえぬ）に接する……これは忘れることの出来ぬ経験である。間もなく我々は劇場に来る。我々にとっては何が何やらまるで見当もつかぬような支那文字をべったり書いた細長い布や、派手な色の提灯や、怪奇な招牌の混合で装飾された変てこりんな建物が劇場なのである。内にはいると、我々は両側に三階の桟敷を持った薄暗い、大きな、粗末な広間とでもいうような所に来る。劇場というよりも巨大な納屋といった感じである。床は枠によって六呎平方、深さ一呎以上の場所に仕切られているが、この一場所が即ち箱《ボックス》で、その一つに家族一同がはいってしまうという次第なのである。日本人は足を身体の下に曲げて坐る。トルコ人みたいに足を組み合わせはしない。椅子も腰掛もベンチも無い。芝居を見るのも面白かったが、観客を見るのも同様に面白く――すくなくとも、物珍しかった。家中で来ている人がある。母親は赤ン坊に乳房をふくませ、子供達は芝居を見ずに眠り、つき物の火鉢の上ではお茶に使う湯があたためられ、老人は煙草を吸い、そしてすべての人が静かで上品で礼儀正しい。二つの通廊は箱の上の高さと同じ高さの床で、人々はここを歩き、次ぎに幅五吋《インチ》（約十三センチメートル）くらいの箱の縁を歩いて自分の席へ行く。

舞台は低く、その一方にあるオーケストラは黒塗りの衝立によって観客からかくしてある。舞台の中央には床と同高度の、直径二十五呎という巨大な回転盤がある。場面が変る時には幕をおろさず、俳優その他一切合財を乗せたままで回転盤が徐々に回転し、道具方が忙しく仕立てつつあった新しい場面を見せると共に今まで使っていた場面を見えなくする。観客が劇を受け入れる有様は興味深かった。彼等は、たしかに、桑港《サンフランシスコ》の支那劇場で支那人の観客が示したより以上の感情と興奮を見せた。ここで私は挿句的につけ加えるが、上海に於ける支那劇場は桑港のそれとすこしも異っていなかった。桑港の舞台で、大きな、丸いコネチカット出来の柱時計が、時を刻んでいただけが相違点であった。

劇は古代のある古典劇を演出したものとのことであった。言語は我々の為に通訳してくれた日本人にとってもむずかしく、彼は時々ある語句を捕え得るのみであった。

数世紀前のスタイルの服装をした俳優——大小の刀をさしたサムライ——を見ては、興味津々たるものがあった。酔っぱらった場面は、大いに酔った勢を発揮して演出された。剝製の猫が長い竿のさきにぶらさがって出て来て手紙を盗んだ。揚幕から出て来た数人の俳優が、舞台でおきまりの大股を踏んで大威張りで高めた通廊を歩く。その中で最も立派な役者は、子供が持つ長い竿の先端についた蠟燭の光で顔を照らされる。この子供も役者と一緒に動き廻り、役者がどっちを向うが、必ず蠟燭を彼の顔の前にさし出すのである（1図）。子供は黒い衣服を着て、あとびっしゃりをして歩いた。彼は見えないことになっている。まったく、観客の想像力では見えないのであるが、我々としては、彼は俳優たちとすこしも違わぬ程度に顕著なものであった。脚光が五個、ステッキのように突っ立った高さ三呎のガス管で、目隠しもないが、これが極最新の設備なので、こんな風なむき出しのガス口が出来る迄は、俳優一人について子供一人が蠟燭をもって顔を照らしたものである。後見は我が国に於けるそれと異り、隠れていないで、舞台の上を故《ことさ》らに歩き廻り、かわり番に各俳優の

1　図

うしろに来て（私のテーブルはたった今地震で揺れた。一八七七年六月二十五日、――また震動があった。またあった。）隠れているかのように蹲《うずくま》り、そして明瞭に聞える程の大声で助言する。舞台の上には下げ幕として、鮮かな色の紙片を沢山つけた硬い縄がかたまってさがっている。オーケストラは間断なく仕事した――日本のバンジョウを怠けたような、ぼんやりしたような調子で掻き鳴らすのに持ってって、時々笛が甲高く鳴る。音楽は支那の劇場に於けるが如く勢よくもなく、また声高でもなかった。過去に於ける婦人の僕婢的服従は、女を演出する俳優（我々は男、あるいは少年が、女の役をやるのだと教わった）が、常に蹲るような態度をとることに依って知られた。幕間には大きな幕が舞台を横切って引かれる。その幕の上には、ある種の扇子の絵のような怪奇さを全部備えた、最も巨大な模様が目も覚めるような色彩であらわしてある。すべての細部にわたって劇場は新奇であった。こんな短い記述では、その極めて薄弱な感じしか出せない。

博物館には完全に驚かされた。立派に標本にした鳥類の蒐集、内国産甲殻類の美しい陳列箱、アルコール漬の大きな蒐集、その他動物各類がならべてある。そして面白いことに、標示札がいずれも日本語で書いてある。教育に関する進歩並びに外国の教育方針を採用している程度はまったくめまぐるしいくらいである。

大学を出て来た時、私は人力車夫が四人いる所に歩みよった。私は、米国の辻馬車屋がするように、彼等もまた揃って私の方に駈けつけるかなと思っていたが、事実はそれに反し、一人がしゃがんで長さの異った麦藁を四本ひろい、そして籤《くじ》を抽《ひ》くのであった。運のいい一人が私をのせて停車場へ行くようになっても、他の三人は何等いやな感情を示さなかった。汽車に間に合わせるためには、大きに急がねばならなかったので、途中、私の人力車の車輪が前に行く人力車の轂《こしき》にぶつかった。車夫たちはお互いに邪魔したことを微笑で詫び合っただけで走り続けた。私は即刻この行為と、我が国でこのような場合に必ず起る罵詈雑言とを比較した。何度となく人力車に乗っている間に、私は車夫が如何に注意深く道路にいる猫や犬や雞《にわとり》を避けるかに気がついた。また今迄の所、動物に対して癇癪を起したり、虐待したりするのは見たことが無い。口小言をいう大人もいない。これは私一人の非常に限られた経験を——もっとも私は常に注意深く観察していたが——基礎として記すのではなく、この国に数年来住んでいる人々の証言に拠っているのである。

横浜の市場の野菜部は、私を驚喜させた魚介部とは反対に貧弱である。外国人が来る迄は極めて少数の野菜しか知られていなかったものらしい。ダイコンと呼ばれるラディッシュの奇妙な一種は重要な食物である。それは長さ一呎半、砂糖大根の形をしていて、色は緑がかった白色である。附合せ物として生で食うこともあるが、また醗酵させてザワクラウトに似たような物にする事もある。この後者たるや、私と一緒にいた友人の言をかりると、製革場にいる犬でさえも尻尾を巻くほど臭気が強い。往来を運搬しているのでさえも判る。そしてそれは屑運搬人《ごみ》とすれ違うのと同じくらい不愉快である。トマトは非常に貧弱でひどく妙な恰好をしているし桃は小さく、固く、未熟で緑色をしている。町の向う側で男の子が桃を噛る音が聞えるくらいであるが、しかも日本人はこの固い、緑色の状態にある桃を好むらしく思われる。梨はたった一種類しかないらしいが、まるくって甘味も香りもなく、外見と形が大きな、左右同形のラセットアップル［朽葉色の冬林檎］に似ているので、梨か林檎か見分けるのが困難であった。果実は甘さを失うらしく、玉蜀黍《スイート・コーン》は間もなく砂糖分を失うので、数年ごとに新しくしなければならぬ。［玉蜀黍は数年ごとに直輸入の種子を蒔かぬと、甘さが減じて行ったのであろう。］莢《さや》入りの豆は面白い形をした竹の筵に縫いつけて売物に出ている（2図）。雞卵は非常に小さい。我々が珍しいものとして保存するものを除いては、今迄に見たどの雞卵よりも小さいのが、大きな箱一杯つまっている所は中々奇妙に思われた。

人々が正直である国にいることは実に気持がよい。私は決して札入れや懐中時計の見張りをしようとしない。錠をかけぬ部屋の机の上に、私は小銭を置いたままにするのだが、日本人の子供や召使は一日に数十回出入りしても、触ってならぬ物には決して手を触れぬ。私の大外套と春の外套をクリーニングするために持って行った召使は、間もなくポケットの一つに小銭若干がはいっていたのに気がついてそれを持って来たが、また、今度は桑港の乗合馬車の切符を三枚もって来た。この国の人々も所謂文明人としばらく交わっていると盗みをすることがあるそうであるが、内地にはいると不正直というようなことは殆ど無く、条約港に於ても稀なことである。日本人が正直であることの最もよい実証は、三千万人の国民の住家に錠も鍵も閂《かんぬき》も戸鈕も――いや、錠をかけるべき戸すらも無いことである。昼間は辷《すべ》る衝立が彼等の持つ唯一のドアであるが、しかもその構造たるや十歳の子供もこれを引きおろし、あるいはそれに穴を明け得るほど弱いのである。

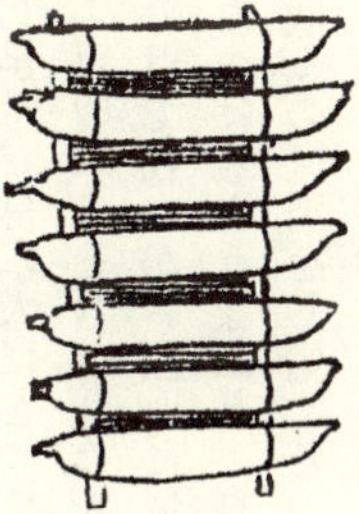

2図

日本人が集っているのを見て第一に受ける一般的な印象は、彼等が皆同じような顔をしていることで、個々の区別は幾月か日本にいた後でないと出来ない。

しかし、日本人にとって、初めの間はフランス人、イギリス人、イタリー及び他のヨーロッパ人を含む我々が、皆同じに見えたというのを聞いては驚かざるを得ない。どの点で我々がお互いに似ているかを訊ねると、彼等は必ず「あなた方は皆物凄い、睨みつけるような眼と、高い鼻と、白い皮膚とを持っている」と答える。彼等が我々の個々の区別をし始めるのも、やはりしばらくしてからである。同様にして彼等の一風変った眼や、平らな鼻梁や、より暗色な皮膚が、我々に彼等を皆同じように見させる。だが、この国に数ケ月いた外国人には、日本人にも我々に於けると同じ程度の個人的の相違があることが判って来る。同様に見えるばかりでなく、彼等は皆脊が低く足が短く、黒い濃い頭髪、どちらかというと突き出た唇が開いて白い歯を現し、頬骨は高く、色はくすみ、手が小さくて繊美で典雅であり、いつもにこにこと挙動は静かで丁寧で、晴々しい。下層民が特に過度に機嫌がいいのは驚く程である。

二　日光への旅

日光への旅行――宇都宮までの六十六哩を駅馬車で、それから更に三十哩近くを人力車で行くという旅――は、私に田舎に関する最初の経験を与えた。我々は朝の四時に東京を立って駅馬車の出る場所まで三哩人力車を走らせた。こんなに早く、天の如く静かな大都会を横切ることはまことに奇妙なものであった。駅馬車の乗場で我々は行を同じくする友人達と顔を合わせた。文部省のお役人が一人通弁としてついて行って呉れる外に、日本人が二人、我々の為に料理や、荷ごしらえや、荷を担ったり、その他の雑用をする為に同行した。我々の乗った駅馬車というのは、運送会社が団体客を海岸へ運ぶ為に、臨時に仕立てる小さな荷馬車に酷似して、腰掛が両側にあり、膝と膝とがゴツンゴツンぶつかる――といったようなものであった。しかし道路は平坦で、二頭の馬――八哩か十哩くらいで馬を代える――は、いい勢で走り続けた。

朝の六時頃、ある町を通過したが、その町の一通りには籠や浅い箱に入れた売物の野菜、魚類、果実等を持った人々が何百人となく集っていた。野天の市場なのである。この群集の中を行く時、御者は小さな喇叭《ラッパ》を調子高く吹き鳴らし、先に立って走る馬丁は奇怪きわまる叫び声をあげた。この時ばかりでなく、徒歩の人なり人力車に乗った人なりが道路の前方に現れると御者と馬丁とは、まるで馬車が急行列車の速度で走っていて、そしてすべての人が聾で盲でもあるかのように、叫んだり、呶鳴《どな》ったりするのである。我々にはこの景気のいい大騒ぎの原因が判らなかったが、ドクタア・マレーの説明によると、駅馬車がこの街道を通るようになったのはここ数ケ月前のことで、従って大いに物珍しいのだとのことであった。

この市場の町を過ぎてから、我々は重い荷を天秤棒にかけて、ヨチヨチ歩いている人を何人か見た。大した荷である。私は幾度かこれをやって見て失敗した。荷を地面から持ち上げることすら出来ない。然るにこの人々は天秤棒をかついで何哩という遠方にまで行くのである。また十哩も離れている東京まで歩いて買物に行く若い娘を数名見た。六時半というのに子供はもう学校へと路を急いでいる。時々あたり前の日本服を着ながら、アメリカ風の帽子をかぶっている日本人に出喰わした。薄い木綿の股引だけしか身につけていない人も五、六人見た。しかし足に何もはかない人も多いので、これは別に変には思われなかった。

我々が通った道路は平らでもあり、まっすぐでもあって、新英蘭《ニューイングランド》の田舎で見受けるものよりも遥かによかった。農家はこざっぱりと、趣深く建てられ、そして大きな葺いた屋根があるので絵画的であった。時々お寺やお社を見た。これ等にはほんの雨露を凌ぐといった程度のものから、巨大な萱葺屋根を持つ大きな堂々とした建築物に至る、あらゆる階級があった。これ等の建築物は、恰もヨーロッパの寺院《カセードラル》がその周囲の住宅を圧して立つように、一般民の住む低い家々に蔽いかぶさっている。面白いことに日本の神社仏閣は、例えば渓谷の奥とか、木立の間とか、山の頂上とかいうような、最も絵画的な場所に建っている。聞く処によると、政府が補助するのをやめたので空家になったお寺が沢山あるそうである。我々は学校として使用されている寺社を幾つか見受けた（3図）。かかる空家になったお寺の一つで学校の課業が行われている最中に、我々は段々の近くを

3　図

歩いて稽古に耳を傾け、そして感心した。そのお寺は大きな木の柱によって支持され、まるで明け放したパヴィリオン［亭《ちん》］といった形なのだから、前からでも後からでも素通しに見ることが出来る。片方の側の生徒達は我々に面していたので、中にはそこに立ってジロジロ眺める我々に、いたずらしく微笑むものもあったが、ある級は背中を向けていた。見ると支柱に乗った大きな黒板に漢字若干、その横には我々が使用する算用数字が書いてある。先生が日本語の本から何か読み上げると、生徒達は最も奇態な、そして騒々しい、単調な唸り声で、彼の読んだ通りを繰り返す。広い石の段々の下や、また段の上には下駄や草履が、生徒達が学校へ入る時に脱いだままの形で、長い列をなしてならんでいた。私は、若し悪戯っ児がこれ等の履物をゴチャまぜにしたら、どんな騒ぎが起るだろうかと考えざるを得なかったが、幸いにして日本の子供たちは、嬉戯に充ちていはするものの、物優しく育てられている。我が国の「男の子は男の子なんだから」［boys will be boys］という言葉――我が国にとって最大の脅威たるゴロツキ性乱暴の弁護――は、日本では耳にすることが決してない。

午前八時十五分過ぎには十五哩も来ていた。我々の荷物全部――それには缶詰のスープ、食料品、英国製エール一打《ダース》等もはいっている――を積んだ人力車は、我々のはるか前方を走っていた。しかも車夫は我々と略々同時に出立したのである。多くの人々の頭はむき出しで、中には藍色の布をまきつけた人もいたが、同時にいろいろな種類の麦藁帽子も見受けられた。水田に働く人達は、極めて広くて浅い麦藁帽子をかぶっていたが、遠くから見ると生きた菌みたいだった。

街道を進んで行くと各種の家内経済がよく見える。織が大分盛んに行われる。織機はその主要点に於て我が国のと大差ないが、紡車を我々と逆に廻すところに反対に事をする一例がある。

路に接した農家は、裏からさし込む光線に、よく磨き込まれた板の間が光って見える程あけっぱなしである。靴のままグランド・ピアノに乗っかる人が無いと同様、このような板の間に泥靴を踏み込む人間はいない。家屋の開放的であるのを見ると、常に新鮮な空気が出入していることを了解せざるを得ない。燕は、丁度我が国で納屋に巣をかけるように、家の中に巣を営む。家によっては紙や土器の皿を何枚か巣の下に置いて床を保護し、また巣の真下の梁に小さな棚を打ちつけたのもある。蠅はすこししかいない。これは馬がすくないからであろう。家蠅は馬肥で繁殖するものである。

この地方では外国人が珍しいのか、それとも人々がおそろしく好奇心に富んでいるのか、兎に角、どこででも我々が立ち止ると同時に老若男女が我々を取り巻いて、何をするのかとばかり目を見張る。そして、私が小さな子供の方を向いて動きかけると、子供は気が違ったように泣き叫びながら逃げて行く。馬車で走っている間に、私は幾度か笑いながら後を追って来る子供達を早く追いついて踏み段に乗れとさし招いたが、彼等は即時真面目になり、近くにいる大人に相談するようなまなざしを向ける。遂に私は、これは彼等が私の身振を了解しないのに違いないと思ったので、有田氏（一緒に来た日本人）に聞くと、このような場合には手の甲を上に指を数回素早く下に曲げるのだということであった。その次ぎに一群の子供達の間を通った時私は教わった通りの手つきをやって見た。すると彼等はすぐにニコニコして、馬車を追って駈け出した。そこで私は手真似足真似で何人かを踏み段に乗らせることが出来た。子供達が木の下駄をはいているにもかかわらず――おまけに多くは赤ン坊を背中にしょわされている――敏捷に動き廻るのは驚くべき程である。

　田舎の旅には楽しみが多いが、その一つは道路に添う美しい生垣、戸口の前の綺麗に掃かれた歩道、家内にある物がすべてこざっぱりとしていい趣味をあらわしていること、可愛らしい茶呑茶碗や土瓶急須、炭火を入れる青銅の器、木目の美しい鏡板、奇妙な木の瘤、花を生けるためにくりぬいた木質のきのこ。これ等の美しい品物はすべて、あたり前の百姓家にあるのである。

　この国の人々の芸術的性情は、いろいろな方法――極めて些細なことにでも――で示されている。子供が誤って障子に穴をあけたとすると、四角い紙片をはりつけずに、桜の花の形に切った紙をはる。この、綺麗な、障子のつくろい方を見た時、私は我が国ではこわれた窓硝子を古い帽子や何かをつめ込んだ袋でつくろうのであることを思い出した。

　穀物を碾《ひ》く臼は手で廻すのだが、余程の腕力を必要とする。一端を臼石の中心の真上の桷《たるき》に結びつけた棒が上から来ていて、その下端は臼の端に着いている。人はこの棒を摑んで、石を回転させる（4図）。稲の殻を取り去るには木造で石を重りにした一種の踏み槌が使用される。人は柄の末端を踏んで、それを上下させる。この方法は、漢時代の陶器に示されるのを見ると支那では少くとも二千年前からあるのである。この米つきは東京の市中に於てでも見られる（5図）。搗《つ》いている人は裸で、藁縄で出来たカーテン［縄のれん］によってかくされている。このカーテンは、すこしも時間を浪費しないで通り抜け得るから、誠に便利である。帳《とばり》として使用したらよかろうと思われる。

4　図

　この上もなく涼しい日に、この上もなく楽しい

5 図

旅を終えて我々は宇都宮に着いた。目新しい風物と経験とはここに思い出せぬほど多かった。六十六哩というものを、どちらかといえばガタピシャな馬車に乗って来たのだが、見た物、聞いた音、一として平和で上品ならざるはなかった。田舎の人々の物優しさと礼譲、生活の経済と質素と単純！ 忘れられぬ経験が一つある。品のいいお婆さんが、何哩かの間、駅馬車内で私の隣に坐った。私は日本語は殆ど判らぬながら、身ぶりをしたり、粗末な絵を描いたりして、具合よく彼女と会話をした。お婆さんはそれ迄に外国人を見たこともなければ、話を交えたこともなかった。彼女が私に向って発した興味ある質問は、我が国の知識的で上品な老婦人が外国人に向ってなすであろうものと、全く同じ性質を持っていた。

翌朝、我々は夙《はや》く、元気よく起き出でた。今日は人力車で二十六哩行かねばならぬ。人力車夫が宿屋の前に並び、宇都宮の人口の半数が群れをなして押しよせ、我々の衣類や動作を好奇心に富んだ興味で観察する有様は、まことに奇妙であった。暑い日なので私は上衣とチョッキとを取っていたので、一方ならず派手なズボンつりが群衆の特別な注意を惹いた。このズボンつりは意匠も色もあまりに野蛮なので、田舎の人達ですら感心してくれなかった。

車夫は総計六人、大きな筋肉たくましい者共で、犢鼻褌だけの素っぽだか。皮膚は常に太陽に照らされて褐色をしている。彼等は速歩で進んでいったが、とある村にはいると気が違いでもしたかのように駈け出した。私は人間の性質がどこでも同じなのを感ぜざるを得なかった。我が国の駅馬車も田舎道はブランブランと進むが、村にさしかかると疾駆して通過するではないか。

時々我々は、不細工な形をした荷鞍の上に、素敵に大きな荷物を積んだ荷牛を見受けた。また馬といえば、何哩行っても種馬にばかり行き会うのであった。東京市中及び近郊でも種馬ばかりである。ところが宇都宮を過ぎると、馬は一つの例外もなく牝馬のみであった。この牡馬と牝馬とのいる場所を、こう遠く離すという奇妙な方法は、日本独特のものだとの話だが、疑も無くこれは支那その他の東方の国々でも行われているであろう。

村の人々が将棊――我が国の将棊《チエス》よりもこみ入っている――をさしている光景は面白かった。私は新英蘭の山村の一つに、このような光景をそっくり移して見たいと想像した。

あばら家や、人が出来かけの家に住んでいるというようなことは、決して見られなかった。建築中の家屋はいくつか見たが、どの家にしても人の住んでいる場所はすっかり出来上っていて、足場がくっついていたり、屋根を葺かず、羽目を打たぬ儘《まま》にしてあったりはしないのである。屋根の多くは萱葺きで、地方によって屋背の種類が異っている。柿葺《こけらぶき》の屋根もすこしはある。柿《こけら》は我が国のトランプ札と同じくらいの厚さで、大きさも殆ど同じい。靴の釘くらいの大きさの竹釘が我が国の屋根板釘の役をつとめる。一軒が火を発すると一町村全部が燃えてしまうのに不思議はない。柿というのが厚い鉋屑みたいで、火の粉が飛んで来ればすぐさま燃え上るのだから……。日本人の清潔さは驚く程である。家は清潔で木の床は磨き込まれ、周囲は綺麗に掃き清められているが、それにも拘らず、田舎の下層民の子供達はきたない顔をしている。畑に肥料を運ぶ木製のバケツは真白で、我が国の牛乳缶みたいに清潔である。ミルクやバタやチーズは日本では知られていない。併しながら料理に就いては清潔ということがあまり明らかに現れていないので、食事を楽しもうとする人にとっては、それが如何にして調えられたかという知識は、食慾催進剤の役をしない。これは貧乏階級のみを指していうのであるが、恐らく世界中どこへ行っても、貧民階級では同じことがいえるであろう。

とある川の岸で、漁夫が十本の釣竿を同時に取扱っているのを見た。彼は高みに立って扇の骨のように開いた釣竿の端を足で踏んでいる。このようにして彼は、まるで巣の真中にいる大きな蜘蛛みたいに、どの竿に魚がかかったかを見わけることが出来るのであった（6図）。

我々は東京行きの郵便屋に行きあった。裸の男が、竿のさきに日本の旗を立てた、黒塗りの二輪車を引っ張って全速力で走る。このような男はちょいちょい交替し、馬よりも早い（7図）。

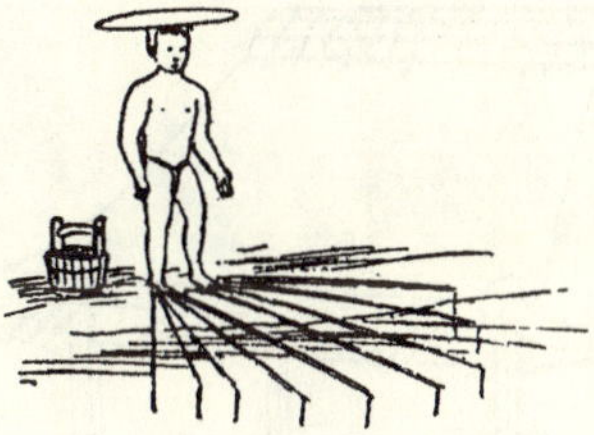

6　図

7　図

日本の萱葺屋根の特異点は、各国がそれぞれ独特の形式を持って相譲らぬことで、これ等各種の形式をよく知っている人ならば、風船で日本に流れついたとしても、家の脊梁の外見によって、どの国に自分がいるかがすぐ決定出来る程である。画家サミュエル・コールマンはカリフォルニアからメインに至る迄どの家の屋根も直線の脊梁を持っていて、典雅な曲線とか装飾的な末端とかいうものは薬にしたくも見当らぬといって、我が国の屋根の単純な外見を非難した。日本家屋の脊梁は多くの場合に於て、精巧な建造物である。編み合わした藁から植物が生える。時に空色の燕子花《かきつばた》が、見事な王冠をなして、完全に脊梁を覆っているのを見ることもある。８図は手際よく角を仕上げ割竹でしっかりと脊梁をしめつけた屋根を示している。軒から出ているのは花菖蒲の小枝三本ずつで、五月五日の男子の祭礼日にさし込んだもの。私はこの国で、多くの祭日中、特に男の子のための祭日が設けてあり、かつそれがかく迄も一般的に行われていること――何となればどの家にも、最も貧困な家にも、三本ずつ束にしたこのような枯枝が檐《のき》から下っていた――に心を打たれた。女の子のお祭は三月三日に行われる。

８図

日本の犂《すき》は非常に不細工に見える。だが、見たところよりも軽い。鉄の部分は薄く、木部は鳩尾《ありさし》のようにしてそれにはいっている。これを使用する為には、ずいぶんかがまねばならぬが、この国の人々の深く腰をかがめたり、小さい時に子供を背負ったり、田植をしたりする習慣は、すべて、非常に力強い背中を発達させる役に立つ。赤ン坊や小さな子供が両手の力を藉《か》りずに床から起き上るのを見ると、奇妙な気がする。彼等の足は、腕との割合に於て、我々のよりも余程短い。これは一般に坐るからだとされているが、そんな莫迦なことはない。

路に沿って我々は折々、まるい、輝紅色の草苺を見たが、これは全然何の味もしなかった。今迄に私は野生の草苺を三種類見た。人家の周囲には花が群れて咲いている。蜀葵は非常に美しく、その黄色くて赤い花はあまり色が鮮かなので殆ど造花かと思われる程である。いや、まったく、花束にはいっていたのを見た時には、造花に違いないと思った。最も美しいのは石榴《ざくろ》である。門の内には驚くほど見事な赤い躑躅《つつじ》の生垣があった。我が国の温室で見るのと全く同じ美しい植物である。

小憩するために車を留めた茶屋で、我々はいたる所を見廻した。部屋は綺麗に取片づけられている、畳は清潔である、杉材の天井やすべての木部は穴を埋めず、油を塗らず、仮漆《ニス》を塗らず、ペンキを塗ってない。家の一面は全部開いて、太陽と空気とを入れるが、しかも夜は木造の辷り戸で、また必要があれば、昼間は白い紙を張った軽い枠づくりの衝立で、きっちりと閉め切ることが出来る。室内の僅かな装飾品は花瓶とかけ物とである。かけ物は絵の代りに、訓言や、古典から取った道徳的の文句を、有名な人か仏教の僧侶かが書いたものであることがある。

9　図

9図は女髪結に髷《まげ》を結って貰いつつあった一婦人のスケッチである。木製の櫛と髪結の手とは練油でベットリしていた。彼女は使用に便利なように、自分の手の甲に練油をひとぬり塗りつけたものである。このようにして結った髷は数日にわたって形を崩さない。

三　日光の諸寺院と山の村落

我々は村一番の宿屋に泊った。道路から古風な建物の幾つかが長く続いて、美しい廊下や、掃き清めた内庭や、変った灌木や、脊の低い松や、石灯籠や、奇妙な塀や、その他すべてが、如何にも人の心を引きつける。我々はかくの如き建物の最終の部屋――下二間、二階二間である――を選定した。そこの廊下は殆ど部屋と同じくらい広く、そして張り出した屋根で覆われている。我々はテーブルを廊下に持ち出し、夜は頭の上の桷からぶら下った、二つの石油洋灯の光で、物を書く。これ等の洋灯は我々を除いては唯一の欧洲、又はアメリカとの接触の形跡である。我々が逢うのは日本人ばかり。新聞紙片、ポスター、シガレットの箱、その他外国の物は一つもない。今、午後十時、ここでこれを書いている私にとって、昆虫類は大いに歓迎はするが、うるさい。私は手近に昆虫箱を置き、誘惑に堪えかねて、蛾のあるものをピンでとめる。それ等はすべて実に美しいのである。その多くは、我が国にいるのと同じ「属」に属するので見覚えがあるが、色彩や模様は異っている。時々、私の紙の上に、驚くほど同じ様なのが落ちて来て止るが、それにしても相違はある。ここで書いて置かねばならぬのは、晩飯に食った野生のラズベリー［木苺の一種］のこと。形は我が国のものの二倍くらいで、ブラックベリーのように艶があり、種は非常に小さく、香りはラズベリーで味は野生的な森林を思わせるもの。実に美味で我が国のとは全く異る果実であった。

落ちついたところで我々は村落を見廻し、雄大な山の景色を楽しむのである。我々の背後で轟々と音を立てる川は、私にカリゲイン渓流を思わせた。翌朝我々はこの島帝国に現在建っている最大の寺院、日光山の諸寺院に向けて出発した。これ等の寺院は第一の将軍と第三の将軍との埋葬地と関係がある。第一の将軍は二百五十年前に死んだ。我々は面白い形をした橋を渡ったが、この橋に近く並んでもう一つ、朱の漆を厚く塗った橋がかかっている。この橋は両端近くで、激流からそそり立つ高さ十五呎直径二呎の大きな石柱で支持されている。横木は石で、垂直の柱に枘穴《ほぞあな》にして嵌めてある。橋の両岸には高い柵があって、何人も渡ることを許されない。過去に於て只将軍だけがこの橋を渡れたのであって、参詣に来た大名ですら渡ることを許されなかった。

これ等の寺院や墳墓は実に驚歎すべきものである。精巧、大規模、壮麗……その一端を伝えることすら私には全然出来ないことを、ここに白状せねばならぬ。見ること二時間にして、私は疲れ果てた。私はこれ等の寺院の小さな写真数葉を持っているが、それ等はこまかい装飾や、こみ入った木ぼりや、青銅細工や、鍛黄銅《しんちゅう》細工や、鮮かな彩色や、その他記録され難い百千の細部の真の価値を殆ど現していない。かかる驚くべき建造物の絵も従来一つとして出来ていない。一つの門を日本語で「日暮し門」という。その緻密な彫刻の細部を詳しく見るのに、一日かかるからである。

この仕事の多くは三百年近くの昔に始められ、各種の建築物は二百五十年前までぐらいの間に建て増しされたのであるが、それにもかかわらず一向古ぼけていないのを見ると、これ等神聖な記念物を如何にして来たかが判る。室内にあっては漆細工、真鍮、鍍金《めっき》、銀、黄金製の品物、鏡板を張った天井、床には冷たい藁の畳が敷きつめられる。屋外は巨大な石の鋪床、石の塀、石の欄干、石の肖像と記念碑！　そしてこの信じ難い程の手細工は、すべて、塀の外では朽木にも、また生え乱れる八重葎《やえむぐら》にも手をつけぬままの、荒々しく峨々たる山の急斜面に置かれ、石の土台さえも地衣や蘚《こけ》に被われ、岩の裂目からは美しい羊歯《しだ》の葉が萌え出ている。私は日本の芸術と細工との驚くべき示顕を、朧気ながらも描写しようとする企てを、絶望を以て放棄した。斜面の最高所にある墓に行く人は、大きな楼門を通りぬけ、古色蒼然たる広い石段に出

10　図

る。この階段の幅は十呎、一方の側は高い石墻、他方は長さ六呎高さ四呎半の一枚石から刻み出した欄干である。この石段の数二百、幅広く面積も大きい。ゆっくりと登りながら、がっしりした石の欄干ごしに、樅と松の素晴しい古い林の奥深く眺め入り、更に石段を登りつめて、自然その儘の、且つ厳かな林の中に、豊富に彫刻を施した寺院を更に一つ発見するその気持は格別である。かかる驚歎すべき景観に接すること二時間、我々は精神的に疲れ果てて……肉体的にも多少疲れていた……宿屋に帰った。時々上の森から調子の低い、ほがらかな寺鐘の音が何か巨大な、声量の多い鳥の声のように聞えて来る。日本のお寺の鐘音がかくも美しいのは、我々のように内側にぶら下る重い金属製の鐘舌で叩かず、外側から、吊るしかけた木製の棒の柔かく打ち耗《へ》らされた一端で打つからである。

お寺から帰る途中で、私は各一片の石からつくられた二つの大きな石柱の写生をした（10図）。それはたった今柱を飛び越しはしたが、尻尾がひっかかったといったような形の神話の獣をあらわしている。

今まで研究していた目まぐるしい程の細工や、綺麗な色彩や、こみ入った細部を後に、落着きのある部屋に帰ると、その対照は実に大きい。我々の部屋は階下のにも階上のにも、特に我々のために置かれた洋風の机と椅子とを除いて、家具類が一切無い。我々は床の上に寝るのである。階下の廊下から見える古風な小さい庭には、常緑樹と、花をつけた灌木若干と、塵もとどめぬ小径とがある。左手には便所（11図）へ通じる廊下があるが、これなども新英蘭の村で、普通見っともなくて而も目につきやすい事物を、このようにして隠す所に、日本人の芸術的洗煉がよく現れている。日本の大工――というよりも指物師といった方が適切かも知れぬ――が、自然そのままの木を使用する方法に注意されたい。木造部のすべては鉋にかけた状態そのまま、しかもその大部分は自然そのままの状態である。私は辷る衝立によって塞がれた小さな戸棚が、昆虫箱その他を仕舞うのに便利であることを発見した。

11 図

街路に立ち並ぶ小さな店には土地の土産物があったが、どれを見ても附近の森で集めた材料から出来ていた。木質のきのこ（*polyporus*）をくりぬいて、内側に漆を塗った盃、虫の喰った木の小枝でつくった野趣に富んだ燭台、立木のいぼをくりぬいた鉢、内側に花を刻んだ美しい木の小皿、その他、樹身や樹皮でつくった多くの珍しい品がそれである。

日本で名所として知られている多くの場所の土産物は、必ずそれ等の土地に密接した所から蒐集した材料でつくられる。我が国に於ては、ナイアガラ瀑布、バー・ハーバアその他で、何千哩も遠くから運んで来た、従ってその場所と全く無関係な品物が、土産物として売られる。事実、私はバー・ハーバアで、日本から持って来た土産物を見たが、店の者はそれを海岸で採集したのだといい、ナイアガラ瀑布では英国のライアス［侏羅《ジュラ》紀時代の古部］からの菊石を、滝のすぐ近くの岩石から掘り出した化石だといって売っている。

七月二日の月曜日の朝、我々は中禅寺に向って出発した。距離七、八哩、全部登りである。日光は海抜二千呎、中禅寺は四千呎。我々はカゴを一挺やとったが、これは簡単な輀《かご》で二人がかつぎ、時々交替する男がもう一人ついている。別に丈夫そうな男が二人、袋や、余分の衣類や食料やその他全部を背中に負って行った。それは背中に長さ四呎半の木の枠をくくりつけ、この架掛に我々の輜重《しちょう》行李をつけるのである。背中に厚い筵をあてがい、それの上にこの粗末な背嚢《はいのう》、即ち枠を倚《よ》り掛らせる。12図は二人の中の一人が昆虫網や杓子や採集瓶やその他の物を背負った所の写生である。これ等の重さは七十听《ポンド》〔約三十二キログラム〕か八十听あったに違いない。かくて召使二人が行列の殿《しんがり》をつとめ、我々が往来を縦隊で進んで行くと、土地の人々は総出で我々の進軍を見物した。我々は寺院へ通じる美しい並木路を登り、そこで左の谷へはいった。この所、川に沿うて家がすこしばかり集っている。が、深い木立の影になり、頭の上には山が聳える。山は皆火山性で削磨作用のためにどの峯もまるい。13図は谷にはいる時見た山々の輪郭を急いで書いたもので、我が国の山とは非常に違う。

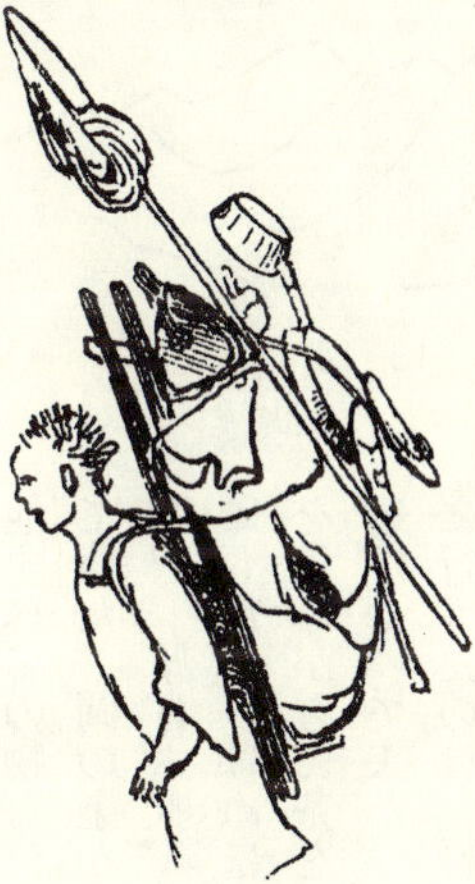

12　図

道路は佳良で固く、その上礫を粉粋する車輪が無いために、埃は全くない。

二哩歩いてから我々は道路を離れて、神社と、茶屋と、庭と、森林の間を流れ落ちる渓流の水晶のような水を湛えた池とがある小さな窪地へ降りて行った。この庭も、池も、家も、その他すべての物も、まっ盛りの躑躅の茂った生垣に取りかこまれていた。岡の上から見た所は赤色の一塊であった。生垣は高さ四呎、厚さ六呎、そして我が国の貧弱な温室躑躅などは足もとにも寄りつけぬほど見事に咲いていた。我々が廊下に坐って庭を見ながらお茶を啜っていると、湯元の温泉に入浴に行く旅人達がやって来た。その中の娘二人が肌をぬいで泉に身体を拭きに行ったのは、珍しく思われた。彼等は、我々が見ているのに気がつくと、外国人がこんな動作を無作法と考えることを知って、恥ずかしそうに、しかし朗らかに笑いながら、肌を入れた。その総《す》べてが如何にも牧歌的であり、我々には異国にいることが殊のほか強く感じられた。

13 図

この魅力に富む場所を後にすると、道路は狭くなり、奔流する山の小川に出喰わした。水は清澄で青く、岩は重なり合い、坂は急に、景色は驚くべきものである。山々は高く嶮《けわ》しく、水量は普通かかる場所に於て見られるものよりも遥かに多く、山間の渓流というよりも事実山の河川であった。狭い小径は大きな岩と岩との間をぬけたり、岩にそって廻ったり、小さな仮橋で数回川を越したりしている。この水音高く流れる川に沿うて行くこと一、二哩にして上りはいよいよ本式になり、急な坂か、はてしなき石段かを登ると、所々、景色のいい所に小さな腰掛茶屋がある。その一つは特に記憶に残っている。それは岬みたいにつき出た上の、木立の無い点に立っていて、単に渓谷のすばらしい景色を包含するばかりでなく、三つの異る山の渓流が下方で落合うのが見られる。

我々一行中の二人は、代りばんこに「カゴ」に乗った。私も乗って見たが、こんな風にして人に運ばれるのは如何にも登山らしくないので、八分の一哩ばかりでおりてしまった。駕籠は坐りつけている日本人には理想的だろうが、我々にとっては甚だ窮屈な乗物で、長い足が邪魔になって、馴れる迄には練習を要する。私は一寸休んでいた間に急いで駕籠のスケッチをした。長い、丸い竿を肩にかつぎ、それからぶら下る駕籠を担いながら、屈強な男が二人、勢よく歩いて行く所は中々面白い。かごかきはそれぞれ長い杖を持って自身を支え、二人は歩調を合わせ、そして駕籠は優しく、ゆらゆら揺れる。その後からもう一人、これは先ず草疲れた者に交替するためについて行く。

長い、辛い、しかし素晴しい徒歩旅行を終えて、我々は中禅寺湖のほとりに着いた。この湖水は径二哩、一方をめぐるのは一千五百呎、あるいはそれ以上の急な山々で、北には有名な海抜八千呎の男体山が湖畔から突如急傾斜をなして聳えている。湖床は明瞭に噴火口であったらしい。砂浜は見えず、岸にはあらゆる大きさの火山岩石が散在し、所々に熔岩や軽石がある。男体山は日本の名山の一つで地図には Nantai とあるが、ミカドが代ると共に新しい名前をつけたことがあるので、別名も数個持っている。一八六八年の改革の後、ミカドがこれに新しい名を与え、そして古い名は、それが何であったかはとにかく、放棄されてしまった。これ――即ち古い名を変えること――は我々には、不思議に思われる。例えば江戸はこの改革の後に東京――東の首都――と名づけられた。だが、我々とても、それはインディアンの名を英語の名に代えたのではあるが、同様な変更を行った。シャウムウトがボストンになり、ナウムケーグがセーラムになった如きはその例である。

蜻蛉《とんぼ》が何百万というほど群って飛んでいた。私はこんなに沢山いるのを見たことがない。彼等は顔につき当り、帽子や衣服にとまり、実にうるさいことこの上なしであった。また蜉蝣《かげろう》その他の水中で発生する昆虫類も多数いた。この日の午後を私は湖畔で採集をして送った。生きた軟体動物の、証跡は見あたらなかったが、水蛭はあちらこちらの岩の上にいたし、小数の甲殻類も目についた。蛙は二つの「種」のが沢山いた。また東京附近の田の溝に非常に多い蜆《しじみ》がここのは貝殻ばかりしかないのには驚いた。

た。私は生きた標本をさがそうと思って、柄杓でかきまわしたが、無駄だった。後で旅館へ帰って聞いたところによると、政府はこの湖水に生きた蜆を一万個移植したのだが、それは全部死んでしまったとのことである。

　この国で最も有難からぬ厄介物の一つは蚤である。山の頂上にでも野生している。彼等は人家に侵入しているので、夜間余程特別な注意を払わぬと人間は喰い尽くされてしまう。その嚙みよう——刺しよう——は非常に鋭尖で、私の腕を刺した奴は私をしてガバとばかり起き上らせたくらいであり、そしてうず痛さはしばらく残っていた。私の身体は所々蚤に喰われて赤く脹れ上っている。どこででも使用する藁の敷物が、彼等にこの上もない隠れ家を与える。我が国の夜具の役をするフトンは木綿か絹の綿——最高級の家を除いてはめったに後者を使わぬ——を沢山入れた上掛である。その一枚を身体の下に敷き、上には何枚でも好きなだけ掛ける。東京を出発する前に我々は大きな枕蓋か袋のような形の寝間着をつくらせた。夜になるとこの中にはいりこんで、首のまわりで紐を締めるのである。寝る時が来て我々が手も足も見せずに長々と床に寝そべる有様は誠に滑稽だった。我々はまるで死骸みたいだった。障子を明けるためには、ヨロヨロと歩いて行って、頭で障子を押す。これには腹をかかえた。だがこの袋のお蔭で、蚤の大部分には襲われずに済んだ。

中禅寺の村は冬には人がいなくなる。今は七月の第一週であるが、それでも僅かの家にしか人がはいっていない。しかしもうしばらくすると、何千人という旅人が男体登山にやって来てどの家にも部屋を求める人達が一杯になる。田舎の家や旅籠屋は炊事に薪を使用するので、板の間はピカピカに磨いてあるが、台所の桷は黒くすすけている。

奥地へはいって見ると、衣服は何か重大なことがある時にのみ使われるらしく、子供は丸裸、男もそれに近く、女は部分的に裸である。

その夜非常によく眠て翌朝はドクタア・マレーと私とが男体山に登る事になっていたので、五時に起きた。我々は先ず一弗《ドル》支払わねばならなかった。これは案内賃という事になっていたが、事実僧侶の懐にはいるのである。男が一人、厚い衣類や飲料水等を担いで我々について来た。往来を一哩の八分の一ばかり行った所で、我々は石段を登ってお寺に詣り、ここで長い杖を貰った。お寺の正門の両側に長い旗が立っていた。細長い旗を竿につける方法が如何にも巧みなので、私はそれを注意深くスケッチした(14図)。(その後私は店の前やその他の場所で、同じように出来た小さな旗を沢山見た。) 旗は竹竿の上端にかぶさっている可動性の竹の一片についていて、旗の片側にある環がそれをちゃんと抑え、風が吹くと全体が竿を中心に回転する。旗は漢字を上から下へ垂直的に書くのに都合がいいように長く出来ている。私は漢字を写す――というよりも寧ろそれ等がどんな物であるかを示すべく努力した。旗は長さ十五呎で幅三呎、依って私はその上半部だけを写した。漢字は寺院と山の名その他である。古めかしい背の高い、大きな門の錠が外されて開いた。それを通り越すと、我々は直接に山の頂上まで行っている山径の下に出た。唐檜が生えているあたり迄は段々で、それから上になると径は木の根や岩の上に出来ている。それは四千呎の高さを一直線に登るので、困難――例えばしゃがんだり、膝をついて匍《はらば》ったり、垂直面に爪先や指を押し込んだりするような――を感じるようなことは只の一度もなかったが、それにも拘らず、私が登った山の中で最も骨の折れる、そして疲労の度の甚しいものであった。径はおそろしく急で継続的で、休もうと思っても平坦な山脊も高原もない。15図は我々が測定した登攀の角度である。16図は段々の性質を示しているが、非常に粗雑で不規則で徹底的に人を疲労させ、一寸鉄道の枕木の上を歩いているようだが、続け様に登る点だけが違っている。またしても珍しい植物や、美しい昆虫や、聞きなれぬ鳥の優しい声音、そして岩はすべて火山性である！

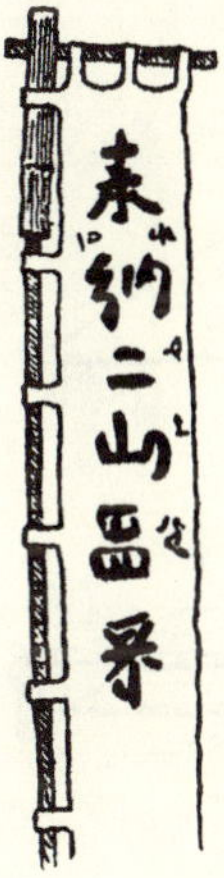

14　図

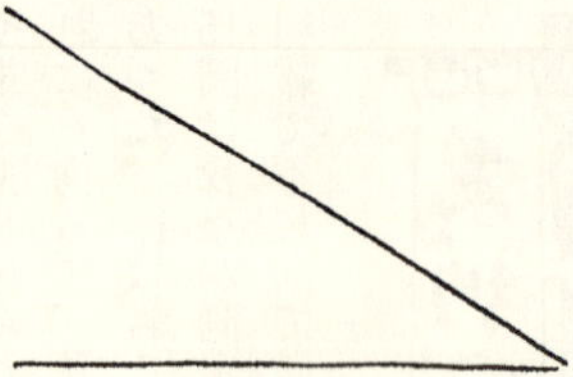
15　図

16　図

上へ上へと登るに従って、中禅寺湖の青い水は木の間から輝き、山々の峯が後から後から見えて来る。果てしないとまで思われた時をすごして唐檜の列まで来ると、今迄よりも見なれた花が多くなった。我々はバンチベリーの花を見た。これは我が国のより小さい。またブルーベリーを思わせるベリーを見たが熟してはいなかった。その他、北方の植物系統に属する花があったが、それ等が亜熱帯の形式を備えたものと混合して咲いていたのは不思議である。頂上に近づくとあたりの山々の景色は誠に壮大であった。近い山は海抜八千百七十五呎という我々の高度よりも遥かに低い。遠くの山の渓谷には雪が見られた。峯々の外貌は、ホワイト・マウンテンスのそれに比較すると、著しく相違している。登る途中所々に毎年巡礼に来る日本人達が休んで一杯の茶を飲む休憩所があったが、かかる場所に来ることは気持がよかった。外国人は影も形も見えず、また空瓶、箱、新聞紙等が目に入らないのはうれしかった。時々我々は小さな屋根板のような薄く細長い板片

17　図

をひろった。これには漢字が書いてあるが、それはお祈りであるということであった。

今や我々は絶頂から百呎の所に来た。その一方の側は、千呎をも越える垂直な面で、古い噴火口の縁である。絶頂のすこし下に真鍮で蓋《おお》った黒塗りの頑丈な社がある（17図）。それを最高点から見た所は18図で示した。扉には鍵がかかっていたが、内部には仏陀の像があるとのことであった。前面の壇即ち廊下には錆びた銭若干があり、絶頂近くには槍の穂や折れた刀身が散っていたが、いずれも何世紀間かそこにあったことを思わせるほど錆びて腐蝕していた。見受ける所これ等に手を触れた者は一人もないらしく、私は誘惑に堪えかねて小さな錆びた破片二つを拾った。これは神社へ奉納したものである。18図に見える最高所には岩に深く穴のあいた所があるが、昔ここで刀を折った。それよりもっと珍しいのは、犠牲、あるいは、立てた誓を力強めるためにささげた、何本かの丁髷《ちょんまげ》である。話によると日本の高山の、全部とまでは行かずとも、殆どすべてには、神社があるそうである。驚くべき意想であり、彼等の宗教に対する帰依である。八月にはかかる場所へ、日の出と共に祈禱をささげんとする人々が何千人と集る。その中には難苦を堪え忍んで、何百哩の旅をする者も多い。私は我々の宗教的修業で、メソディストの幕営集合以外、これに比すべきものは何も思い出せなかった。

下山は登山よりも骨が折れた。私はこんな際限もない段々をボッコリボッコリおりるよりも、カリゲインを十二度おりた方がいい。頂上から麓までの距離は七哩というが、麓に来る迄にもう二十哩もあったように思われたので、我々はよろこんで一時間を休憩と睡眠とに費した。この時日本の木枕を使った。涼しいことは涼しかったが、どうも具合が悪かった。五時、八哩向うの湯元に向けて出発。私は元気潑剌たるものであった。路は二哩ばかりの間湖水に沿うている。これが中禅寺と湯元とを結ぶ唯一の街道なので、叢《くさむら》が両側から迫り、歩く人に触ったりするが、しかもよく踏み固められてあ

18 図

る。時々我々は半裸体の土民や背に荷を負った妙な恰好の駄馬に行きあった。歩きながら赤ン坊に乳房を含ませる女が来る。間もなくもう一人、両肌ぬぎで日にやけた上半身をあらわし、駄馬を牽きながら片手で赤ン坊を荷物のように抱え、その赤ン坊がこんな風なぎこちない位置にいながら、乳を吸っているというのが来る。路は湖畔を離れて徐々に高い平原へ上る。ここ迄は深林中の、我が国で見るような下生えの間を通って来たのである。今や我々は、暑くて乾き切った夕日が、一種異様の光で、これから我々が横切ろうとする何哩かの平坦地を照らす所に出て来た。この地域は疑もなく死滅した火山の床、即ち火口底なのである。黒蠅に似た所のある蠅が、我々を悩まし始めた。刺すごとに血が出る。蝶はひっきりなしに見られた。大群があちらこちらに群れている。路には鮮かな色の甲虫類が沢山いた。またいたる所に、青と紫のあやめが、広い場所にわたって群生して咲いていたが、最も我々を驚かせたのは躑躅の集団で、我々はその中を文字通り何哩も徒渉した。我々は男体山の頂上で、すでにこれ等の花が赤い靄のように見えるのに気がついていた。この高原は高い山でかこまれていたが、そのすべてに擢《ぬきん》でる男体は、遠く行けば行く程、近くなるように見えた。19図はここから見た男体である。再び我々が森林にはいった時、あたりは全く暗かった。我々は疲れてはいたが、二哩行った所にある美しい滝に感歎することが出来ぬ程

19 図

度に、疲労困憊してもいなかった。

八時、我々は数軒の家がかたまり合って高い山の中心に巣喰っているような、湯元の小村にはいった。茹玉子の奇妙な、気持の悪い臭気があたりに充ちていたが、これはこの地に多い硫黄温泉から立ち昇るものである。我々は素速く、外気に面して広く開いた一軒の旅籠を発見し、荷物はそのままに、畳の上に倒れて間もなく深い眠りに陥った。湯元に着いた時はもう暗かったので、何も見えなかったが、翌朝目を覚して素晴しい風景や、見馴れぬ建物や、珍しい衣類を身につけた（或いは全然身につけぬ）国人を見やり、硫黄の臭に混った変な香いを嗅ぎ、聞いたこともないような物音を耳にした時には、何だか地球以外の星に来たように思われた。早く見物をしたいという気に駆られて、我々は二つか三つ細い往来のあるこの寒村を歩き廻ったが、端から端までで一千呎を越してはいなかった。だが出かける前に、我々はどこで顔を洗うべきかに就いて多少まごついた。日本の家にはいう迄もなく、手水台、洗面器、水差というような便利な物は置いてないのである。

浴場は道路の片側に並んでいる。前面の開いた粗末な木造の小屋で、内には長さ八呎、幅五呎の風呂桶があり、湯は桶の内側にある木管から流れ入ったり、単に桶の後方にある噴泉から桶の縁を越して流れ込んだりしている。一つの浴場には六、七人が入浴していたが、皆しゃがんで肩まで湯に浸り、時に水を汲んでは頭からかけていた。しかし最も驚かされたのは、老幼の両性が一緒に風呂にはいっていて、しかもそれが（低い衝立が幾分かくしてはいるが）通行人のある往来に向けて明け放しである事である。

ここで、一寸横道にはいるが、私は裸体の問題に就いてありの儘の事実をすこし述べねばならぬ。日本では何百年かにわたって、裸体を無作法とは思わないのであるが、我々はそれを破廉恥なことと看做すように育てられて来たのである。日本人が肉体を露出するのは入浴の時だけで、その時は他人がどうしていようと一向構わない。私は都会ででも田舎ででも、男が娘の踵や足を眺めているのなんぞは見たことがない。また女が深く胸の出るような着物を着ているのを見たことがない。然るに私はナラガンセット・ピヤや、その他類似の場所で、若い娘が白昼公然と肉に喰い込むような海水着を着、両脚や身体の輪郭をさらけ出して、より僅かを身にまとった男達と砂の上をブラリブラリしているのを見た。私は日本で有名な海水浴場の傍に十週間住んでいたが、このような有様にいささかなりとも似通ったことは断じて見受けなかった。男は裸体でも必ず犢鼻褌をしている。かつて英国のフリゲートがニュー・ジーランドのある港に寄り、水兵たちがすっぱだかで海水浴をしたところが、原住民たちは必ず腰のあたりに前かけか犢鼻褌かをしているので、村の長が士官に向って、水兵たちが何も着ずにいる無作法さに就いて熱烈な抗議をしたことがあると聞いている。

道路に沿って浴場が数軒ある。屋根の無いのもあれば、20図のように小屋に似た覆いがあるのもある。地面から多量の湯——文字通り煮えくり返る泉で一秒間も手を入れていることが出来ぬ——が湧き出ているのは実に不思議な光景だった。一つの温泉に十分間雞卵を入れて置いたら、完全に茹ってしまった。これ等の温泉は、すべて同じ様な硫黄性の臭気を持っているらしく思われたが、しかも村の高官の一人が我々の通訳に教えたところによると、それぞれ異った治療的特質を持っている。ある温泉は胸や足の疼痛に利くことになっている、もう一つ別なのは胃病によろしく、更に別なのは視力の恢復に効能があり、また別なのは脳病に、この温泉は何々に……という訳で、それぞれ異なる治病効果を持っているこ

20 図

とされている。

湯元で水温調査を終えた我々は、この土地唯一の大きなゴンドラみたいな舟を借り、漕ぎ手として男二人をやとって、湖水の動物研究にとりかかった。舟子が舟に乗りうつる時、若い娘が例の火鉢と薬缶とを持ってついて来た。我々は何故招きもしない彼女が舟に乗って来たのか不思議に思ったが、とにかく舟を立ち去らぬので、私は戽斗《あかとり》から貝を取り出す時硝子瓶を持たせたり何かして、彼女に渡舟賃をかせがせた。彼女は我々が標本をさがして舷から水中を見る時、我々の帽子を持ったりした。やがて岸に帰りついて、彼女が実は舟の持主で、我々が彼女に舟賃を払わねばならぬと知った時の我々の驚きは推察出来るであろう。この国の人々は冗談を面白がる気持を多分に持っているから、定めし彼女も我々が彼女を取り扱ったやり口を楽しんだことであろう。私はメイン州の「種」を思わせる *Lymnaea*〔モノアラガイ〕の標本一つと、小さな *Pisidium*〔ウメノハナガイ〕とを見つけた。我々が岸を離れ、貝を探すにはもって来いの新しい睡蓮の茂った場所に来た時、烈しい風が吹き始め、舟子たちが一生懸命、漕いだり押したりしたにも拘らず、舟は自由にならなかった。彼等を助けようと思って私は竿を取ったが、間もなく竹竿が私にとっては全く珍奇なものであることを理解し、また舟その他すべてが我が国にあるのと丸で違って奇妙な動きようをするので、うっかりすると水の中に墜ちる恐れがあるから、私は運を天にまかせた。我々は湖水を横断して、対岸の入江へ吹きつけられた。ここで風の止むのを待ってしばらく採集した後、舟子たちは舟を竿で押し戻そうとした。私は再び竿をとって見たが、あまり短気に、どこへでも構わぬから動かそうとした結果、暗礁にのし上げてしまった。ここで我々はかなりな時間を徒費した。舟子はとうとう水中の岩に飛び降りて、そしておそろしい努力の後に、ボートを持ち上げるようにして、岩から引き離した。と同時に、また風が舟をもとの入江に吹きつけたので、我々は皆岸に飛び上って湯元まで歩いて帰った。

宿屋に着くと我々は急いで荷造りをし、ドクタアは駄馬を雇い、十七哩の距離を橋石〔鉢石《はついし》か〕まで歩いて帰ることにした。その日一日の経験の後なので、丘を上下し、平原や渓流を横切り始めた時には、いささか疲れていた。我々はかくの如くにして七月四日の独立祭を祝ったのである。私は昆虫採集に時を費した為に取り残されてしまい、私の日本語たるや「如何ですか？」「さよなら」「一寸待って」、その他僅かなバラバラの単語に限られているのに、数時間にわたって英語の全く話されぬ日本の奥地に、たった一人でいるという、素晴しい新奇さを楽しんだ。この日は暑熱きびしく、私の衣服はすべて人夫が背負って先に持って行ってしまったので、私は下シャツとズボン下とを身につけているだけであった。それも出がけにボタンが取れてしまったので、安全ピン一本でどうやら体裁をととのえ、かくて私はその日を祝うために「大砲ドンドン」「星の輝く旗」等を歌いながら、或いは蝶々を網で捕え、或いは甲虫を拾い、とにかく局面の奇異を大いに愉快に思いながら歩いて行った。私は熱い太陽を除けるために、てっぺんの丸い日本の帽子をかぶっていた。これでは私の親友と雖《いえど》も、私が誰だか判らなかったことであろう（21図）。日本人がこの焦げつくような太陽の下を、無帽で歩いて平気なのには実に驚く。尤も折々、非常に縁の広い編んだ笠をかぶっている人もいるが……。平原地を通りぬけて再びあの深林中の小径に来た時、突如私の前に現れたのは一匹の面構え野蛮にして狼のような犬で、嚙みつかんばかりの勢で吠え立てたが、路が狭くて通りこすことが出来ないものだから、後ずさりをした。我々はその状態を続けた。犬は逃げては吠えた。白状するが、私の僅かな衣類は極めて薄く思われ、私はピストルを持っていなかった。間もなく三人の日本人が現れた。犬は彼等の横を走りぬけ、我々は身体をすり合わせて通った。すると犬奴は彼等を見失うこ

21　図

とを恐れ、思い切って森の中に飛び込んで私と反対の方向に走った。何故犬が森を怖れたのか、私には訳が分らぬ。いずれにしても、犬が行ってしまったことは嬉しかった。尤も、それ迄に見た犬から判断すると、この国の犬は害のない獣であるから、私も特別に恐れていはしなかったが……。

四　再び東京へ

二日間続けさまに雨が降って我々に手紙や旅行記を書く時間を充分与えて呉れた。朝の五時我々は東京へ向けて出発した。人力車は旧式な二輪馬車みたいに幌をかけ、雨をふせぐ為に油紙を前方に結びつけた。我々は文字通り仕舞い込まれてしまった挙句、七台の人力車を一列につらねて景気よく出立した。車夫の半数は裸体で、半数はペラペラした上衣を背中にひっかけただけである。確かに寒い日であったが、彼等は湯気を出して走った。時々雨がやむと幌をおろさせる。車夫たちは長休みもしないで、三十哩を殆ど継続的に走った。急な傾斜のある場所では、溝に十呎、あるいは十五呎置きに堰が出来ていて、水流の勢を削ぎ、かくて水が勝手に流れ出るのを防ぐようになっているのに、気がついた。また立木は如何なる場合にも斧で伐らず、鋸で引いて材木を節約する。時に大きな岩塊に、それを割ろうとした形跡のあるのを見たが、鑽孔《さんこう》は円形でなくて四角い。街道には変った人々がいた。我々がすれちがった一人の巡礼は、首にかけた小さな太鼓を時々たたき、口を開くことなしに、息を吹き出してしまったバッグパイプのような、一種間ののびた、つぶやくような曲節に似た、音を立てるのであった。この音は彼の祈禱で、巡礼中絶えず口にするものである。何百哩も旅をして各所の神社仏閣に参詣するこれ等の人々の中には、大工や商人や百姓等などもいる。彼等はよく一銭も持たずに、たとえ家には充分金があっても、途中の食事と宿とは人々の施しを頼りにして、巡礼に出かけることがある。

我々が昼飯をとるために休んだある場所では、一人の男が詩だか何だかを朗誦していたが、彼の声には非常に緊張した不自然な調子があった。彼は二つの長い木片を持っていて、適当な時間を置いては彼の話に勢をつける為に、それを叩き合わせた。家の近所にいた人は誰も彼に注意を払わないので、我々は一仙ずつ出し合って、彼になおしばらく朗誦を続けさせた。我々が旅した街道には、前にも述べたような立派な松や杉が、塀のように立ち並んでいた。他所に於けると同様、ここでも燕が家の中に巣をつくり、最も善い部屋にまで入り込む。床がよごれるのを防ぐ為に棚が打ちつけてある。

此所で我々は、我々の人力車夫と喧嘩をした。彼等は我々が手も足も出ないような地位にあるのを見て、所謂文明国でよく行われるように、足もとにつけ込もうとしたのである。我々はステッキで彼等を威嚇した。すると彼等は大人しくなったが、事実彼等は悪人ではないので、事態は再び円滑になった。雨が絶間なくビショビショ降り、おまけに寒かったが、これ等の裸体の男どもは気にかける様子さえも示さなかった。日本人が雨に無関心なのは、不思議なくらいである。小さな赤ン坊を背中に負った子供たちが、びしょ濡れになった儘、薄明の中に立っていたりする。段々暗くなるにつれて、人力車に乗って走ることが、退屈になって来た。低い葺屋根の家々が暗く、煙っぽく見え、殆どすべての藁葺屋根から、まるで家が火事でもあるかのように、煙が立ち昇る。茶を飲むために休んだ場所には、どこにも（最も貧し気に見える家にさえ）何かしら一寸した興味を惹くものがあった。例えば縄、竹、又は南京玉のように糸を通した介殻さえも材料にした、簾の器用なつくりようがそれである。これは戸の前に流蘇《ふさ》のように下っていて、風通しがよく、室内をかくし、そして人は邪魔物なしに通りぬけることが出来るという、誠にいい思いつきである。ある村の一軒の小さな家の屋根が、鮑の大きな完全な介殻や、烏賊の甲で被われていたことを覚えている。これ等は食料として海から持って来たもので、殻を屋根の上にのせたのである。

最後に人力車の旅の終点に着いた我々は、すべての旅館に共通である如く、下が全部開いた大きな家の前に下り立った。非常に暗く、雨は降り続いている。そして車夫たちが、長い間走ったので身体から湯気を立てながら、絵画的な集団をなして、お茶を——ラム酒でないことに御注意！——飲み、着色した提灯のあたたかい光が、彼等のうしろに陰影を投げて、彼等の褐色な身体を殆ど赤い色に見せている所は、気味が悪い程であった。彼等は野蛮人みたいに見えた。

22 図

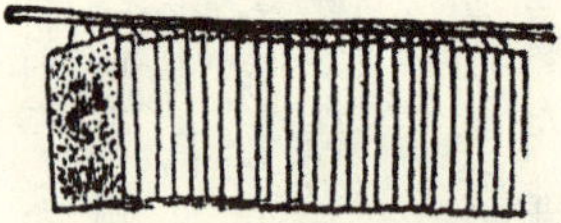

23 図

この家には一体何家族いるのか見当がつかなかったが、すくなくとも半ダースはいたし、女も多かった。22図は戸外から我々を見つめていた子供達の群れである。一室に通された我々は、草疲れ果てて床の上にねころがった。

天井には長い棒から蚕の卵をつけた紙片が何百枚となくぶら下っていた（23図）。これ等はフランスに輸出するばかりになっている。紙片は厚紙で長さ十四吋、幅九吋、一枚五弗するということであった。いい紙片には卵が二万四千個から二万六千個までついている。紙片は背中合わせに吊るしてあって、いずれも背に持主の名前が書いてある。横浜の一会社が卵の値段を管制する。この会社は日本にある蚕卵をすべて買占め、ある年の如きは卵の値段をつり上げる為に、一定の数以上を全部破棄した。この家の持主らしい男は中々物わかりがよく、我々は通弁を通じていろいろと養蚕に関する知識を得た。彼には綺麗な小さな男の子がある。私は日本に来てから一月《ひとつき》になり、子供は何百人も見たが、私が抱いて肩にのせさえした子供はこれが最初である。家の人達はニコニコしてうれしがっていることを示した。

この地、野渡《のわた》で我々は舟に乗り、利根川を下ることになった。利根川の航行は野渡で始る。No-wata の最後のAがRのように発音されるので、そこから舟運が始る場所の名前として no water［水なし］は適切であるように思われた。東京までの六十哩を、我々をのせて漕いで行く舟夫が見つかった時は、もう夜の十時であった。一寸先も見えぬような闇夜で、雨は降るし、殊に最後に河を下った時、河賊に襲われたというので、舟夫は容易に腰をあげなかった。ドクタア・マレーと私とは、我々二人が非常に物凄い人達で、よしんば河賊が何十人敢えて現れようと、片っぱしから引きちぎってやるということを示した。この危険は恐らく、大いに誇張されていたものであろうが、それでもその時には、我々の旅行に興奮的の興味を加えた。それで気持のよい宿主たちに「サヨナラ」を告げた後、我々は親切な男の子たちが手にさげた紙提灯の光に照らされて、濡れた原や藪を通って河岸に行った。舟は長い、不細工なもので、中央部に接ぎ合わした葺屋根に似た小さな筵の屋根を持つ場所がある。舟には、舵を取る邪魔になるというので、灯火がない。我々は手さぐりで横になる場所をさがした。私は一時間ほどの間坐ったままで、周囲の新奇さを楽しんだ。舟夫は無言のまま、長い、間断ない振揺で櫓を押し、人々は熟睡し、あたりは完全に静寂である——事実、多くの不思議な昆虫類が立てる甲高い鳴き声を除いて、物音は全く聞えぬのであった。この鳴き声の多くは、私が米国で聞き馴れているものに比べて、余程調子が高く、また金属性であるか、又はその拍子が我が国のと違うかしていた。煙草を吸いながら、半分は夢を見ながら、私は時々私自身が、河岸に近い黒い物体を疑深く見詰めているのに気がついた。ピストルを持っていたのは私一人であるが、そのピストルもゴタゴタに詰めた鞄の底にはいっている。弾薬筒がどこに仕舞ってあるか私は知らなかったし、また暗闇で荷物を乱雑に積み込んだのだから、空のピストルを見つけることさえも問題外である。いずれにせよ、眠ようと思って横になった時、私は若し河賊がやって来たら、竹竿を武器にして戦おうと考えた。夜明にはまだ大分間のある時、何かに驚いた舟夫がドクタア・マレーを呼んだ。ドクタア・マレーは起き上って、しばらく見張りをしたが、最後に何でもないという結論に達した（これは私が日本でピストルを持って歩いた最後なので、特にこの事件を記録する）。舟夫は恐らく賃銀を沢山貰おうとして、河賊が出ると嘘をついたのであろう。日本に数年住むと、日本の最も荒れ果てた場所にいる方が、二六時中、時間のいつを問わず、セーラムその他我が国の如何なる都市の静かな町通りにいるよりも安全だということを知る。

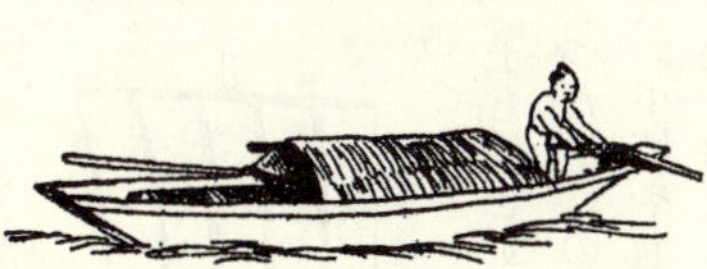

24 図

我々は六時に眼を覚した。如何にも輝かしい朝である。忠実なヤスが舟中で調理した朝飯を済ませて、我々は荷物の上に横になり、河、大小各種の船舶、面白い形の家等の珍しい景色を楽しんだ。河岸は低く、流れは緩いので、我々は静かに進んだ。だが、静かといっても、いい写生図をつくるには早すぎた。河上の舟は、形は同じだが、大きさが違う。ペンキを塗った舟は一艘もない。町の家にも、都会の家にも、ペンキが塗ってない結果、町通りが如何にも薄ぎたなく見え、家屋は我が国の古い小屋や納屋を連想させる。使うとすれば、それは黒くて腐った糊みたいな不愉快な臭気を発するペンキである。写生図（24図）は我々が乗った舟を示している。25図は帆をあげた舟であるが、風が無いので舟夫は竿で押している。舟の帆は長い幅の狭い薄布を、三、四吋の隙間を置いて紐でかがったものである。帆は非常に大きく、かかる隙間は風が強い時に風圧を軽減する。長い竹竿は鉄で被覆してあって、巨大なペンに似ている。舟夫の耐久力は、人力車夫の力と耐久力とに全く等しい。一例として我々の舟夫は夜十時に漕ぎ始め、途中で一、二度休んだきりで、翌日の午後四時まで一睡もせず、また疲れたらしい様

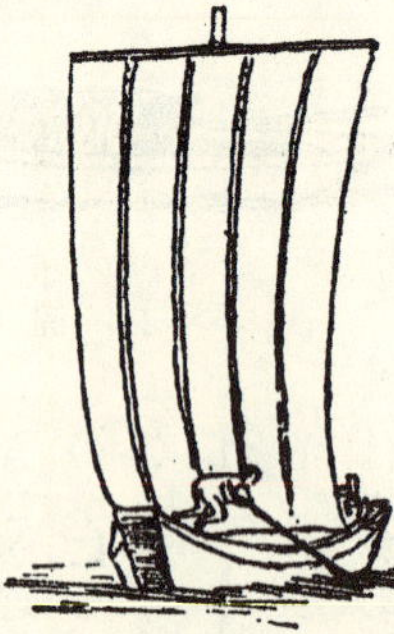

25 図

子も見せずに、漕ぎ続けた。時々、我々は、河岸を修繕している人足の一団の前を通った。この仕事で、彼等は竹の堡塁を築き、杭を打ち込み、ある場合には、長さ十呎の小枝や灌木の大きな束の、切口の方を河に向けて置いて、壁をつくるのであった。最も効果のあるのは、長い管状の竹籠で、直径一呎、長さ十五呎或いは二十呎のものに、大きな石をつめたものである。これ等の管は、河岸の危険な場所に、十文字に積まれる。河は非常に速に河岸を洗い流すので、絶間なく看視していなくてはならぬ。灌漑を目的とする水車装置は大規模であった。同じ心棒に大きな輪が三つついていて、六人の男がそれを踏んでいた。こうして広い区域の稲田が灌漑されつつあった。かかる人達は、雇われて働いているのか、それとも農夫達が交替でこの仕事をするの

か、私はききもらした。

この国の人々――最下層の人でさえも――が、必ず外国人に対して示す礼譲に富んだ丁寧な態度には、絶えず驚かされる。私は続けさまに気がついたが、彼等は私に話しかけるのに、先ず、頭に巻いた布を解いて、それを横に置くのである。一台の人力車が道路で他の一台に追いつき、それを追い越す時――我々は早く東京に着きたくて急いでいたのでこれをやった――車夫は必ず詫び、そして、通訳の言によると「お許しが出ますれば……」というようなことをいう。

我々は多くの美しい生垣を通過した。その一つ二つは、二重の生垣で、内側のは濃く繁った木を四角にかり込み、それに接するのは灌木の生垣で、やはり四角にかり込んであるが、高さは半分くらいである。これが町通りに沿うて、かなりな距離並んでいたので、実に効果的であった。日本の造園師は、植木の小枝に永久的の形がつく迄、それを竹の枠にしばりつけるという、一方法を持っている。私の見た一本の巨大な公孫樹は、一つの方向に、少くとも四十呎、扇のように拡りながら、その反対側は、日光も通さぬくらい葉が茂っていながらも、三呎とは無かった。樹木をしつける点では日本人は世界の植木屋中第一である。この地方を旅行していて目についた花床は美しかった。殊に蜀葵、すべりひゆの眩い程の群団、大きな花のかたまりを持つ青紫の紫陽花《あじさい》等は、見事であった。梅や桜は果実の目的でなく、花を見るために栽培される。有名な桜の花に就いては、今迄に旅行家が数知れず記述しているから、それ以上言及する必要はあるまい。変種幾つかが知られている。売物に出ている桃は小さく、緑色で、固く、緑色橄欖《かんらん》〔オリーブ〕のように未熟であるが、人々はその未熟の状態にあるのを食う。私は幾つかの桃を割って見たが、五つに四つぐらいは虫がいた。

稀に我々は、聡明らしく見える老人が、前を通り去る我々を見詰めて、懐古的瞑想にふけりながら、厳格な態度で頭をふるのを見た。それは恰も彼等は旧式な派に属し、そして長い間近づけなかった、また軽蔑していた外国人に、好き勝手な所へ行かせることによって、日本人が無茶苦茶になってしまうと信じているかの如くであった。私は彼等が我々に与えた表情的な顔付に、これを読むことが出来た。しかし、このような自由は与えられていない。外国人は、四つの条約港に定められた境界線から二十哩以上は、旅券無しでは出られない。出ればつかまって追いかえされる。この国の内地にはいる為には、旅券は単に実際旅行すべき道筋を細記するにとどまらず、旅行に費す日数までも書かねばならぬ。我々が泊った旅宿では、どこででも宿主か或いは何かの役人が、先ず旅券を取り上げ、注意深く書き写したあげく、我々に面倒をかけたというので、非常に丁寧なお辞儀で詫びをする。

行商人が商品を背中にしょって歩いているのに屢々《しばしば》逢った。ある行商人は小さな籠のはいった大きな箱をいくつか運んでいたが、この籠の中には緑色の蝗蚸《ばった》が押し込められたまま、我が国に於ける同種のものよりも、遥かに大きな音をさせて鳴き続けていた。私は一匹買ってマッチ箱に仕舞っておいたが、八日後にもまだ生きていて元気がよかった。子供はこれ等の昆虫を行商人から買い求め、砂糖を餌にやり、我々がカナリヤを飼うように飼うのである。小さな虫籠は誠に趣深く、いろいろ変った形で出来ていた。その一つは扇の形をしていて、仕切の一つ一つに虫が一匹ずつはいっていた。

帝国大学の動物学教授として招聘されて以来、私は夏期の実験所を計画し、学生九十名の級の為に課程を整え、博物館創立の計画に忙しく暮している。

大きな包を背負った人を、往来で屢々見ることがある。この包は青色の布で被われて、手風琴《ハンドオルガン》を思わせる。これは大きな書架……事実巡回図書館なのである。本はいたる処へ持って行かれる。そして日本には無教育ということがないので、本屋はあらゆる家へ行き、新しい本を残して古いのを持って帰る（26図）。

人々の住宅には仏教の廟を納めた棚……カミダナ、即ち神様の棚と呼ばれる——があり、そこに小さな灯火と食物の献げ物とが置かれる。かくの如き食物は、死んだ友人のために献《ささ》げられるのである。

日本に着いてから数週間になる。その間に私は少数の例外を除いて、労働階級——農夫や人足達——と接触したのであるが、彼等は如何に真面目で、芸術的の趣味を持ち、そして清潔であったろう! 遠からぬ内に、私は、より上層の階級に近づきたいと思っている。この国では「上流」と「下流」とが、はっきりした定義を持っているのである。下流に属する労働者たちの正直、節倹、丁寧、清潔、その他我が国に於て「基督教徒的」とも呼ばるべき道徳のすべてに関しては、一冊の本を書くことも出来るくらいである。

26 図

東京でアサクサと呼ばれる一角は、外国人に珍しい観物の一つである。大きな寺院が附近の低い住宅の上にそそり立っている。この寺院に達する路の両側には、主として玩具屋や犬の芸当や独楽廻し等の小店が櫛比《しっぴ》している。お茶屋や菓子屋もないではないが、ここに於ける活動と陳列との大多数は、子供の興味を中心にしたものである。鳩の餌を売っている場所もある。鳩は大群をなしてお寺の屋根から舞い降り、地面の上や、餌をやっている人々の上にとまる。

薄暗い寺院の隅々では、涼しそうな服装をした僧侶が動きまわり、人々があちらこちらにかたまって祈禱をしていた。日本人は、私が今まで見たところによると、祈禱をする時以外に熱心そうな表情をしない。寺院の内にある奇妙な物象は、屢々人を驚かし、軽蔑の念をさえ起させる。この問題に関して米国の一宣教師雑誌は、この宗教的建築物の壁にかかっているある品物——太平洋の便船「シティ・オヴ・チャイナ号」の石版画を額に入れたもの——を捕えて嘲弄の的にした。私はこれを信じることが出来なかった。それで初めてこの寺院に行った時、特に探したところが、なる程、他の記念品や象徴物の間にはいって壁を飾っていた。それは記叙してあった通り、蒸汽船の、安っぽい、石版の色絵で、よごれた所から見ると何年かそこに掛っていたものらしい。硝子板の横の方に何か五、六行縦に書いてあった。数日後私は学生の一人と一緒にまた浅草寺へ行って、そこに書いてあることを翻訳して貰うと、大体以下のような事が書いてあるのであった——「この汽船は難船した日本の水夫五人を救助して日本へ送り届けた。外国人のこの親切な行為を永く記念するために、当寺の僧侶がこの絵を手に入れ、当寺の聖物の間にそれを置いた。」これは日本人が外国人に対して、非常な反感を持っていた頃行われたことで、僧侶達が本当の基督教的精神を持っていたことを示している。そして日本人はこの絵画を大切にする。

大人が寛容で子供が行儀がいい一例として、どんなに変った、奇怪なみなりをした人が来ても、それに向って叫んだり笑ったり、何等かの方法で

27 図

邪魔をしたりしない。私は帽子として大きな日本の蟹の甲羅をかぶっている人を見たことがある（27図）。これは日本の近海でとれる巨大な蟹で、胴体の長さが一呎以上に達し、爪は両方へ四、五呎もつき出している。この男が歩いて行くのを多くの人が眺め中には微笑した人もあった。殆ど全部の人々が頭を露出しているのに、これはまた奇妙な物をかぶったものである。

先日の午後伊藤氏という有名な老人が、ドクタア・マレーを訪問し、私も紹介されるの名誉を持った。彼は秀でたる植物学者で、一八二四年既に日本のある植物協会の会長であった。伊藤氏はマレー夫人に、この年最初に咲いた蓮の花を持ってきたのである。彼は丁髷は棄てたが純日本風の礼装をしていた（28図）。私は最大の興味を以て彼を眺めた。そしてドクタア・グレーやドクタア・グッドエールが、この日本の植物に就いては一から十まで知っている、優しい物静かな老人に逢ったら、どれ程よろ

こぶことだろうと考えた。通弁を通じて私は彼と、非常にゆっくりした然《しか》し愉快な会話を交換した。彼が退出する時、私は私の備忘録の一部分の写しを贈呈したが、彼に判ったのは絵だけであった。数日後彼から日本の植物に関する全三巻の著書を贈って来た。

お城を取りまく堀と、そこから彎曲した傾斜で聳える巨大な石垣とに就いては既に述べた。この石垣は東京市の広い部分をかこみ込んでいる。堀は大きな運河みたいで、市中を人力車で行く時、何度もお堀にかけた橋を渡る。所によって堀は蓮でうずまっている。蓮は私に間違が無ければ、我が国の睡蓮に極めて近いものである。葉は直径一呎半で、水の表面より上に出ている。花は非常に大きくて、優美な桃色をしている。今や真盛りで、大きな葉が茂っているので、どこででも、生えている所では、事実下の水をかくしている。

28 図

東京のような大きな都会に、歩道が無いことは奇妙である。往来の地盤は固くて平らであるが、群衆がその真中を歩いているのは不思議に思われる。人力車が出来てから間がないので、年とった人々はそれを避けねばならぬことを、容易に了解しない。車夫は全速力で走って来て間一髪で通行人を轢き倒しそうになるが、通行人はそれをよけることの必要を、知らぬらしく思われる。乗合馬車も出来たばかりである。これは屋根がある四方あけ放しの馬車で、馬丁がしょっちゅう先方を走っては人々にそれが来たことを知らせる。反射運動というようなものは見られず、我々が即座に飛びのくような場合にも、彼等はぼんやりした形でのろのろと横に寄る。日本人はこんなことにかけては誠に遅く、我々の素速い動作に吃驚する。彼等は決して衝動的になったりしないらしく、外国人は彼等と接触する場合、非常に辛抱強くやらねばならぬ。

五　大学の教授職と江ノ島実験所

私は日本の近海に多くの「種」がいる腕足類と称する動物の一群を研究するために、曳網や顕微鏡を持って日本へ来たのであった。私はファンディの入江、セント・ローレンス湾、北カロライナのブォーフォート等へ同じ目的で行ったが、それ等のいずれに於ても、只一つの「種」しか見出されなかった。しかし日本には三、四十の「種」が知られている。私は横浜の南十八哩の江ノ島に実験所を設けた。ここは漁村で、同時に遊楽の地である。私がそこに行って僅か数日経った時、若い日本人が一人訪ねて来て、東京の帝国大学の学生の為に講義をしてくれと招聘した。日本語がまるで喋れぬことを述べると、彼は大学の学生は全部入学する前に英語を了解し、かつ話さねばならぬことになっていると答えた。私が彼を見覚えていないことに気がついて、彼は私に、かつてミシガン大学の公開講義で私が講演したことを語った。そしてその夜私はドクタア・パーマアの家で過したのであるが、その時同家に止宿していた日本人を覚えていないかという。そのことを思い出すと、なる程この日本人がいた。

彼は今や政治経済学の教授なのである。彼は私がミシガン大学でやったのと同じ講義を、黒板で説明してやってくれと希望した。ズボンと婦人の下ばきとの合の子みたいなハカマを、スカートのようにはき（割ったスカートといった方が適している）、衣服のヒラヒラするのを身に着けた学生が、一杯いる大きな講堂は、私にとっては新奇な経験であった。この講義の結果、私はまるで女の子の一学級を前にして、講義しているような気がした。私は帝国大学の動物学教授職を二年間受持つべく招聘された。だがその冬、米国で公開講演をする約束が出来ていたので、五ケ月間の賜暇を願い、そして許された。これが結局日本のためになったと思うというのは、この五ケ月間に、私は大学図書館のために、二万五千巻に達する書籍や冊子を集め、また佳良な科学的蒐集の口火を切ったからである。また私は江ノ島に臨海実験所を開き、創立さるべき博物館のために材料を集めることになっていた。

契約書は二ケ国語で、書かねばならなかった。私は二人の書記が忙しく書類を調製する内、事務所に坐っていて、彼等の仕事ぶりを内々スケッチした（29図）。実験所のために、ガラス瓶、酒精、その他を集める日が、幾日も続いた。外国人は、この国の人々が何をやるのにもゆっくりしているので、辛抱しきれなくなるが、彼等は如何にも気立てがよく、物優しいから、悪罵したり、癇癪を起して見せたりする気にはなれない。植物学教授の矢田部教授――コーネル大学の卒業生で「グレーの摘要」を教えていた――が実験所の敷地を選び、そしてその建設の手配をする為に、私と一緒に江ノ島へ行った。この日――七月十七日――は極めて暑かったので、我々は出発を四時まで延ばした。我々は各々車夫二人つきの人力車に乗った。車夫達は坂に来て立ち止ったただけで――我々はおりて歩いた――勢よく走り続けた。殊に最後の村を通った時など、疲労のきざしはいささかも見せず、疾風のように走った。彼等の速力によって起る微風をたのしむ念は、こんな暑い日に走る彼等に対する同情で大分緩和されたた。彼等が日射病と過労で斃《たお》れぬのが不思議なくらいである。

29　図

南へ行くに従って、江ノ島までぐらいの短い間であっても、村々の家屋に相違のあるのが認められる。ある村の家は、一軒残らず屋根に茂った鳶尾草を生やしていた。この人力車の旅は非常に絵画的であった。富士山の魅力に富んだ景色がしばしば見られた。かくもすべての上にそそり立つ富士は、確かに驚くべき山岳である。時々我々は花を頂いた、巨大な門を通りぬけた。茶屋や旅籠屋には、よく、風雨にさらされた、不規則な形をした木片に、その名を漢字で書いたものが看板としてかけてある。我々の庭で栽培する香りのいい一重の石竹が、ここでは路傍に野生している。また非常に香りの高い百合（*Lilium Japonicum*）を見ることも稀でなくその甘ったるい、肉荳蔲《にくずく》に似た香りが辺りに漂っている。

江ノ島は切り立ったような島で、満潮時には水の下になる長い狭い砂洲で、陸地とつながっている。この島は突然見える……というのは、陸地を離れる直前に、我々は長い砂丘を登るので、その頂に立つと江ノ島が海中に浮かび、太平洋から押しよせる白波でへり取られた砂浜と共に人の目に入る。この長い砂洲を横切る時、私は初めて太平洋の海岸というものを見た。私は陸上に見るべきものが沢山あるので、それまで海岸を見ることを、私自身に許さなかったのである。私が子供の時、大切に戸棚に仕舞っておいたり、あるいは博物館でおなじみになったりした亜熱帯の貝殻、例えば、たから貝、いも貝、大きなうずらがい、その他の南方の貝を、ここでは沢山拾うことが出来る。これ等の生物の生きたのが見られるという期待が、如何に私を悦ばせたかは、想像出来るであろう。江ノ島の村は、一本の急な狭い道をなして、ごちゃごちゃに集っているのだが、その道は短い距離をおいて六段八段の石段があるくらい急である。幅は十呎を越えず、しかも木造の茶屋が二階、あるいは三階建なので、道は比較的暗い。これに加うるに板でつくった垂直の看板、いろいろな形や色をした、これも垂直な布等が、更に陰影を多くするので、道路の表面には決して日が当らず、常にしめっている。路の両側には店舗がぎっしり立ち並んでいて、その多くでは貝殻、海胆《うに》その他海浜で集めたいろいろな物でつくった土産物を売っている。

横浜に住んでいる外国人の間にあって、日本人は召使、料理人、御者、番頭等のあらゆる職を持っていて、支那人は至ってすくない。しかし大きな銀行のあるものには支那人がいて、現金を扱ったり、勘定をしたりしている。国際間の銀行事務、為替相場等を、すみからすみまで知っている点で、世界中支那人に及ぶものはない。一例として、交易が上海、香港及び桑港、倫敦、ボンベイ等に対し、いろいろな貨幣並びに度量衡を以てなされる。今、我が国の重量でいうと百斤を越すぴくるで米をはかり、それを他の場所で別な重量度を以て別な通貨で売り渡すというような場合、支那人の買弁は即座に、算盤上にその差異を、日本の貨幣で計算する。米の値段は我が国の麦に於けると同様、しょっちゅう上下している。これ等の買弁は、印度や支那の米価や、倫敦、紐育《ニユーヨーク》等の為替相場を質問されるとすぐさま、しかも正確に返答をする。同時に彼等は銭――銀弗――を勘定し、目方の不足したのや偽物を発見する速度に就いても、誰よりもすぐれている。彼等が銀弗の一本を片手に並べて持ち、先ずそれ等の厚さが正確であるかどうかを検べる為に、端をずーッと見渡し（彼等が使用する唯一の貨幣たるメキシコ弗は粗末に出来ている）、そこでそれ等を滝のように別の手に落しながら、一枚々々の片面を眺め相互同志ぶつかり合う音を聞き、次ぎに反対側を見るために反対の手に落し込むその速度は、真に驚くの他はない。一人の買弁がそれをやるのを見ながら、私は銀貨がチリンと音を立てるごとに、指でコツンとやろうと思って、出来るだけ速く叩いた結果、私は一分間に三百二十回ばかり、コツンコツンやったことを発見した。この計算は多すぎるかも知れないが、とにかく銀貨が一つの手から他の手に落される速さは、まったく信用出来ぬ程である。こうして買弁は一分間確実に二百枚以上の重量を感じ、銀貨を瞥見し、そして音を聴く。時々重さの足らぬ銀貨を取り出すのを、私はあきれ返って凝視した。だが、日本人が不正直なので、かかる支那人の名人が雇傭されるのだというのは、日本人を誹謗するの甚しきものである。事実は、日本人は決して計算が上手でない。また、英国人でも米国人でも、両替、重量、価値その他すべての問題を計算する速度では、とてもかかる支那の名人にかないっこない。

再び江ノ島へ（七月二十一日）。午後四時、熔鉱炉のように赫々と照りつける日の光を浴びて出発した。日光は皮膚に触れると事実焦げつく。日本人が帽子もかぶらずに平気でいられるのは、実に神秘的である。彼等はひどく汗をかくので、頭にまきつけた藍色のタオルをちょいちょい絞らねばならぬ程である。だが晩方は気持よく涼しくなり、また日中でも日陰は涼しそうに見える。前と同じ路を人力車で通りながら、私はつくづく小さな涼亭の便利さを感じた。ここで休む人はお茶を飲み煎餅を食い、そして支払うのはお盆に残す一仙の半分である。このような場所には粗末極まる小屋がけから、道路全体を被いかくす大きな藁むしろの日除けを持つ絵画的な建造物に至るまでの、あらゆる種類がある。30図は野趣を帯びた茶店の外見を示している。我々はちょいちょい、農夫が牝牛や牡牛を、三匹ずつ繋いで連れて来るのに逢った。牡牛は我が国のよりも遥かに小さく脚も短いらしく思われるが、荒々しいことは同様だと見え、鼻孔の隔壁に孔をあけてそこに輪を通し、この輪に縄をつけて引き導かれていた。これ等は三百哩も向うの京都から横浜まで持って来

30　図

て、そこで肉類を食う外国人の為に撲殺するのである。彼等は至って静かに連れられて来た。追い立てもしなければ、吸鳴りもせず、また吠え立てて牛をじらす犬もいない。いずれも足に厚い藁の靴をはき、上に日よけの筵を張られたのも多い。私がこれを特に記すのには理由がある。かつてマサチュウセッツのケムブリッジで、大学が牛の大群をブライトンまで送ったことがあるが、その時、子供や大人が、彼等を苦しめ悩ましたその遣り方は、ハーヴァードの学生にとって忘れられぬことの一つである。

我々が休んだある場所で、私は一人の男が、何でもないような扇を、一生懸命に研究しているのを見た。私にもそれを見せて呉れないかと頼むと、彼は私が興味を持ったことを非常によろこんだらしかった。その扇の一面には日本の地図があり、他の面には丸や、黒い丸や、半月のように半分黒い丸やを頭につけた、垂直線の区画が並んでいた。これは東京尾張間の停止所の一覧表で、只の丸は飲食店、半黒の丸は休み場所、黒丸は旅人が「食い且つ眠り得る」場所を示している。道徳的の文句、詩、茶店の礼讃等もよく書いてある。封建時代には、大将たちが、大きな扇を打ち振って、軍隊の運動を指揮した。これ等の扇には白地に赤い丸があったり、赤に黄金の丸があったり、黄金に赤い丸があったりした。日本の扇に関しては、大きな本が幾冊か出版されている。

私の部屋の向うに、この家の一角が見える。そこには日本人の学生が四人で一部屋を占領していて、朝は寛かなキモノを着て一生懸命に勉強しているが、午後太陽がカンカン照る時には裸になって将棊や碁をして遊ぶ。どちらも非常にむずかしい遊びである。彼等はよく笑う、気持のいい連中であって、午前中の会話を聞くと独逸語を学んでいることが判る。一人が「私は明日父に逢いに倫敦へ行く」というと、もう一人がそれを独逸語に訳していう。このようにして彼等の部屋からは日本語、独逸語、英語がこんがらかって聞え、時々仏蘭西語で何かいい、間違えるといい気持そうな笑い声を立てる。彼等の英語は実にしっかりしていて、私には全部判る。

江ノ島へ帰って見ると、私の部屋は私の為にとりのけてあった。荷物は安全に到着し、実験所として借りた建物は殆ど完成していた。私はドクタア・マレーに借りたハンモックを部屋の柱から縁側の柱へかけ渡した。蚊はいないということだったが、中々もつて、大群が乱入して来る。私は顔にタオルをかけ、次ぎに薄い上衣をかけたが、これでは暑くてたまらぬ上に、動いたり何かするため起き上ったりする度ごとに、チョッキ三枚及びズボンをシャツで包んで作った枕が転げ落ち、私は一々それをつくり直さねばならぬ。最後に私は絶望して、ハンモックに寝ることを思い切った。私のボーイ（日本人）が部屋全体にひろがるような蚊帳を持って来たので、私は畳の上に寝た。

日本人は夜、家族のある者や客人が、睡眠しているかも知れぬということを断じて悟らぬらしい。この点で、彼等は我々よりも特に悪いという訳でもないのかも知れぬ。日本人の住居は我々のに比較すると遥かに開放的なので、極めて僅かな物音でも容易に隣室へ聞え、それが大きいと、家中の者が陽気な群衆の唱歌や会話によって、款待《かんたい》されることになる。障子を閉める音、夜一枚々々押して雨戸をぴしゃぴしゃ閉める音は、最もうるさい。障子や戸は決して静かに取扱わぬ。この一般的ながたぴしゃ騒ぎからして、私は日本人は眠ろうとする時、こんな風な邪魔がはいっても平気なのかと思った。しかし訊ねて見た結果によると、日本人だって我々同様敏感であるが、多分あまり丁寧なので抗議などは申し出ないのであろう。

ここへ来てから、私は私の衣類を、無理にシャツに押し込んだものを枕として、床の上に寝ている。日本の枕は昼寝には非常に適しているが、慣れないと頸が痛くなるから、私には夜使うだけの勇気がない。

ここで再び私は蚤の厄介さを述べねばならぬが、大きな奴に噛まれると、いつ迄も疼痛が残る。私の身体には噛傷が五十もある。暑い時なのでその痛痒さがやり切れぬ。

今日食事をしている最中に、激しい地震が家をゆすり、コップの水を動揺させ、いろいろな物品をガタガタいわせた。それは殆ど身の丈四十呎の肥った男が、家の一方にドサンと倒れ掛ったような感だった。いろいろな震動が感じられたのは、いろいろな岩盤に原因しているに違いない。震動を惹起する転位は、軟かい岩石と硬い岩石とによって程度の差がある筈である。

午後は横浜に向けて出発。途中小村藤沢に立ちよった。江ノ島に一番近い郵便局はここにある。桑港からの汽船が着いたので、私宛の郵便が転送されていはしまいかと思って寄って見た。我々が郵便局に着いた時、丁度郵便が配付され始めた。31図は郵便局長が、手紙や新聞の雑多なかたまりを前にして、坐っている所を示す。私宛の手紙を日本の小さな村で受取ること、及び局長さんが、私の名を日本語で書いた紙片をつけた手紙の束を、渡してくれた無邪気な態度は、まったく新奇なものであった。私が単に「モースさん」といっただけで、手紙の束が差出された。他の手紙の配分に夢中な局長さんは、顔をあげもしなかった。横浜郵便局長の話によると、日本が万国郵便聯合に加

31　図

入した最初の年に、逓信省［駅逓局］は六万弗の純益をあげ、手紙一本、金一仙なりともなくなったり盗まれたりしなかったというが、これは日本人が生まれつき正直であることを証明している。藤沢からの六哩、私はゆったりして手紙を楽しんだ。だが、元気よくデコボコ路を走る人力車の上で手紙をみな読もうとしたので、いい加減目が赤くなってしまった。私は日本語をまるで話さず、たった一人で人力車を走らせることの新奇さを、考えずにはいられなかった。人々は皆親切でニコニコしているが、これが十年前だったら、私は襲撃されたかも知れぬのである。上衣を脱いでいたので、例の通り、人の注意を惹いた。茶を飲むために止ると必ず集って来て私の肩の上にある不思議な紐帯にさわって見たり、検査したりする。日本の女は、彼等の布地が木綿か麻か絹で織り方も単純なので、非常に我々の着ている毛織物に興味を持つ。彼等は上衣の袖を撫で、批判的に検査し、最後に判らないので失望して引き上げる。あまり暑妙な叫び声で感心の念を発表し、最後に判らないので失望して引き上げる。あまり暑いので、私は坂へ来るごとに、人力車をおりて登った。一つの坂で、私は六人の男が二輪車に長い材木をのせて、大いに骨折っているのに追いついた。私の車夫二人は車を置いて、この荷物を押し上げる手伝いをしたが、私もまた手をかして押した時には、彼等は吃驚してしまった。坂の上まで行くと、彼等は私にアリガトウと、ひくいお辞儀との一斉射撃をあびせかけた。その時は八時を過ぎていて月はまんまるで明かるく、私は車上の人となり、あけはなした家々の中をのぞきながら、走って行く経験を再びした。

六　漁村の生活

今朝我々の小実験所が出来上った。曳網の綱と、その他若干の品物とが届きさえすれば、すぐに仕事に取りかかることが出来る。私は戸に南京錠と鐶とを取りつけた。仕事をしていると男、女、娘、きたない顔をした子供達等が立ち並んで、私を凝視しては感歎これを久しうする。彼等はすべておそろしく好奇心が強くて、新しい物は何でも細かに検査する。現に今もこうして書いていると、家の女が三人、おずおずはいって来て私が書くのを見つめている。日本人の物の書きようが我々にとって実に並はずれに思われると同様、我々の書きようも珍しいのである。彼等は筆を垂直に持って書くが、行はページの上から下へ到り、ページの右から始めて左の方へ進行する。我々はペン軸を傾けて持ち、釘のように鋭い金属の尖点を利用して、彼等の濃く黒い印度インクに比べると水っぽいインクで物を書く。日本のインクは、書くごとに、墨をすってつくらねばならぬのである。これ等の女は、私の机の上の物の一々に就いて、吃驚したような評論を与えた――瓶、壺、顕微鏡はまだしも、海泡石のパイプは、彼等の小さな、金属の雁首を持つパイプに比べたら、象みたいに大きく思われるに違いない。

戸に南京錠をつけた後、我々はアルコール一缶、私が横浜で買った沢山の硝子の壺、曳網その他、実験所用の材料を運び入れた。この建物は石の海壁のとっぱなに建っていて、前を小径が通っている。四方すべて高く切り立っているが、只本土に面した方の鳥居を通りぬけて狭い砂洲に出る場所はそうでない。ここまで書いた時、嵐は叫び声をあげる疾風にまで進んだ。私は実験所がいくらか心配になって来たので、雨外套を着て狭い往来を嵐と戦いながら降りて行き、その下の方では舟をいくつも乗越した。その附近の家の住民たちは、すべて道具類を島の高所にある場所に移してしまった。我々の建物の窓から見た光景は物凄かった。大きな波が今や全く水に覆われた、砂の細長い洲の上に踊りかかっている。その怒号とその光景！　危険の要素が三つあった。実験所の建物が吹き飛ばされるかも知れないこと、波にさらわれるかも知れぬこと、石垣が崩れるかも知れぬことである。我々が番人として雇った男が、どうしても実験所で寝ることを肯《がえん》じないので、彼及び他の人々の手をかりて、我々はその朝荷を解いて並べた壺を沢山の桶につめ込み、アルコール、曳網その他動かせる物を全部持って、やっとのことで本通りへ出、そして私の泊っている宿屋へ持って来た。

床にはいった後で、吹きつける雨が、戸がしまっているにも拘らず、私の部屋にはいって来たので、卓子その他を部屋の反対側へ動かした。私は畳の上に寝ていたが、まるで地震ででもあるかのように揺れ、夜中の間に嵐が直接に私を襲いはしまいかと思われる程であった。目をさますと嵐は去っていたが、海は依然として怒号を続けていた。実験所へ行って見た結果、この建物が、こんなに激しく叩きつけられても平気でいる程、しっかりと建てられていることが判った。建物の両側の石垣は、所々流されていたが、幸いにも我々の一角はちゃんとしていた。道路の低い場所は、四呎の深さに完全に押し流されてしまった。波は依然として、島と本土とをつなぐ砂洲を洗っているので、人々は両方から徒渉し、背中に人を背負ったのもいた。向う岸で巡礼の一隊が渡ろうか渡るまいかと思案していたが、大きな笠を手に、巡礼杖を持ち、小さな青旗をヒラヒラさせた所は、笠と杖とが盾と武具とに見えて、まるで野蛮人の群れみたいであった。今使者がはいって来て、実験所宛にいろいろな品が着いたが、波のために島まで持って来ることが出来ぬと告げた。波が鎮ったら初めて手に入れることになるだろう。

七月二十九日　日曜日。

若干の英国の店が閉められ、また政府の役所も閉められる（外国人に譲歩したのである)、大都会以外にあっては、日曜日を他の日と区別する方法は、絶対に無い。この役所も、私の短い経験によると、はいって行けば用を達することが出来る。

旅につかれ、よごれた巡礼たちが、神社に参詣するために、島の頂上へ達する狭い路に一杯になっている。各旅籠屋では亭主から下女の末に至る迄、一人のこらず家の前にならび、低くお辞儀をしながら、妙な、泣くような声を出して客を引く。家々は島帝国のいたる所から来たこのような旅人達で充ち、三味線のチンチンと、芸者が奇怪なつくり声で歌う音とは、夜を安息の時にしない。この狭い混み合う路を通って、私は実験所へ往復する。私はこの村に於ける唯一の外国人なので、自然彼等の多くの興味を惹くことが大である。彼等は田舎から来ているので、その大多数は疑もなく、それ迄に一度も外国人を見ていないか、あるいは稀に見ただけである。しかし私は誰からも、丁寧に且つ親切に取扱われ、私に向って叫ぶ者もなければ、無遠慮に見つめる者もない。この行為と、日本人なり支那人なりが、その国の服装をして我が国の村の路——都会の道路でさえも——を行く時に受けるであろうところの経験とを比較すると誠に穴にでもはいりたい気持がする。これ等の群衆は面白いことをしに出て来たのだから、おそろしく陽気な人達が多いが、酔っぱらいはたった一人見ただけである。彼は路傍に静かに眠ていた。人々は悲しげに其の状態を見て通り、嘲笑する子供などは只の一人もいなかった。このような場合が、私をして二つの文明を心中で比較させ続ける。

子供が遊んでいるのを見たら、粘土でお寺をつくり、その外側を瓶詰の麦酒その他の蓋になっている、小さい円い錫の板で装飾していた。これは外国人が残して行ったのを、子供達が一生懸命に集め、そしていろいろな方法に利用するのである。お寺の附近には、小さな玩具の石灯籠や鳥居が置かれ、木の葉すこしで周囲を仕上げてあった。数度私は子供が砂や粘土で何かつくるのを見たが、彼等の努力が我が国の子供達のと同じ方向に向っていることを見出した。

今朝（七月三十日）私は第一回の曳網を試みた。我々の舟は小さ過ぎた上に、人が乗り過ぎたが、それで外側へ廻って出て、絶間なく大洋から寄せて来る大きなうねりに乗りながら、曳網を使用しようと試みた。十五尋《ひろ》の深さで数回引っぱったが、我々の雇った二人の船頭は、曳網を引きずり廻すだけに強く櫓を押さなかった。これは困難なことではあった。そして外山と彼の友人が船に酔ってグッタリと舟底に寝てしまったので、引き上げた材料は私一人で点検しなければならなかった。明日我々は、もっと大きな舟に船頭をもっと多数のせて、もっと深い所へ行く。我等の入江に帰った時、私はそもそも私をして日本を訪問させた目的物、即ち腕足類を捕えようという希望で一度曳網を入れて見た。私は引潮の時、この虫をさがしに、ここをほじくりかえして見ようと思っていたのである。ところが、第一回の網に小さなサミセンガイが三十もはいっていたのだから、私の驚きと喜びとは察して貰えるだろう。見るところ、これ等は私がかつて北カロライナ州の海岸で研究したのと同種である。

日本人は会話をする時、変なことをする。それは間断なく「ハ」「ヘイ」ということで、一例として一人が他の一人に話をしている時、話が一寸でもとぎれると後者が「ヘイ」といい、前者が「ハ」という。これは彼が謹聴し、且つ了解していることを示すと同時に、尊敬の念を表わすのである。またお互いに話をしながら、彼等は口で、熱いお茶を飲んで舌に火傷をしたもんだから息を吸い込んで冷そうとでもするような、或いは腹のへった子供等が素敵にうまい物を見た時に出すような、音をさせる。この音は卑下か尊敬かを示すものである。

ここに出した写生図は、宿屋に於ける私の部屋の三方の隅を示している。32図は私が食事をする一隅である。食卓にお目をとめられたい――これが大工の外国人のテーブルに対する概念である。椅子は旅行家用の畳み椅子を真似たのであるが、畳めない。テーブルは普通のよりも一呎高く、椅子は低すぎるので食事をする時、私の頭が非常に好都合にも、皿と同じ高さになる。だが食事をしながら、私は美しい入江と、

32 図

広い湾と、遠方の素晴しい富士山とを眺める。景色は毎日変るが、今やこの写生をしている時の光景は、何といってよいか判らぬくらいである。日没の一時間前で、低い山脈はみな冷やかな薄い藍色、山脈の間にたなびく細い雲の流れは、あらゆる細部を驚くほど明瞭に浮かび出させる太陽の光線によって、色あざやかに照らされ、そのすべてにぬきん出て山の王者が聳えている。部屋の話に立ちかえると、テーブルが非常に高いので、肘をそれにのせぬと楽でない。隅には私の為に棚がつられ、その一つに私は木髄の帽子と麦藁帽子とをのせた。テーブルには朝飯の準備が出来ているのだが、多くの食事の為の食品も全部のっかっている。まるで野営しているようだ。その次の写生（33図）

は私の執筆兼仕事テーブルで、塩の瓶に洋灯がのっている。その上の棚には私の顕微鏡が一つ、アルコールの壺、及びパイプ、煙草等を入れた箱が置いてある。床にあるのは予備の曳網を入れたブリキ箱で私はこれに足をのせる。テーブルの左にのっている瓶には殺虫粉、右の方のにはアルコールがはいっていて、夜飛び込んで来る甲虫その他の昆虫を――時に蚤を――つかまえて入れる。

33 図

曳網で取った材料を選りわけることが出来たのは、実に助手たちが手伝ってくれたからである。海底には海産物が非常に豊富である。で、私が大事なサミセンガイを研究している間に、彼等は貝、海胆、ヒトデ等をそれぞれの区分に分ける。34図は彼等が働いている

34 図

所を示す。右にいるのは外山教授で、彼は自分で費用を払うが採集の手助けをする。中央は松村氏で、彼の費用は大学が払う。左は私が雇った男で、夜は実験所で寝泊りし、昼は新鮮な海水を運んで来たり、雑役をしたりする。この男は、日本人が誰でも一般的に理智的であることの、いい実例になる。彼は甲殻類、軟体動物、棘皮《きょくひ》動物等を説明された後で、材料を適当な瓶に選りわける。その後陸棲の貝を採集に郊外に出かけた時、人力車夫たちが私のために採集の手伝いをすることを申し出た。そこで彼等に私がさがしている小さな陸棲貝を示すと、彼等は私と同じくらい沢山採集した。私は我が国の馬車屋がこのような場合手伝いをしようと自発的に申し出る場面を想像しようとして見た。私はこの男を貝の多い砂地へ連れて行って、私の欲する顕微鏡的な貝殻を指示して見た。すると彼はこまかい箸を用いて実に巧みにその小さい貝殻をひろい上げたので、私は殆どしょっちゅう彼に仕事をさせた。

先日の朝、私は窓の下にいる犬に石をぶつけた。犬は自分の横を過ぎて行く石を見ただけで恐怖の念は更に示さなかった。そこでもう一つ石を投げると、今度は脚の間を抜けたが、それでも犬は只不思議そうに石を見るだけで、平気な顔をしていた。その後往来で別の犬に出喰わしたので、わざわざしゃがんで石を拾い、犬めがけて投げたが、逃げもせず、私に向って牙をむき出しもせず、単に横を飛んで行く石を見詰めるだけであった。私は子供の時から、犬というものは、人間が石を拾う動作をしただけでも後じさりをするか、逃げ出しかするということを見て来た。今ここに書いたような経験によると、日本人は猫や犬が顔を出しさえすれば石をぶつけるような真似はしないのである。よろこぶべきことには、我が国の人々も、私が子供だった時に比較すると、この点非常に進歩した。だが、我が都市の貧しい区域では無頼漢どもがいまだに五十年前の男の子供がしたことと全く同じようなことをする。

人力車に乗って田舎を通っている間に、徐々に気がついたのは、垣根や建物を穢《きた》なくする記号、ひっかき傷、その他が全然無いことである。この国には、楽書の痕をさえとどめた建物が一つもない。しかも労働者たちは、我が国のペン、あるいは鉛筆ともいうべきヤタテを持って歩いているから、自分の名前や、気に入った文句や、格言を書こうと思えばいくらでも書けるのである。私はこのことを、我が国の人々のこの点に関する行為と比較せざるを得なかった。我が国の学校その他の建築物がよごれていることは、この傾向を立証している。

道路で私は、葉のついたままの、長い竹が立っているのを見た。葉には色とりどりの紙片がついている。何かの祭礼の飾か、あるいは何等かの広告であろう。

七　江ノ島での採集

昨日は実験所大成功だった。漁夫がバケツに一杯、生きたイモガイその他の大きな貝や、色あざやかなヒトデや、私が今まで生きているのは見たことがない珍しい軟体動物を持って来た。すっかりで漁夫は二十仙を要求した。我々は何か淡水貝を見つけることが出来るかも知れぬと思って、我々が渡る地頸に近く海に流れ込む川を溯りながら採集し、若干の生きたシジミを発見した。また河口に近く、見事な *Psammobia*〔「皿貝の類の」〕大きな二枚貝）数個と、更に上流で元気のいい、喧嘩早い蟹を何匹か捕えた。女や子供が数名、岸近くの水中を歩きながら、シジミを拾っていたが、これは食用品なのである。私はシジミのはいった小さな籠を二つ、一つ二仙ずつで買った。これだけ集めるのに、我々なら、半日はかかったであろう。水中のすべての生物は、下層民の食物になるらしい。貝類の全部、海老や蟹の全部、鮫、エイ、それから事実あらゆる種類の魚、海藻、海胆、海の虫等がそれである。私はハデイラ科〔*Trochus*、ウズガイか〕のある物を煮たのを食ったが、決してまずくはなかった。

普通の種類の蝿がいないことは、この国の特長である。時を選ばず、蝿を一匹つかまえるということは、困難であろう。私はファンディ湾の入口にあるグランド・メーナンに於て、魚の内臓等をあちらこちらにまき散らす結果、漁村は我慢出来ぬほど蝿が沢山いたことを覚えている。江ノ島は漁村であるが、漁夫たちは掃除をする時に注意深くアラを全部運び去り、そしてこれを毎日行う。それに彼等は、捕えた物をすべて食うから、棄てられて腐敗するものが至ってすくない。加之《しかのみならず》、動物とては人間と雞だけで、馬、牛、羊、山羊等はまるでいない。雞も数がすくなく、夜になると籠を伏せた中に入れられる。夜、牡雞や牝雞が人家へやって来て、やがて入れられる籠のまわりを、カツカツいいながら歩き廻り、誰か出て来て一羽一羽籠の中に入れる迄それを続ける所は中々面白い。

私の料理番は階下に、流しと二つの石の火鉢とから成る台所を持っている。これ等の火鉢はある種のセメントか、あるいは非常に軟かい火山岩を切って作ってある。勿論オーヴン［窯］は無く、火鉢は単に燃える炭を入れる容器であるに過ぎない。この上で料理番は煮たり焼いたりするが、雞のロースト［燔肉《やきにく》］をつくる時には、四角な葉鉄《ブリキ》を火の上に置いて雞をのせ、その上に銅の深鍋をひっくりかえしてかぶせて、一時的のオーヴンを設け、銅鍋の底で炭火を起し、雞がうまくロースト出来る迄、彼は辛抱強く横に立って炭をあおぐ。35図は料理番の簡単な写生図である。雛の雛は一羽数仙、鯖に似た味のいい魚が一仙。私は何でもが安いことの実例として、これ等の価格をあげる。

昨日我々は、干潮で露出した磯へ出かけた。水溜りの大きな石の下面を、我々が調べることが出来るように、それを持ち上げてひっくり返す役目の男も、一人連れて行った。収穫が非常に多く、また岩の裂目に奥深くかくれた大きなイソガイ、生きてピンピンしている綺麗な小さいタカラガイ、数個のアシヤガイ（その貝殻は実に美しい）、沢山の鮑、軟かい肉を初めて見る多くの「属」、及びこれ等すべての宝物以外に、変な蟹や、ヒトデや、海百合の類や、変った虫や、裸身の軟体動物

35　図

や、大型のヒザラガイ、その他の「種」の動物を、何百となく発見する愉快さは、非常なものであった。今日我々はまた磯へ行き、金槌で岩石を打割ってニオガイ、キヌマトイガイ、イシマテ等の石に穴をあける軟体動物を、いくつか見つけた。私はこれ等の生きた姿を写生するので大多忙であった。

私は外山と松村に向って、何事にでも「何故、どうして」と聞く。そして時々驚くのは、彼等が多くの事柄に就いて、無智なことである。この事は他の人々に就いても気がついた。彼等が質問のあるものに対して、吃驚したような顔つきをすることにも、気がついた。そして彼等は質問なり、その事柄なりが、如何にも面白いように微笑を浮かべる。私はもう三週間以上も外山、松村両氏と親しくしているが、彼等はまだかつて、我々がどんな風にどんなことをやるかを、聞きもしなければ、彼等が興味を持っているにもかかわらず、私の机の上の色々なものが何であるか聞きもしない。しかも彼等は、何でもかでも見ようという、好奇心を持っている。学生や学問のある階級の人々は、漢文なり現代文学なりは研究するが、ある都会の死亡率や、死亡の原因などを知ることに、興味も重大さも感じないのであろう。

山を描くにあたっては、どの国の芸術家も傾斜を誇張する——即ち山を実際よりも遥かに嶮《けわ》しく書き現す——そうである。日本の芸術家も、確かにこの点を誤る。すくなくとも数週間にわたる経験（それは扇、広告その他の、最もやすっぽい絵画のみに限られているが）によると、富士の絵が皆大いに誇張してあることによって、この事実が判る。私はふと、隣室の学生達に富士の傾斜を、記憶によって書いて貰おうと思いついた。この壮麗な山は湾の向うに聳えていて、朝から晩まで人の目を惹く一つの対象なのである。先夜、晩飯の時、輝く空を背に、雄々しく、非常に暗くそそり立つこの山を、出来るだけ注意深く描いて見た。そこで鋏を使用して輪郭を切りぬき、そしてそれを持って山にあてがうと、私が努力したにもかかわらず、傾斜をあまり急に描き過ぎたことを発見した。私は紙に鋏を入れては山にあてがって見て、ついに輪郭がきちんと合う迄に切り、そこで隣の部屋へはいって、通弁を通じて、出来るだけ正確な富士の輪郭を書くことを学生達に依頼した。私は紙四枚に、私の写生図に於ける底線と同じ長さの線を引いたのを用意した。これ等の青年はここ数週間、一日に何十遍となく富士を眺め、測量や製図を学び、角度、円の弧等を承知している上に、特に、斜面を誇張しないようにとの、注意を受けたのである。36図は彼等の努力の結果で、一番下は私の輪郭図である。彼等は彼等のと私のとの輪郭の相違に、只吃驚するばかりであったが、この試験には非常な興味を見せた。彼等は不知不識、子供の時から見なれて来たすべての富士山の図の、急な輪郭を思い浮かべたのである。彼等の角

36 図

度が、殆ど同じなのは面白い。学生の一人が持って来て見せた扇には、斜面が正確に近く描いてあった。登山した人がその山の嶮峻さを誇張するのは、山は実際よりも必ず峻しく見えるものだからということが、想像出来る。

　Lの音が日本語にないことは、不思議に思われる。日本人が英語を書く際に、最も困難を感じることの一つは、LとRの音の相違を区別することで、何年間も英語を書いていた人でさえRのかわりにLを使い、又はその逆のことをする。日本人にはLを発音するのがおそろしくむずかしい。外山の友人にParallel と発音して御覧なさいといったところが、彼は私がどんな風にそれを行うかと熱心に私を見つめながら、舌と両唇とを一生懸命に動かし、最後に絶望の極断念してしまった。これは吃驚する程だった。反対に支那人は、Rの音を持っていないので、それを発音する困難さは、日本人のLに於けると同様である。

日光へ行った時、マッサージをやらせて、気持よくなったことを覚えていた私は、非常に疲れていたので、盲目のアンマ（マッサージ師はこう呼ばれる）を呼び入れたが、彼は私の身体をこね廻したり、撫でたり、叩いたりした。松村氏は私の横に坐り、私は彼を通じて、色々な質問を発した。このアンマは、天然痘で盲目になったのである。天然痘は、この国で一時は恐るべき病疫であったが、幸いにも今は統制されている。外国人の渡来はよいことと思うかと聞いたら、彼は勢よく「然り」と答え、そして「若し外国人が二十五年も前に来ていたら、私を初め何千人という者が、盲目にならずに済んだことであろう」とつけ加えた。彼はまた、外国人は非常に金を使うともいった。同一の服装をしていても、日本人と外国人との区別がつくかと聞くと、彼は即座に「出来ます、外国人は足が余程大きい」と答えた。だが、若し外国人が小さな足をしていたらというと、「足の指がくっついていて、先の方が細い」との返事であった。彼は大きな太った男で、頭は禿げているというよりも、綺麗に剃ってある。仕事にとりかかると同時に、私に詫びをいいながら衣を脱いだ。撫でる時には指が変に痙攣的にとび上って、歯科医が使用する充填機械に似た運動をする。

私が小使に新鮮な塩水［fresh salt water］を取って来てくれと頼んだら、彼はそれを混ぜるのかと聞いた。彼は英語で十まで勘定することを覚え、fresh water［真水］、salt water［塩水］及び all right ということが出来る。松村氏も fresh salt water とは変だと思ったのである。そこで私は彼に真水は日本語で何かと質ねたら、それは「真実の水」で、他は「塩の水」であるとのことであった。これは最もいい呼びようらしく思われる。欧洲人は真水を sweet water［甘い水］というが、真水は決して甘くはない。

ここ二週間、私は米と薩摩芋と茄子と魚とばかり食って生きている。私はバタを塗ったパンの厚い一片、牛乳に漬けたパンの一鉢その他、現に君達が米国で楽しみつつあるうまい料理の一皿を手に入れることが出来れば、古靴はおろか、新しい靴も皆やってしまってもいいと思う。

この村の先生が私を訪問して、儀式ばった態度で "How do you do?" といった。そのアクセントは、彼が英語を僅かしか知らぬことを示していたが、後で彼が白状したことによると彼の英語の知識はこの挨拶と "Good-bye" とに限られているのである。彼が英語を知っている以上に、私が日本語を知っている——といったところで大したものではないが——と思うと一寸気が楽になる。

今迄に私は理髪店というものを見たことがない。床屋は移動式で、真鍮を張った、剃刀その他を入れる引出しのある箱（37図）を持って廻る。この箱は何か色の黒い材木で出来ていて真鍮の模様があり、油とびんつけの香がぷんぷんする。鋏は我が国で羊の毛を切る鋏に似ている。剃刀は鋼鉄の細長くて薄い一片で、支那の剃刀とはまるで違う。剃刀をとぐ砥石は、箱の下の方に見えている。引出しには留針や、糸や、頭髪等が一杯はいっている。箱の上の木製の煙出しにはいっている焼串のような棒は、頭髪を一時的一定の形に置くものであり、煙出しの端からぶら下っている真鍮の曲った一片は、顔を剃る時、こまかい毛を入れるもので、床屋はこの端に剃刀をこすりつける。私は学生の一人が剃らせるのを見た。顔を剃ることは前に述べたが、床屋がまぶたを剃ろうとは思わなかった。勿論まつ毛は剃りはしないが、顔中、鼻も頬もまぶたも、剃るのである。ここのような村の往来で写生をしようとすると、老幼男女が周囲を取り巻いてベチャクチャ喋り続けるから、非常に不愉快である。

37　図

　東京への途中、兵隊が多数汽車に乗って来た。東京へ着いて見ると、道路は南方の戦争、即ち薩摩の叛乱から帰って来る軍隊で一杯であった。停車場の石段には将校が何人かいたが、みな立派な、利口そうな顔をしていて、独逸の士官を思い出させた。私は往来の両側を、二列縦隊で行進する兵士の大群——多分一聯隊であろう——を見たが、私が吃驚する暇もなく、私の人力車夫は片側に寄らず、もう一台の人力車の後について行列の間にはいってしまい、この隊伍の全長に沿うて走った。私は兵士達を見る機会を得た。色の黒い、日にやけた顔、赤で飾った濃紺の制服、白い馬毛の前立をつけた短い革の帽子……これが兵士であり、士官はいい男である者はまるで子供みたいだが、サムライの息子達で、恐れを知らぬ連中である。私を大いに驚かせ、且つよろこばせたのは、私に向って嘲笑したり、声をかけたりした者が、只の一人もなかったという事実である。彼等は道足で行進しつつあり、ある者は銃を腕にのせ、ある者は肩にになっていたが、それにしてもこれほど静かな感じのする、規律正しい人々を見たのはこれが最初である。事実彼等は皆紳士なので、行為もそれにふさわしかった。

日本の家庭で如何に仕事の経済が行われるかは、室内の仕事を見るとわかる。一例として、部屋が沢山ある宿屋の仕事は、部屋女中の一人か二人で容易になされる。寝台はなく、客は畳に寝る。寝具は綿をつめたもの。枕は蕎麦殻をつめ込んだ、小さな座布団みたいなものに、薄い日本紙をかぶせ、軽い木箱に結びつけたもの。洗面等は戸外でやる。朝になると布団を集め縁側の手摺にかけて風を通し、その後どこかの隅か戸棚かにたたみ上げる。軽くて箱みたいな枕は、両腕にかかえて下へ持って行き、よごれた枕かけ、即ち単に一枚の紙を取り去って、新しい一枚をのせる。十枚ぐらいを同時に結びつけたのなら、一番上のをはがすだけで、その日の仕事は、寝室の用事に関するかぎり終るのである。

八　東京の生活

八月二十八日。

今、江ノ島に別れを告げて来て見ると、あすこに滞在した期限は、矢のように疾く過ぎたものである。私は六週間、あの小さな家がゴチャゴチャかたまった所で暮した。人々は過労し、朝六時から真夜中まで働き、押しよせる巡礼——時々外国人も来るが、すべて日本人——を一晩泊めるために、とても手にあまる程に沢山の仕事を持っている。訪れる人々は一日に四度も五度も、食事を要求するらしく思われ、絶間なくお茶や、煙草の火や、熱い酒やその他を求める。いろいろな年齢の子供達が、いたる所にかたまっていた。が、私は最も彼等に近く住んでいたにもかかわらず、滞在中に、只の一度も意地の悪い言葉を耳にしたことがない。赤ン坊は泣くが、母親達はそれに対して笑うだけで、本当に苦しがっている時には、同情深くお腹を撫でてやる。誰もが気持のいい微笑で私をむかえた。私は吠え立てる犬を、たった一本の往来で追いかけ、時に石を投げつけたりしたが、彼等は私のこの行為を異国の野蛮人の偏屈さも、鄭重で、よく世話をし、最後の飯の一杯さえも分け合い、親切で、もてなしぶりもよく食物も時間も大まかに与え、そして笑っただけである。我々が何をする時――採集する時、舟を引張り上げる時、その他何でも――にでも、人力車夫や漁師たちは手助けの手をよろこんで「貸す」というよりも、いくらでも「与える」……これを我々は異教徒というのである。

小さな庭のつくり方や、垣根、岩の小径等は、この上もなく趣味に富んでいる。先日、朝早く村々を通過した時、私は多くの人々が、井戸端や家の末端で顔を洗っているのを見たが、彼等は歯も磨いていた。これは下層民さえもするのである。加之、これ等の人々は、水を飲む前に、口をゆすぐのを例とする。

江ノ島の寺には沢山宝物があって、坊さんは恭々しくそれを見せる。宝物には数百年前の甲冑や、五百年前の金属製の鏡で、その時代の偉い大名が持っていたもの等がある。坊さんは、固い物体の大きな一片を持ち出して、これは木が石になった物だといった。よく見ると抹香鯨の下顎の破片である。そういって聞かせた私を見た彼の顔には、自分を疑うお前は実にあわれむべき莫迦者だという表情があった。彼は同じ文句を何千遍もくりかえしては説明するので、いろいろな宝物の説明を非常に早口で喋り続け、松村がそれを訳すのに困ったりした。最後に坊さんは細長い箱の前に来て、如何にも注意深く蓋をあけると、中にはありふれた日本の蛇の萎びた死骸があり、また小さな黒い物が二つ、箱の中にころがっていた。坊さんはこの二つがその蛇の角だといった。そんな風な生物がいないことは、いう迄もない。ちょっと見ただけでそれ等が大きな甲虫の嘴《くちばし》であることが判る。だから、そういって聞かせたところが、彼はすこしも躊躇することなく、また嬉しいくらいの威厳と確信とを以て、彼の説明は書面の典拠によっているのだから、間違は無いといった。こうなると仏教の坊主達も、世界の他の宗教的凝り屋と同様、書面の典拠を以て事実と戦おうとしているのである。

今日私は往来で、橙色の着物を着た囚人の一群が、鎖で繋がれ、細い散歩用のステッキぐらいの大きさの鉄棒を持った巡査に守られているのを見たが、日本のように、無頼漢も乱暴者も蛮行者も泥酔者もいない所で、どこから罪人が出現するのか、不思議なくらいである。これ等の囚人達は、邪悪な顔をしていた。若し犯罪型の顔とか表情とかいうことに、いくらかでも真実がありとすれば、彼等は米国の犯罪人と同じように、それを明瞭に示していた。この少数の者共が、人口三千万を越える日本に於て知られている兇状持の全部だといって聞かせる人があったら、私は、限られた経験によってではあるが、それを信じたろうと思う。

この地球の表面に棲息する文明人で、日本人ほど、自然のあらゆる形況を愛する国民はいない。嵐、凪、霧、雨、雪、花、季節による色彩のうつり変り、穏かな河、とどろく滝、飛ぶ鳥、跳ねる魚、そそり立つ峯、深い渓谷——自然のすべての形相は、単に嘆美されるのみでなく、数知れぬ写生図やカケモノに描かれるのである。東京市住所姓名録の緒言的各章の中には、自然のいろいろに変る形況を、最もよく見ることの出来る場所への案内があるが、この事実は、自然をこのように熱心に愛することを、如実に示したものである。

播磨の国の海にそった街道を、人力車で行きつつあった時、我々はどこかの神社へ向う巡礼の一群に追いついた。非常に暑い日だったが、太平洋から吹く強い風が空気をなごやかにし、海岸に大きな波を打ちつけていた。前を行く三、四十人の群衆は、街道全体をふさぎ、喋ったり、歌ったりしていた。我々は別に急ぎもしないので、後からブラブラついて行った。と、突然海から、大きな鷲が、力強く翼を打ちふって、路の真上の樫の木の低い枝にとまった。羽根を乱した儘で、鷲は喧しい群衆が近づいて来るのを、すこしも恐れぬらしく、その枝で休息するべく落着いた。西洋人だったら、どんなに鉄砲をほしがったであろう！　巡礼たちが大急ぎで巻いた紙と筆とを取り出し、あちらこちらから手早く鷲を写生した有様は、見ても気持がよかった。かかる巡礼の群れには各種の商売人や職人がいるのだから、これ等の写生図は後になって、漆器や扇を飾ったり、ネツケを刻んだり、青銅の鷲をつくったりするのに利用されるのであろう。しばらくすると群衆は動き始め、我々もそれに従ったが、鷲は我々が見えなくなる迄、枝にとまっていた。

維新から、まだ僅かな年数しか経ていないのに、博覧会〔上野公園で開かれた内国勧業博覧会〕を見て歩いた私は、日本人がつい先頃まで輸入していた品物を、製造しつつある進歩に驚いた。一つの建物には測量用品、大きな喇叭、外国の衣服、美しい礼服、長靴や短靴（中には我々のに匹敵するものもあった）、鞄、椅子その他すべての家具、石鹼、帽子、鳥打帽子、マッチ、及び多数ではないが、ある種の機械が陳列してあった。海軍兵学寮の出品は啓示だった。大きな索条、縄、滑車、船の索具全部、それから特に長さ十四呎で、どこからどこまで完全な軍艦の模型と浮きドックの模型とが出ていた。写真も沢山あって、皆美術的だった。日本水路測量部〔海軍省水路局か〕は、我が国の沿岸及び測量部に倣った沿岸の美しく印刷した地図を出していた。又別の区分には犂、鍬《くわ》、その他あらゆる農業用具があり、いくつかの大きなテーブルには米、小麦、その他すべての日本に於ける有用培養食用産品が、手綺麗にのせてあった。学校用品は実験所で使用する道具をすべて含んでいるように見えた。即

38　図

ち時計、電信機、望遠鏡、顕微鏡、哲学的器械装置、電気機械、空気唧筒《そくとう》等、いずれもこの驚くべき国民がつくったものである。私が特にほしいと思った物が一つ。それは象牙でつくった高さ一呎の完全な人間の骸骨である。この骸骨の驚異ともいうべきは、骨を趾骨《しこつ》に至るまで別々につくり、それを針金でとめたことで、手は廻り、腕は曲り、脚は意の如く動いた。肋骨と胸骨とをつなぐ軟骨は、黄色い角で出来ていて、拵え作った骸骨の軟骨と全く同じように見えた。下顎は動き、歯も事実歯窠《しそう》の中で動くかのように見えた。

今や私は加賀屋敷第五番に、かなり落着いた。38図は、私が住んでいる家を、ざっと写生したものである。これは日本人が建て、西洋風だということになっている。急いでやったこのペン画は、本物の美しい所をまるで出していない。巨大な瓦屋根、広い歩廊、戸口の上の奇妙な日本の彫刻、椰子、大きなバナナの木、竹、花の咲いた薔薇等のある前庭によって、この家は非常に人の心を惹く。家の内の部屋はみな広い。私が書簡室即ち図書室として占領している部屋は、長さ三十呎、幅十八呎で高さは十四呎ある。これがこの家の客間なので、これに接する食堂とのしきりは折り戸で出来ている。床には藁の筵を敷いて、家具を入れぬ情況の荒涼さが救ってある。夜はたしかに淋しい。頭の上では鼠が駈けずり廻る。天井は薄い板に紙を張っただけなので、鼠は大変な音をさせる。床は気温の変化に伴って、パリンパリンといい、時に地震があると屋根がきしむ。そして夜中には、誰でも、確かに歩廊を密かに歩く足音が聞えたと誓言するであろう。だが、私は押込み強盗や掏摸《すり》等のいない、異教徒の国に住んでいるので、事実、故郷セーラムの静かな町にいるよりも、遥かに安心していられる。

九月八日。気持のいい天気で、新鮮な勢をつけるような風が、故郷に於けると同様に、我々をシャンとさせる。私は追々我々のに比べると、時におそろしくじゃれる猫のやり方が、快活な犬とまるで違うように違う日本の習慣に慣れて来る。この広い都会を歩くのにも、いくらか見当がついて来て、もう完全に旅人ではないような気がしている。昏迷と物珍しさとは、ある程度まで減じたが、これは私に古い事を更に注意深く観察し、新しい事をよりよく会得する機会を与える。人力車で町々を通ったり、何度も何度も大学へ往復したりするのは、常に新奇で、そして愉快な経験である。必ず何か新しい物が見えるし、古い物とて見飽きはしない。低い妙な家。変った看板や、バタバタいう日除け。長い袖を靡《なび》かせて、人力車の前を走りぬける子供達。頭髪をこみ入った形に結って、必ず無帽の婦人。老女は家鴨のようにヨタヨタ歩き、若い女は足を引きずって行く。往来や、店さきや、乗っている人力車の上でさえも、子供に乳をやる女。ありとあらゆる種類の行商人。旅をする見世物。魚、玩具、菓子等の固定式及び移動式の呼び売人、羅宇屋、靴直し、飾り立てた箱を持つ理髪人——これ等はそれぞれ異った呼び声を持っているが、中には名も知れぬ鳥の啼声みたいなのもある。笛を吹きながらさまよい歩く盲目の男女。しゃがれた声と破れ三味線で、歌って行く老婆二人と娘一人。一厘貰って家の前で祈禱する禿頭の、鈴を持った男。大声で笑う群衆に囲まれて話をする男。興味のあるお客をのせて、あちらこちらに駈ける人力車。二人で引く人力車には制服を着た士官が、鹿爪らしく乗っている。もう一台のでは、疲れ切ったらしい男が二人、居ねむりをして頭をコツンコツンやっている。別のには女が二人、各々赤ン坊を抱いている。もう一台のには大きな子供を膝にのせた女が一人、子供は手に半分喰った薩摩芋を持ち、その味をよくするつもりで母の乳房を吸っている――これ等の光景の全部は、我々の目をくらませ、心を奪う。とても大きな荷物を二輪車に積んだのを、男たちが「ホイ　サカ　ホイ、ホイダ　ホイ」といいながら、曳いたり押したりして行く。歩道は無いので、誰でも往来の真中を歩く――可愛い顔をした、小さな男の子が学校へ行く。綺麗な着物を着て、お白粉をつけた女の子達が、人力車を連ねて何かの会合へ急ぐ――そして絶間なく聞えるのは固い路でカランコロンと鳴る下駄の音と、蜂が唸るような話声。お互いに糞丁寧にお辞儀をする人々。町の両側に櫛比する店は、間口がすっかり開いていて、すべての活動を、完全にさらけ出している。傘づくり、提灯づくり、団扇に絵を描く者、印形屋その他あらゆる手芸が、明か明かと照る太陽の光の中で行われ、それ等すべてが怪奇な夢の様に思われ、そしてこれ等の種々雑多な活動と、混雑した町々とを支配するものは、優雅、鄭重、及び生まれついたよい行儀の雰囲気である。これが異教の日本で、ここでは動物を親切に取扱い、雞、犬、猫、鳩等がいたら、それを避けて行くなり又《また》は跨いで行くなりしなくてはならず米国では最も小心翼々としている鴉でさえも、ここでは優しく取扱われるので、大群をなして東京へ来るのだという争う余地のない事実へ、私の心はしょっちゅう立ち戻るのである。

往来を通行していると、戦争画で色とりどりな絵画店の前に、人がたかっているのに気がつく。薩摩の反逆が画家に画題を与えている。絵は赤と黒とで色も鮮かに、士官は最も芝居がかった態度をしており、「血なまぐさい戦争」が、我々の目からは怪奇だが、事実描写されている。一枚の絵は空にかかる星（遊星火星）を示し、その中心に西郷将軍がいる。将軍は反徒の大将であるが、日本人は皆彼を敬愛している。鹿児島が占領された後、彼並びに他の士官達はハラキリをした。昨今、一方ならず光り輝く火星の中に、彼がいると信じる者が多い。

近頃私は日本の家内芸術に興味を持ち出した。これは我が国で樺の皮に絵をかいたり、海藻を押したり、革細工、貝殻細工その他をしたりするような仕事と同じく、家庭で使用する物をつくることをいう。意匠の独創と、仕上げの手綺麗な点で、日本人は我々を徹底的に負かす。この問題に関する書物は、確かに米国人にも興味があるだろうし、時間が許しさえすれば、私はこの種の品物を片端から蒐集したいと思う。台所には、深いのや浅いのや、色々形の違ったバケツがあるが、そのどれにも通有なのは、辺から一呎あるいはそれ以上つき出した、向きあいの桶板二枚で、それ等を横にむすぶ一片が柄になる。これ等各種のバケツは、それぞれ用途を異にする。桶もまた

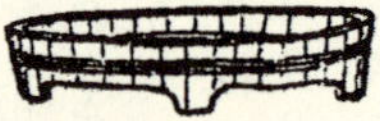

39図

非常に種類があり、39図のような低いのは足を洗うのに使用し、他の浅い形のは魚市場で用いる。桶板のあるものが僅かに底辺から出て、桶を地面から離しているのに気がつくであろう。博覧会には結構な漆器、青銅、磁器にまざって、いろいろな木で精巧を極めた象嵌《ぞうがん》を施した、浅い洗足桶があった。装飾の目的に桶を選ぶとは変った思いつきであり、そして我々を驚かしたのは意匠、材料及び用途の聳動《しょうどう》的新奇さである。米国人で日本の芸術を同情的に、且つ鑑賞眼を以て書いた最初の人たるジャーヴェスは、欧洲人と比較して、特にこれ等の特質を記述している。曰く「それは装飾的表現に於て、より精妙で、熱切で、変化に富み、自由で、真実に芸術的であり、そして思いがけぬことと、気持のよい驚愕と、更に教養のあらゆる程度によって、理解されるところの美的媚態と、美的言語の魅力とを豊富に持っている。[1]」日本人が衣服や行為の風変りなのを大目に見るのは、うれしい性質である。日本人は好き勝手な身なりをしたところで、誰も注意しない。若し、おそろしく変ったなりをしていれば微笑する者はあっても、男の子供が嘲弄したり何かすることはない——これは米国の大人や子供達の偏執な動作と強い対照をなしている。又、日本人が、何人をも思いやり深く取扱うことも、彼等の性格の注目すべき特性である。米国にいると、我々は仕事のことばかり心に思って、急いで道路を歩いたり、密閉した車に乗っていたりするから、僅かな事しか気がつかないが、日本に来た私は、歩いていようと人力車に乗っていようと、とにかく四方八方明けっぱなしなのだから、この国に上陸した瞬間から今迄、絶えず色々なことを一生懸命に見、あらゆる状況や事件を心にとめた。私は今迄に障碍のある者や、襤褸《ぼろ》の着物を着た者や、変な着物が、ひやかされたり、騒ぎ立てられたりしたことを、只の一度も見ていない。(2) 悪口をいったり、変な顔をして見せたりした結果態に食われてしまった男の子の話は、この親切といい行儀の国には必要がない。日本の役人には我々の衣服をつける者がかなり多く、大学の先生のある者も時に洋服を着るが、何度くりかえして聞いても、嘲笑されたり、話しかけられたり、注目されたりした者は、一人もいない。私は、若し私が日本人のみやびやかな寛衣を着て米国の都会の往来――田舎の村にしても――へ出たとしたら、その

（1）ジェー・ジェー・ジャーヴェス著『日本芸術瞥見』一八七六年。（J. J. Jarves, *A Glimpse at the Art of Japan.*）

（2）先日紐育の一新聞で、私はあわれむべき老人が多数の無頼漢に、雪のかたまりをぶつけられて死んでしまったという記事を読んだ。このような兇暴さが、如何に日本人の持つ我々が野蛮人だという意見を強くさせることであろう。

40 図

時経験するであろうところを想像しようと試みた。日本人のある者が、我々の服装をしようとする企ては、時としては滑稽の極である。先日私が見た一人の男は、殆ど身体が二つはいりそうな燕尾服を着、目まで来る高帽に紙をつめてかぶり、何番か大き過ぎる白木綿の手袋をはめていた。彼はまるで独立記念日の道化役者みたいだった。40図は彼をざっと写生したものである。彼はみすぼらしい男で、明らかに上流階級には属していない。当地の博覧会の開会式の時には、最も途法もない方法で、欧米の服装をした人々が見られた。一人の男は、徹頭徹尾小さすぎる一着を身につけていた。チョッキとズボンとは、両方から三、四吋離れた所まで来たきり、どうにもならず、一緒にする為に糸でむすんであった。かなり多くの人々は、堂々たる夜会服を着て、ズボンを膝まで来る長靴の中に押し込んでいた。この上もなく奇妙きてれつな先生は、尻尾が地面とすれずれになるような燕尾服を着て、目にも鮮かな赤いズボンつりを、チョッキの上からしていた。衣服に関しては、日本固有のものと同様、我々のに比べて、より楽な固有の衣服を固守する支那人(3)の方が、余程品位が高い。だが私は、我が国の人々が、日本風に着物を着ようと企てる場合を思い出して、こんな変な恰好をした日本人に大いに同情した。日本服といえば、私は大学で、教授のある者が時々洋服を着て来るのに気がついた。しかし非常に暑い日や非常に寒い日には和服の方が楽だが、実験室では袂《たもと》が始終邪魔になるということであった。

（3）かかる企ての一つを、その後我々はギルバートとサリヴァンの「ミカド」の舞台で見た。日本人にはこれが同様に言語道断に見えた。

九　大学の仕事

九月十一日。

大学の正規な仕事は、今朝八時、副綜理ドクタア浜尾司会の教授会を以て、開始された。彼は先ず、綜理ドクタア加藤が、母堂の病篤きため欠席のやむを得ざるを、綜理に代って陳謝した後、ゆっくりした、ためらうような口調で、前置きの言葉を僅か述べ、この学期が教員にも学生にも、愉快なものであることを希望するといった。午後には先任文部大輔が、大学の外国人教授たちを、上野公園の教育博物館へ招いて、接待した。これは、興味の深い会合だった。医科には独逸人が配置され、語学校には仏、独、英、支の先生がおり、大学の我々の分科には英国人が四、五人、米国人が八、九人、仏蘭西人が一人、独逸人が二人、それから日本の助教授が数名いる。日本人は少数の例外を除いて洋服を着ていたが、支那の先生達はみな支那服であった。彼等は決して服装を変えないのである。博物館は大きな立派な二階建で、翼があり、階下の広間の一つは大きな図書室になっている。また、細長くて広い部室は、欧洲及び米国から持って来た教育に関する器具——現代式学校建築の雛型、机、絵、地図、模型、地球儀、石盤、黒板、インク入れ、その他の海外の学校で使用する道具の最もこまかい物——の広汎で興味ある蒐集で充ちていた。これ等の品物はすべて私には見慣れたものであるに拘らず、これは最も興味の深い博物館で、我が国の大きな都市にもあるべき性質のものである。我々の持つ教育制度を踏襲した日本人が、その仕事で使用される道具類を見せる博物館を建てるとは、なんという聡明な思いつきであろう。ここに、毎年の予算の殆ど三分の一を、教育に支出する国民がある。それに対照して、露西亜は教育には一パーセントの半分しか出していない。二階には天産物の博物館があったが、これは魚を除くと、概して貧弱であった。しかし魚は見事に仕上げて立派な標本になっていた。この接待宴には、教員数名の夫人達を勘定に入れて、お客様が百人近くいた。いろいろな広間を廻って歩いた後、大きな部室へ導かれると、そこにはピラミッド型のアイスクリーム、菓子、サンドウィッチ、果実その他の食品の御馳走があり、芽が出てから枯れる迄を通じて如何に植物を取扱うかを知っている、世界唯一の国民の手で飾られた花が沢山置いてあった。これは実に、我が国一流の宴会請負人がやったとしても、賞讃に価するもので、この整頓した教育博物館で、手の込んだ昼飯その他の支度を見た時、我々は面喰って立ちすくみ、「これが日本か？」

と自ら問うのであった。

日本のお役人たちが、ドクタア・マレーその他手伝いを志願した人々と共に、いろいろな食物を給仕したが、日本人が貴婦人と紳士とが一緒に坐っている所へお皿を持って行って、先ず男の方へ差し出し、そこで教わったことを思い出して即座に婦人へ出す様子は、まことに面白かった。我が国では非常に一般的である(欧洲ではそれ程でもない)婦人に対する謙譲と礼譲とが、ここでは目に立って欠けている。馬車なり人力車なりに乗る時には、夫が妻に先立つ。道を歩く時には、妻は夫の、少くとも四、五呎あとにしたがう。その他いろいろなことで、婦人が劣等な位置を占めていることに気がつく。海外から帰った日本人が、外国風にやろうと思っても、若し実際やれば、彼等の細君達は、きまりの悪い思いをする。それは丁度我が国の婦人達が、衣服なり習慣なりで、ある進歩した考え(例えば馬にまたがって乗ること)を認めはしても目につくことを恐れて、旧式な方法を墨守するようなものである。この事実は、日本人の教授の一人が私に話して聞かせた。日本の婦人はこの状態を大人しく受け入れている。これが、非常に長い間の習慣だからである。酌量としていうべき唯一のことは、日本の婦人が他の東洋人種よりも、遥かに大なる自由を持っているということだけである。

九月十二日。

私は最初の講義をした。講義室は建物の二階にある。そこには大きな黒板一枚と引出しがいくつかついている机と、それから私が講義を説明するのに使用する物を入れておく、大きな箱が一つある。張子製で、各種の動物の消化器官を示した標本のいくつ、及び神経中枢の模型その他の道具は、この課目にうまく役立つだろう。私の学級は四十五人ずつの二組に分れているので、一つの講義を二度ずつしなくてはならず、これは多少疲労を感じさせる。私はもう学生達に惚れ込んでしまった。これほど熱心に勉強しようとする、いい子供を教えるのは、実に愉快だ。彼等の注意、礼儀、並びに慇懃な態度は、まったく霊感的である。彼等の多くは合理主義者で、仏教信者もすこしはいるかも知れぬが、とにかく、かくの如き条件にあって、純然たるダーウィニズムを叙示することは愉快な体験であろうと、今から考えている。特に注目に価するのは、彼等が、私が黒板に描く色々な動物を、素速く認識することである。これ等の青年はサムライの子息達で、大いに富裕な者も貧乏な者もあるが、皆、お互いに謙譲で丁寧でありまた非常に静かで注意深い。一人のこらず真黒な頭髪、黒い眼、そして皆青味を帯びた色の着物を着ているが、ハカマが如何にも半分に割れたスカートに似ているので、まるで女の子の学級を受持ったような気がする。教授室と呼ばれる一つの大きな部屋には、さっぱりした藁の敷物が敷いてあり、椅子の外に大型の机が一つ、その上には横浜発行の朝刊新聞、雑誌若干並びに例のヒバチがのせてある。ここで先生は講義の時が来る迄、ひまをつぶすことが出来る。お昼前に小使が茶碗をのせたお盆と、とても上等なお茶を入れた土瓶とを持って来るが、このお茶は疲れをいやす。教授の連中はみな気持がいい。当大学の統合的の役員は、綜理一人、副綜理二人〔綜理心得〕、幹事、会計、書記であるが、いずれも極めて丁寧で注意が届き、私としては彼等と共にあること、並びに、私が現に占めている位置よりも、気持のよいものはあり得ない。器具類に関して、私の欲しいと思うものは、即刻私の為に手に入れて呉れる。私が目下案を立てている箱類は、すぐ造らせてくれることになっている。

横浜に上陸して数日後、初めて東京へ行った時、線路の切割に貝殻の堆積があるのを、通行中の汽車の窓から見て、私は即座にこれを本当の Kjoekkenmoedding（貝墟）だと認識した。私はメイン州の海岸で貝塚を沢山研究したから、ここにある物の性質もすぐ認めた。私は数ケ月間、誰かが私より先にそこへ行きはしまいかということを絶えず恐れながら、この貝墟を訪れる機会を待っていた。私がこの堆積の性質を話したのは、文部省督学のドクタア・マレーただ一人である。今や大学に於ける私の仕事が開始されたので、私は堆積を検査する準備にとりかかった。先ず私は鉄道の監理者から、その所有地に入り込む許可を受けなくてはならぬ。これは文部省を通じて手に入れた。間もなく鉄道の技師長から次のような手紙が来た。

総べての線路工夫等々へ

この手紙の持参人（文部省教授の一人なり）及び同伴の学生に本月十六日日曜日線路にそうて歩き彼等が希望する工事の検査を許可すべし

彼等は列車を避け且つすべての工事に干渉せざるべし

工部省鉄道局建築技師長

エル・イングランド

当日朝早く、私は松村氏及び特別学生二人と共に出発した。手紙の文句で、線路上でシャベルや鶴嘴《つるはし》を使用することは許さぬことを知ったので、我々は小さな籠を二つ持っただけで、発掘道具は持参しなかった。我々は東京から六哩の大森まで汽車に乗り、それから築堤までの半哩は、線路を歩いて行った。途中私は学生達に向って、我々が古代の手製陶器、細工をした骨、それから恐らく、粗末な石器を僅か発見するであろうことを語り、次ぎにステーンストラップがバルティック沿岸で貝塚を発見したことや、新英蘭及びフロリダの貝塚に就いて、簡単に話して聞かせた。最後に現場に到達するや否や、我々は古代陶器の素晴しい破片を拾い始め、学生達は私が以前ここへ来たに違いないといい張った。私はうれしさの余りまったく夢中になってしまったが、学生達も私の熱中に仲間入りした。我々は手で掘って、ころがり出した砕岩を検査し、そして珍奇な形の陶器を沢山と、細工した骨片を三個と、不思議な焼いた粘土の小牌一枚とを採集した。この国の原住民の性状は、前から大なる興味の中心になっていたし、またこの問題はかつて研究されていないので、これは大切な発見だとされている。私は一般的な記事を『月刊通俗科学雑誌』[1]へ書き、次ぎにもっと注意深い報告書[2]をつくり上げることにしよう。

　九月十七日は国祭日で大学も休みだった。我々は上野の勧業博覧会を、また見に行った。日本人ばかりで成立っている海軍軍楽隊は、西洋音楽を練習し、我々と同じ楽器を持ち、同じ様な制服を着ていた。顔さえ見なかったら、我々は彼等を西洋人だと思ったことであろう。日本人の指揮者は、遠慮深く指揮棒をふって指揮し、楽員の全部に近くが殆ど目に見えぬくらいの有様で、足で拍子をとっていた。君は私が彼等の奏楽をどう考えたか知りたいであろう。我々のとはまるで違う楽器と音楽とを持つ日本人が、これ程のことをなし得るという驚くべき事実が、我々をして彼等の演奏を、どうしても贔屓目で見るようにしてしまう。大喇叭の揺動と高音とは、よしんば吹きようが拙劣でも、必ず景気のいいものだが、しかも批評的にいうと、演奏の十中八九までは、我が国の田舎の当り前の楽隊が、簡単な音楽をやるのに似ていたといわねばならぬ。音楽の耳を持たぬ者には、これは非常によく思えたであろう。とにかく空中に音が充ちたのだから。しかし、音楽を知っている者は、不調音を聞き、間違った拍子に気がつくことが出来た。小喇叭の独奏は、感心してもよい程の自由さを以て演奏された。彼等はちょいちょい急ぎ過ぎたが、やがてうまい具合に調子を合わせた。「バグダッドの族長」の序曲で、調子が高く高くなって行く場所は、実に完全だった。私は日本へ来てから、まだ一度も、我々の立場から音楽といい得る物を聞いたことが無いので、日本人が西洋音楽をやるということは私にとっては北米印度人が突然インネスかビヤスタット〔George Inness, 1825–1894. Albert Bierstadt, 1830–1902. いずれも米国の風景画家〕を製作し得たと同様に、吃驚すべきことであった。演出曲目の中には、あの綺麗なダニューブ・ワルツ、マイエルベールの「ユグノー」のグラ

（1）その後『月刊通俗科学雑誌』(*Popular Science Monthly*) の一八七九年一月号で発表。
（2）その後東京帝国大学から発表された。

ンド・ファンタジア、グノウの「ファウスト」の選曲、その他同じようなものがあったが、いずれも最も簡単に整曲してあった。

街路を通行していると、時々英語で看板を書いたのを見受ける。これは、或いは通りかかるかも知れぬ少数の外国人の注意を引くと共に、英語を学んだ日本人に取って、とても素敵な事のように見えるようにしたのである。洋服屋の店で見たのにはThe place build for making dresses according to the fashion of different countries［各国の流行に従って衣服をつくる為に建てる場所］とあった。これは英語の新聞に出た、ある広告に比較すれば、簡単である。

九月二十一日。

市場はおいおい果物で一杯になって来る。柿の一種で、鮮紅色をしたのは美味である。葡萄も熟して来る。梨は、見たところ未熟だが、常緑木の葉を敷いた浅い桶の中に、三角形に積まれて綺麗に見える。市場にあるものは、すべて綺麗で、趣味深く陳列してある。実に完全に洗いこするので、葱は輝き、蕪は雪のように白い。この国の市場を見た人は、米国の市場へ持って来られる品物の状態を、忘れることが出来ない。

二人の友人と共に、私は三人の日本の舞妓を見た。この三人は前から約束しておいたので、一人はまったく美しく、他の二人は非常に不器量だった。我々は襖を外して二間《ふたま》を打通した部屋を占めた。蠟燭が娘たちに光を投げるように塩梅されて置かれ、二人の娘がギターに似た物を鳴らし続ける間に一人が舞踊をした。踊り手は、単調な有様で歩きまわり、身体をゆすり、頭、腕、足はいろいろな形をした。舞踊には各名前がついているらしく、身振は舟を漕ぐこと花をつむこと等を示すのを目的としている。各種の態度に伴うべく、扇子はねじられたり、開かれたり、閉じられたりした。衣服は美麗な絹の縮緬《ちりめん》である。これをやっている最中に、この家の女中が、我々三人のために、ゆで玉子を十六持って来、続いて、十二人の腹のすいた人々にでも充分であるくらいの、魚、海老、菓子、その他を持って来た。我々は晩飯を腹一杯食ったばかりなので、勿論何も食うことが出来なかった。そして私は内心、やる事がいくらもあって時間が足りぬくらいなのに、こういう風にして大切な刻々を失うことを思って呻吟した。それで、この見世物が終った時にはうれしかった。もっとも人類学見地からすれば、この展観は甚だ興味があった。

九月二十二日。

今日と昨日は大森の貝塚のことを書き、そこで発見した陶器の絵を描くのに大勉強をした。この辺には、参考書が至ってすくないので、科学的の性質のものを書くのに困難を感じる。

十　大森に於ける古代の陶器と貝塚

今日、ドクタア・マレー、彼の通訳及び私は人夫二人をつれて大森の貝塚へ行った。人夫は採集した物を何でも持って帰らせる為に、連れて行ったのである。大森の駅からすこし歩いて現場に達すると共に、人夫達は鋤で、我々は移植鏝《ごて》で掘り始めた。二時間ばかりの間に我々は軌道に沿った深い溝を殆ど埋めたくらい多量の岩石を掘り崩し、そして陶器の破片その他を沢山手に入れた。泥にまみれ、暑い日盛りで昼飯を食いながら、人夫に向って、掘り崩した土をもとへ戻して置かぬと、我々は逮捕されると云ったら、彼等は即座に仕事にとりかかり、溝を綺麗にしたばかりでなく、それを鋤で築堤へつみ上げ、上を完全に平らにし、小さな木や灌木を何本か植えたりしたので、我々がそこを掘りまわした形跡は何一つ無くなった。大雨が一雨降った後では、ここがどんな風になったかは知る由もない。私は幸運にも堆積の上部で完全な甕二つと、粗末な骨の道具一つとを発見し、また角製の道具三つと、骨製のもの一つをも見つけた。

ここ数日間、私は陶器の破片の絵をかいているが、装飾様式が種々雑多であることは著しい。甕及び破片は特に記した物以外、全部実物の半分の大きさ［稍小］で描いてある。41図は埋積の底で発見された。この品の内側には鮮紅な辰砂《しんしゃ》の跡が見られ、外側は黒く焦げ、その間には縄紋がある。42図に示すものは黒い壁を持つ鉢で、底部は無くなっている。43図は別の鉢で、この底部には簡単な編みようをした筵の痕がついている。44、45の両図はその他の破片で、辺《へり》や柄や取手もある。45図の一番下の二つは、奇妙な粘土製の扁片と唯一の石器とを示し、46図は骨及び鹿角でつくった器である。この事柄に大なる興味を持つ日本の好古者の談によると、このような物はいま

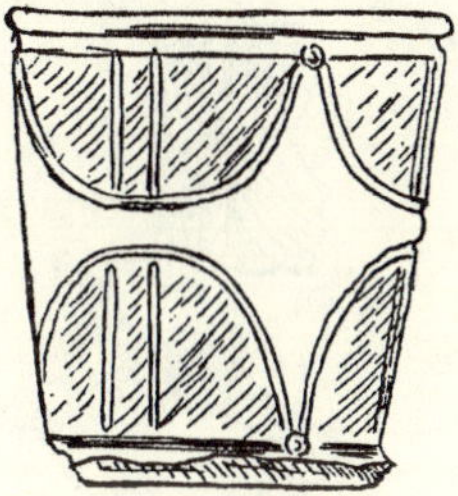
41　図

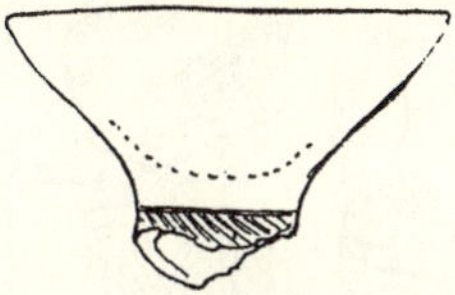
42　図

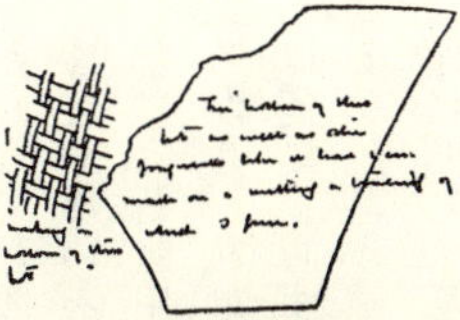
43　図

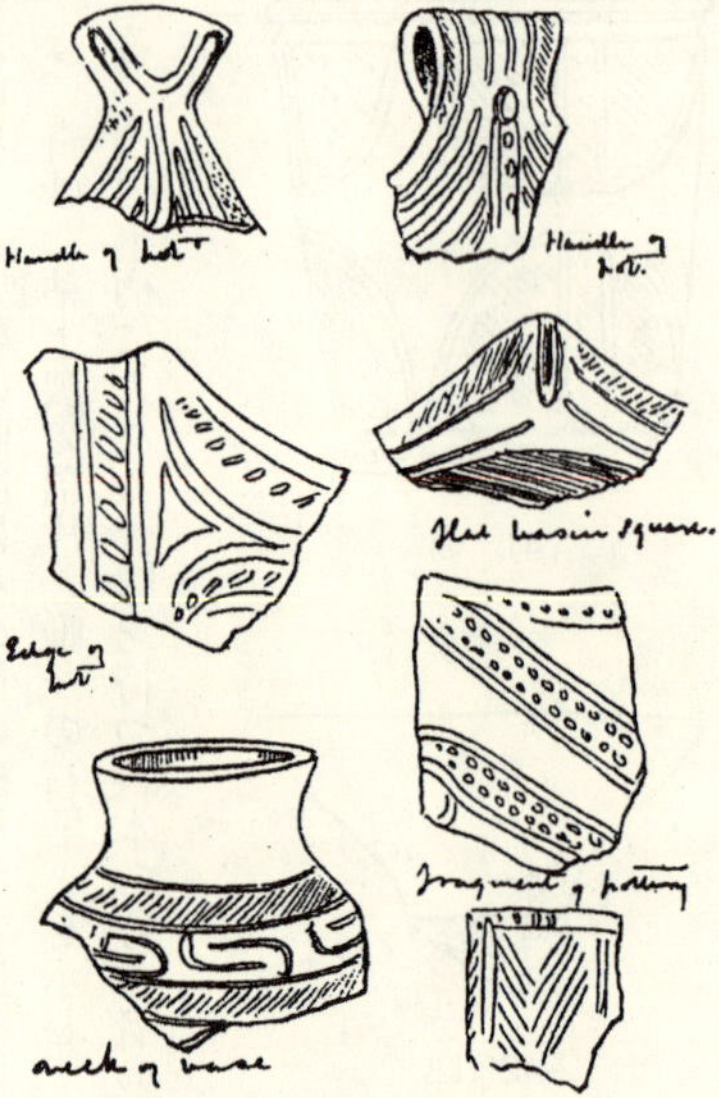

44　図

だかつて日本で発見されたことがないそうである。大学には石版用の石が数個あるから、私は発見したものは何によらずこれを描写しようと思う。大学はこの問題に関して私が書く紀要は何にまれ出版し、そして外国の各協会へ送ることを約束してくれた。私はこのようにして科学的の出版物をいくつか出し、それを交換の目的で諸学会へ送り、かくて科学的の図書館を建てたい希望を持っている。この材料を以て、私はすでに大学に於て、考古学博物館の発端ともいうべき小さな部屋を一つ開始した。

私は往来を歩く若い男が、父親が小さな娘を連れている以外には、決して若い娘を伴うことがない事実に、何度も気がついた。娘は必ず一人でいるか、他の娘と一緒にいるか、母親と一緒にいるかである。青年が異性の一人に向ってお辞儀をしているのを見ることさえ稀である。私は福井氏に向って、あなたの知人の中に若い娘が何人いるか、一緒に博覧会を見に行こうと招待するくらいよく知っている娘は何人ぐらいかと、あけすけに質問した。すると彼はこんな思いつきを笑った上で、若い娘なんぞは只の一人も知らないと白状した。私には容易にそれが信用出来なかったので、我が国

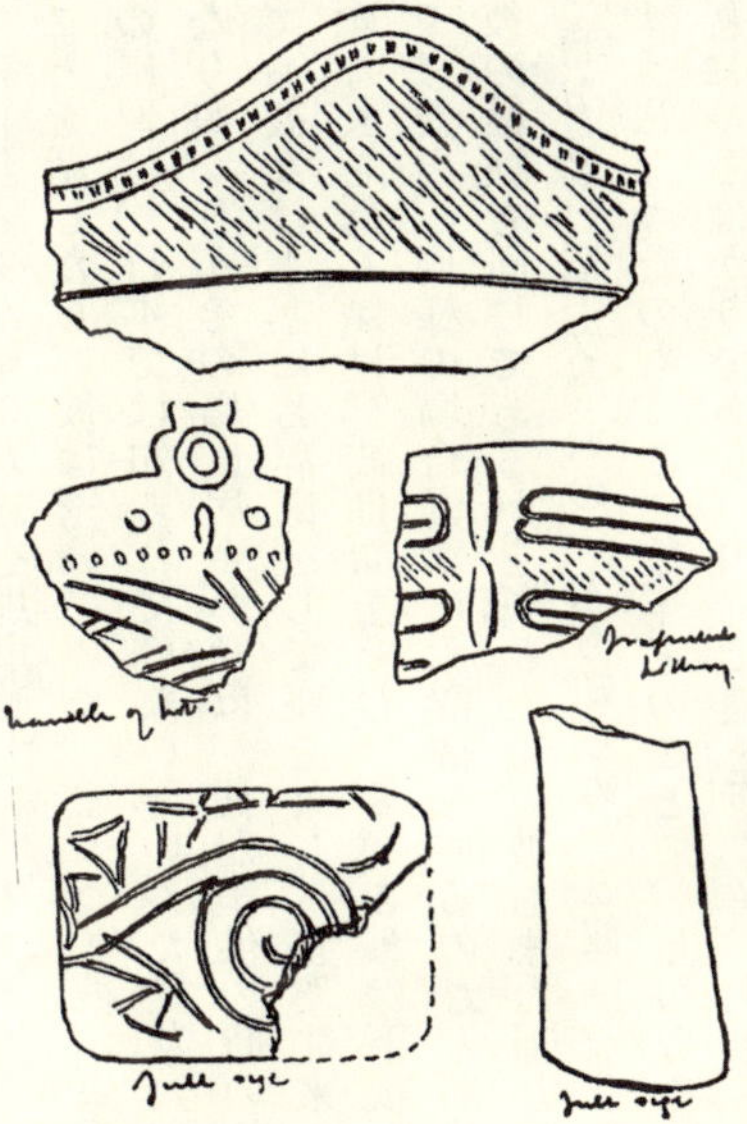

45　図

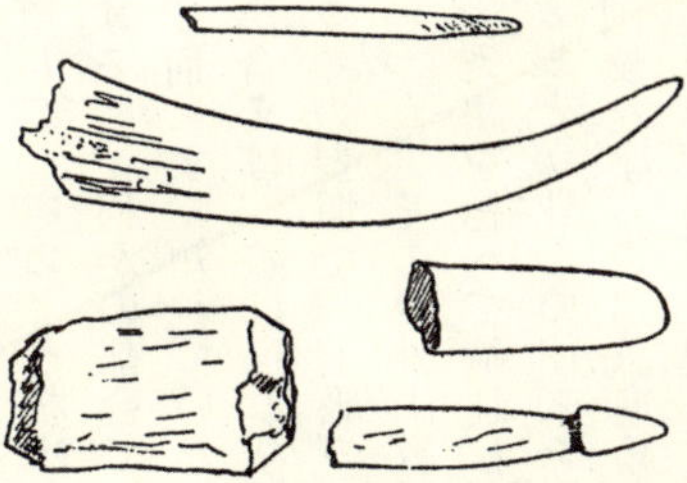

46　図

では青年どもが娘の友達を馬車遊山、ピクニック、音楽会、帆走、その他へ招待することを話したら、彼は驚いていた。まったく彼は率直に吃驚して、そのような社会的の風習は、日本では知られていないといった。友人を訪問する時、何かの都合で姉妹なり娘なりがその場に居合わせば、彼が子供の時の彼女を如何によく知っていたとしても彼女は丁寧にお辞儀をして座を外し、また往来で偶然出合えば、娘は日傘なり雨傘なりを低く傾け、彼は顔をそむける。これは下級のサムライの習慣で、上級のサムライだと、同様の場合鄭重にお辞儀をするのだと福井氏がいった。その後外山教授に彼の経験も同じであるかを質《たず》ねたら、彼もまた福井氏のいった事を総べて確証した。「自分は若い淑女は只の一人も知らぬ」と彼はいった。夫と妻とが並んで往来を歩くようになったのも、ここ数年来のことで、しかもそれは外国風をよろこぶ急進論者が稀にやるばかりである。夫婦で道を行く時、十中八九、細君は五呎乃至十呎夫に後れて従い、また夫婦が人力車に相乗りするということは、きまりの悪い光景なのである。「自分がこんな光景に接すると、その夫は顔を赤くする。若し夫が赤くならなければ、自分の方が赤くなる」と外山教授はいった。彼は更に、このような男は「鼻の中の長い毛」を意味する言葉で呼ばれるといった。鼻の穴の中に長い毛を持つ男は、細君に引き廻されることになっているので、つまり我々の所謂 henpecked［牝雞につつかれる。嬶《かかあ》天下」なのだが、この言葉は、彼等の henpecked を意味する言葉が我々にとって不思議であると同様彼等にとって不思議に思われる。

この前の月曜日に、私は進化論に就いて力強い講義をした。今や私の学級はこの問題の課程を持ちたくて、しびれを切らしているが、来春アメリカから帰って来る迄は、それを準備する時間が無い。今日、別の級にいる学生が一人、私の講義を聞く許可を受けに来た。今迄のところ学生達は、非常な興味を持っているらしい。確かに学生達が、より深い注意を払ったことは従来かつて無かったが、これは彼等が外国語の、しかも幾分速口に喋るのに、耳を傾けているのだから、自然であろう。

東京市の一部分には、外国人の為に特定した小さな一区域があり、政府の役人でない外国人は、この場所以外に住むことは出来ない。帝国大学〔東京大学〕は政府が支持しているので、教師達は政府の役人と見られ、従って市中どこにでも住む権利を持っている。外国人居留地から四哩以上も離れた加賀屋敷にいる我々は、純然たる日本の生活の真中にいるのである。私は屢々ヤシキの門（そこには常に門番がいる）から出て、大通りをぶらぶらしたり、横丁へはいったりして、いろいろな面白い光景を楽しむ——昼間は前面を明けっぱなした、小さな低い店、場合によっては売品を持ち出して、地面に並べたりする。半日も店をあけて出かけて行ったかも知れぬ店主の帰りを、十五分、二十分と待ったこともよくある。また、小さな、店みたいな棚から、品物を取上げ、それを隣の店へ持って行き、そこの主人に、私がこれを欲したことを、どこかへ行っている男に話してくれと頼んだこともある。小さな品をポケットに一杯入れて逃げてしまうことなんぞは、実に容易である。

日本亜細亜協会が十月十三日の会に際して、開会の辞を述べるべく、私を招待した。私は大森の陶器と日本に於ける初期住民の証跡とに就いて、話そうと思っている。(1)

土曜日の午後東京運動倶楽部の秋季会合があった。これは殆ど全部が英国公使館員であるところの英国人から成立している。横浜からもその地の運動倶楽部を代表して数名やって来た。競技は帝国海軍兵学校の近くの広い練兵場で行われたが、これは広々した平坦な原で、そこに立った時私は、どうしても米国にいて野球の始るのを見ようとするのだとしか思えなかった。この日は、日本の秋の日は毎日美しいが、殊に美しい日であった。競技者は六、七十名いて、数名の日本人も混り、天幕には少数の婦人方が見えた。それは実に故郷にいるようで、且つ自然であったが、一度周囲を見廻し、全部が日本人で、無帽で、小さな子供や婦人が赤ヶ坊を背負った、大小いろいろな群衆が、縄を境に密集しているのを見た時、この幻想は即座に消え去った。彼等はペチャクチャ喋ったのなんの！　道路に添う煉瓦の上には日本人がズラリと並び（47図）、見たところは徹頭徹尾我が国とは違っていたが、しかも人間が持つ万国共通の好奇心――これは人類の最も近い親類であるところの猿も持っている――をまざまざと見せていた。海軍兵学校に属する日本人の軍楽隊が音楽を奏したが、非常に上手にやった。

日曜日には写生図板を持って、非常にいろいろな種類のある店の看板を写生するだけの目的で出かけた。我が国には、どこにでもあるもの、例えば薬屋の乳鉢、煙草屋の北米印度人、時計製造人の懐中時計、靴屋の長靴、その他僅かなのが少数あるが、この国ではあらゆる種類の店に、何かしら大きな彫刻か、屋根のある枠の形をした看板かが出ている。おのおのの店舗の上には軽い、しかし永久的な木造の日除けがあ

（1）このような正直さは、我が国の小村では見られるが、大都会では決して行われぬ。然るに、何度もくりかえしたかかる経験は、東京という巨大な都会でのことなのである。日本人の正直さを示す多くの方面の中の一つに関連して、我々は、我々の都市では、戸外の寒暖計はねじ釘で壁にとめられ、柄杓は噴水に鎖で結びつけられ、公共の場所から石鹸やタオルを持って行くことが極めて一般的に行われるので、このようないやしい、けちな盗みから保護するべく、容器を壁に取りつけた、液体石鹸というようなものが発明されたことを忘れてはならぬ。

47 図

り、看板の多くは主な屋根からつき出て、かかる日除けの上に突っ張られた棒からぶら下っている。この支柱のある物には、看板の上に当る場所に小さな屋根がついているが、これは看板を保護する為か、或いはそれに重要さをつけ加える為かである。48図は食料品店或いは砂糖屋の看板で、大きな紙袋を白く塗り、それに黒い字が書いてある。49図は巨大な麻糸の房で網、綱、及びその類を売る店を示している。50図は非常に多くある看板で、長さ二、三呎の板で作り、白く塗った上に黒で店主の名を書き、日本の足袋の模型を現している。51図は地面に立っている看板で、高浮彫の装飾的象徴は、ここへ来れば筆が買えることを見せている。52図は煎餅屋を指示している。煎餅は薄くて大きなウエーファーみたいである。53図は眼医者のいることを示す看板で、黒塗に金で字を書き、真鍮の金具が打ってある。54図は妙な恰好の看板である。これは丸く厚い紙で出来ていて白く塗ってあり、直径一呎半程で、菓子屋が一様に出す看板なのである。この看板は日本の球糖菓を誇張した形を示している。我が国の球糖菓も同様な突起を持っているが、それが非常に小さい。55図もまた妙な看板で、これを写生した時私はこれが何を代表しているのか丸で見当がつかなかった。何か叩く、不思議にガラガラいう音が聞えたので、店をのぞいて見ると二人の男が金の箔を打ちのばしていた。そしてこの看板には金箔が二枚現してある。56図は蠟燭屋の看板で黒地に蠟燭が白く浮き出ている。57図は大きな六角形の箱に似たもので、その底から黒い頭髪が垂れ下っている。店内で仮髪を売っているのを見たから、これは人工的の毛髪を売る店を標示していることが判る。58図は印判師の看板で、これは必ず地面に立っている。殆ど誰でもが印を使用する。そして彼等は印と、それに使用する赤い顔料とを、最少限度の大きさにして持って歩く、最もちんまりした器用な仕組を持っている。彼等は書附、請取、手紙等に印を押す。印を意味する印判師の看板は非常

48　図

49　図

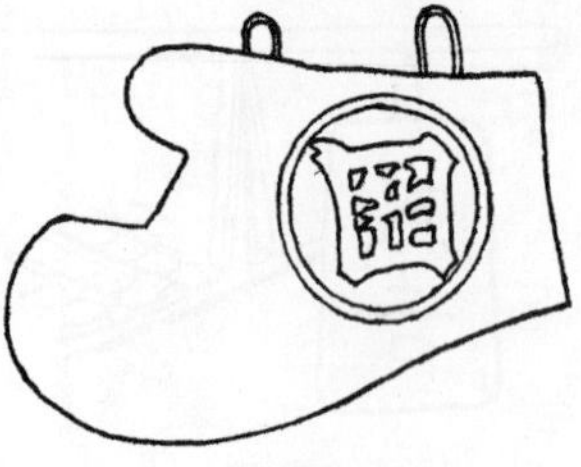

50 図

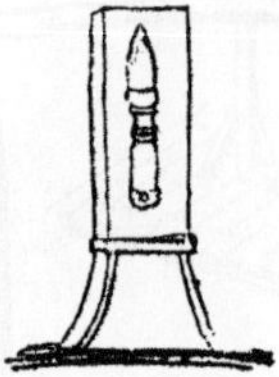

51 図

に一般的なので、私はこの字の一部が、頭文字のPに似ていることを観察して、最初の漢字を覚え込んだ。59図は両替或いは仲買人の、普遍的な看板である。これは木製の円盤の両側を小さく円形に切りぬいたもので、銭を意味する伝統的の形式である。60図は櫛屋を指示していて、この櫛は長さが三呎ばかりもあった。61図は傘屋を代表するばかりでなく、現代式外国風の洋傘を示している。油紙でつくった日本風の傘は非常に重く、且つ特別に取扱い難いので、日本人は我々式の傘を採用し、道路ではこれを日傘の代りに使用しているのも全くよく見受ける。

私は京都から、博覧会で花の絵を描く為にやって来た、松林［?］という芸術家を訪問したが誠に興味が深かった。彼は本郷から横へはいった往来に住んでいる。垣根

52 図

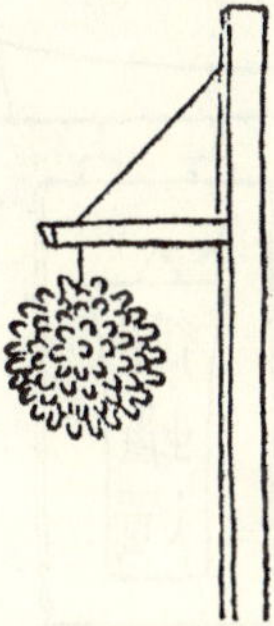

54 図

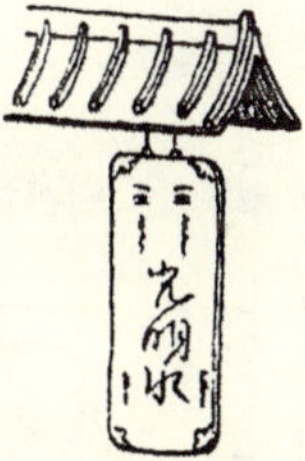

53 図

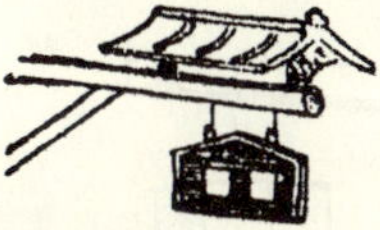

55 図

にある小さな門を過ぎた私は、私自身が昔のサムライの邸内にいることを発見した。庭園の単純性にはクエーカー教徒に近い厳格さがあった。これは私が初めて見る個人の住宅で、他の家々よりも（若しそんなことが可能でありとすれば）もっとさっぱりして、もっと清潔であった。広い廊下に向って開いた部屋は、厳かなくらい簡単で、天井は暗色の杉、到る所に使った自然のままの材木、この上なく清潔な畳、床の一隅にきちんとつみ上げた若干の書籍、それから必ずある炭火を入れた箱、簡単な絵の少数が、この部屋の家具と装飾とを完成していた。このような部屋は、学生にとって理想的である。我が国の通常の部屋を思い出して見る——数限りない種々雑多の物品が、昼間は注意力を散漫にし、多くの

56 図

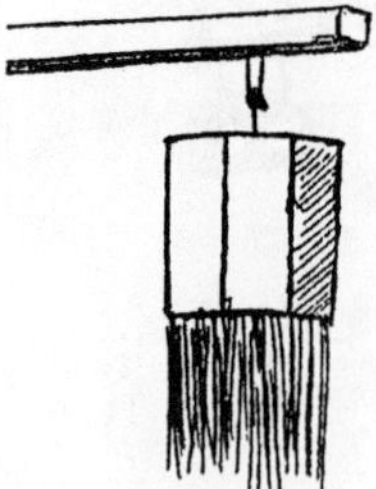

57 図

品が夜は人の足をすくって転倒させ、しかもこれ等のすべては、その埃を払い、綺麗にする為に誰かの時間を消費するのである。主人の芸術家は、丁寧なお辞儀で私を迎え、静かに彼の写生帖を見せたが、それには蜻蛉や、螇蚸《ばった》や、蟬や、蝸牛《かたつむり》や、蛙や、蟾蜍《ひきがえる》や、鳥や、その他の絵が何百となく、本物そっくりに、しかも簡明にかかれてあった。一つの写生帖には花が沢山かいてあったが、その中に、ある皇族の衣服の写生があった。封建時代、松林はこの方の家来だったのである。私が退出する時、彼は私が息がとまるほど驚いたようなお辞儀をした。私は頭が畳にさわるお辞儀は何度も見たが、彼の頭は、まるで深いお祈りでもしているかのように、数秒間畳にくっついた儘であった。日本人は足を曲げて坐るが、お辞儀をする時、背中は床と並行すべきで、後の方をもち上げてはならぬ。

道路に面する大学と直角に、古い大名の住居、即ちヤシキへの入口がある。この建物は非常に古く、破風《はふ》や、どっしりと瓦をのせた屋根や、大きな屋の棟や、岩畳《がんじょう》な入口は、かかる荘厳な住宅建築の典型的のものである。屋根の上の建造物は、換気通風の目的で後からくっつけたのである。ここは今は学校に使用されている（62図）。

東京博物館で私は蝦夷で発見され、古代アイヌの陶器とされている、有史前の陶器若干を見た。その中のあるものは、大森の陶器にいくらか似た所を持っているが、余程薄く、且つ全部縄紋がついている。

先日の朝、私は加賀屋敷の主な門を写生した（63図）。塀の内側にある我々の家へ

58　図

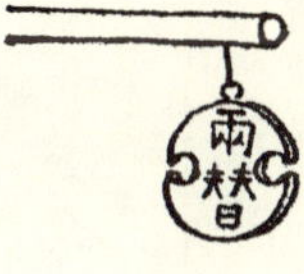

59　図

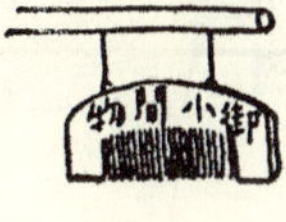

60　図

61　図

62 図

63 図

行くのに、我々はこの門を使用せず、住んでいる場所の近くの、より小さい門を使う。門構えの屋根は、大きな屋の棟があり、重々しく瓦が葺いてある。木部は濃い赤で塗られ、鉄の化粧表、棒その他は黒い。これは絵画的で、毎朝その前を通る時、私はしみじみと眺める。屋敷を取巻く塀は非常に厚く、瓦とセメントで出来ていて、頑丈な石の土台の上に乗り、道路とは溝を間に立っている。塀の上には、写生図にある通り、屋根瓦が乗っている。

一八七七年十月六日、土曜日。今夜私は大学の大広間で、進化論に関する三講の第一講をやった。教授数名、彼等の夫人、並びに五百人乃至六百人の学生が来て、殆ど全部がノートをとっていた。これは実に興味があると共に、張合のある光景だった。演壇は大きくて前に手摺があり、座席は主要な床にならべられ、階段のように広間の側壁へ高くなっている。佳良な黒板が一枚準備されてあった他に、演壇の右手には小さな円卓が置かれ、その上にはお盆が二つ、その一つには外国人たる私の為に水を充たした水差が、他の一つには日本に於ける演説者の習慣的飲料たる、湯気の出る茶を入れた土瓶が(64図)のっていたが、生理的にいうと、後者の方が、冷水よりは咽喉によいであろう。聴衆は極めて興味を持ったらしく思われ、そして、米国でよくあったような宗教的の偏見に衝突することなしに、ダーウィンの理論を説明するのは、誠に愉快だった。講演を終った瞬間に、素晴しい、神経質な拍手が起り、私は頰の熱するのを覚えた。日本人の教授の一人が私に、これが日本に於けるダーウィン説或いは進化論の、最初の講義だといった。私は興味を以て、他の講義の日を待っている。要点を説明する事物を持っているからである。尤も日本人は、電光のように速く、私の黒板画を解釈するが——。

64 図

先日、植物学と動物学とに興味を持っている学生達が、私のすすめに従って一緒になり、生物学会を構成した。会員は日本人に限り、その多くは私の実験室で仕事をしている。すでに数回会合を開いたが、今迄のところ、なされた報告は、米国に於ける、より古い協会の、いずれに持ち出しても適当と思われるであろうものばかりである。これ等は時に英語でなされ、書かれた時には必ず英語である。口頭の時には日本語だが、同義の日本語がないと英語を自由に使用するのは変に聞える。会員はすべて、外見が常にすこぶる優雅である日本服を着ている。彼等は自由に黒板に絵を書いて彼等の話を説明するが、多くは生まれながらの芸術家なので、その絵の輪郭は目立って正確である。報告には概して参考品の顕微鏡標本が伴う。海外の諸学会と交換する為の雑誌を発行したいと思っている。

町でよく見受けるのは、労働者が二輪車に、実のなった、あるいは花の咲いた——例えば椿——木をのせて曳いていることである。かかる木は屢々大きく、筵で包んだ根が直径五、六呎あることもある。これ等は、よく花が咲いていたり実がなっていたりするが、日本人はそれに損害を与えずに運搬することが出来るらしく、木は移植されるや否や花を咲かせ続ける。土壌が肥沃で空気に湿気が多いから移植に都合がよく、また多量の土を木と一緒に掘り出して、それをつけたまま運搬するし、それに何といっても日本の植木屋は、この芸術にかけては大先生である。時として荷物が非常に重いことは、四、五人の男が車を引いて行くのに、精一杯、引張ったり押したりしているのを見ても判る。

この前の火曜日に私は労働者を多数連れて、大森の貝塚を完全に研究しに行った。私は前に連れて行った労働者二人をやとい、大学からは、現場附近で働いて私の手助けをする労働者を、四人よこしてくれた。彼等はみな鍬《くわ》やシャベルを持ち、また我々

65 図

が見つけた物を何でも持ち帰る目的で、非常に大きな四角い籠を持って行った。私の特別学生二人（佐々木氏と松浦氏）、外山教授、矢田部教授、福世氏も一緒に行った。なお陸軍省に関係のあるル・ジャンドル将軍も同行した。彼は日本人の起原という問題に、大いに興味を持っている。また後の汽車でドクタア・マレーとパーソンス教授が応援に来たので、この多人数で我々は多くの溝や深い壕を掘った。この日の発掘物は例の大きな四角い籠を充たし、別に小さな包にしたものに対する運賃請求書には三百封度《ポンド》と書かれ、なお大事な標本は私が手提鞄に入れて帰った。65図は貝塚の陶器で充ちた大きな籠をかついで鉄道線路にそって帰る労働者達を写生したものである。前の時と同じように、労働者達は掘り返した土砂を鍬やシャベルを以て元へ戻し、溝を埋め、灌木や小さな木さえも植え、そしてその場所を来た時と同様にした。彼等はおそろしく頑張りのきく労働者達で、決して疲れたような顔をしない。今日の作業の結果を加えると大学は最も貴重な日本古代の陶器の蒐集を所有することになる。すでに大学の一室にならべられた蒐集でさえ、多大の注意を惹起しつつあり、殆ど毎日、日本人の学者たちが、この陶器を見る許可を受けに来る。彼等の知識的な鑑賞や、標本を取扱う注意深い態度や、彼等の興味を現す丁寧さは、誠に見ても気持がよい。東京の主要な新聞「東京日日新聞」は、私の発見に関して讃評的な記事を掲載した。66図はそれである。

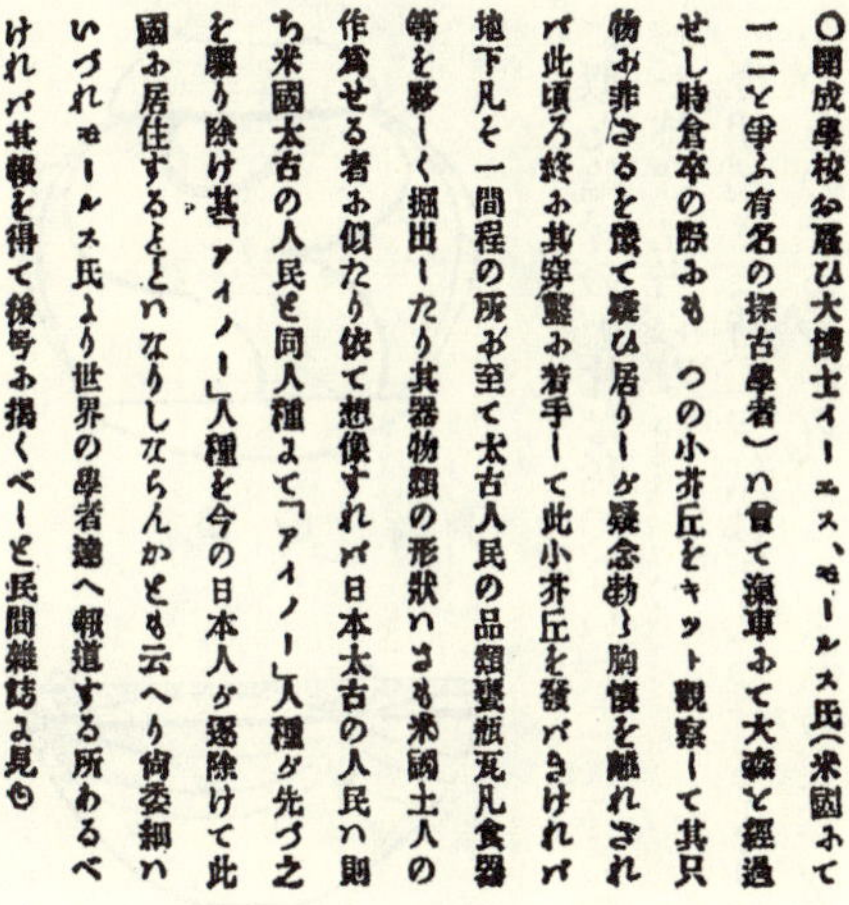
○開成學校に雇ひ大博士イーエス、モールス氏（米國にて一二と爭ふ有名の探古學者）ハ曾て滊車にて大森を經過せし時倉卒の際にも　つの小丘をキット觀察して其只物に非ざるを悟て疑ひ居りしが疑念勃々胸懐を離れざればバ此頃ろ終に其穿鑿に着手して此小丘を發バきけれバ地下凡そ一間程の所に至て太古人民の品類甕瓶瓦凡食器等を夥しく掘出したり其器物類の形状ハさも米國土人の作爲せる者に似たり依て想像すれバ日本太古の人民ハ則ち米國太古の人民と同人種にて「アイノー」人種が先づ之を驅り除け其「アイノー」人種を今の日本人が逐除けて此國に居住するとハなりしならんかとも云へり尚委細ハいづれモールス氏より世界の學者達へ報道する所あるべけれバ其報を得て後號に掲ぐべしと民間雜誌に見ゆ

66 図

我々が発見した大森陶器中の、珍しい形をした物を若干ここに示す。67図は妙な形式をしている。横脇にある穴はここから内容を注ぎ出したか、或いはここに管をさし込んで内容を吸い出したかを示している。68図は直径十一吋の鉢である。69図は高さ一呎、これ

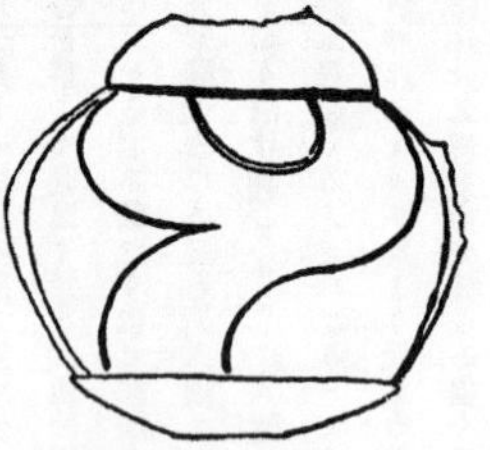

67 図

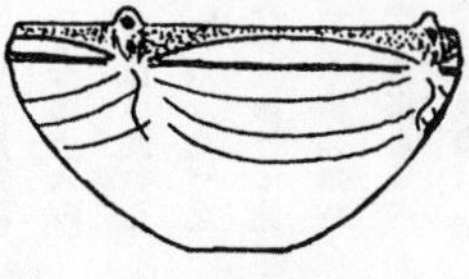

68 図

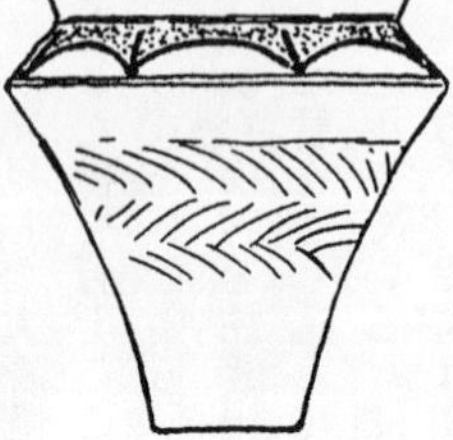

69 図

に似た輪縁の破片は稀でない。これ等の陶器はすべて手で作ったもので、轆轤《ろくろ》を使用した跡は見当らない。

今朝起きた時、空気は圧《おさ》えつけるように暖かであった。ここ一週間、よく晴れて寒かったのであるから、この気温の突然の変化は、何等かの気界の擾乱《じょうらん》を示していた。お昼から雨が降り始め、風は力を強めるばかり。午後には本式の颱風《たいふう》にまで進んだ。屋敷の高い塀はあちらこちらで倒れ、屋根の瓦が飛んで、街路で大分損害があった。午後五時頃雨はやんだが、嵐は依然としてその兇暴さを続けた。私は飛んで来る屋根瓦に頭を割られる危険を冒して、どんな有様かを見る為に往来へ出た。店は殆ど全部雨戸を閉め、人々は店の前につき出した屋根の下に立って、落日が空を照らす美しい雲の景色に感心していた。町では子供達が、大きなボロボロの麦藁帽子をいくつか手に入れて、それ等を風でゴロゴロころがし後から叫び声をあげながら追っかけて行った。この国の人々が、美しい景色を如何にたのしむかを見ることは興味がある。誇張することなしに私は、我が国に於けるよりも百倍の人々が、美しい雲の効果や、蓮の花や公園や庭園を楽しむのを見る。群衆は商売したり、交易したりすることを好むが、同時に彼等は芸術や天然の美に対して、非常に敏感である。

十月十三日の土曜日に、横浜の日本亜細亜協会で「日本先住民の証跡」という講演をした。私はかつてこんなに混合的な聴衆を前にしたことがない。大部分は英国人、少数の米国人と婦人、そして広間のうしろには日本人が並んでいた。福世氏は私を助けて材料を東京から持って来て呉れ、私は稀に見る、且つ、こわれやすい標本を、いくつか取扱った。

私は冬の講演の為に米国へ帰るので、送別宴が順々に行われる。私は特別学生達を日本料理屋に招いて晩餐を供し、その後一同で博覧会へ行った。これは初めて夜間開場をやるので、美しく照明されている。海軍軍楽隊は西洋風の音楽をやり、別の幄舎《あくしゃ》では宮廷楽師達が、その特有の楽器を用いて、日本の音楽を奏していた。日本古有の音楽は、何と記叙してよいのか、全く見当がつかない。私は殆ど二時間、熱心に耳を傾けて、大いに同伴の学生諸君を驚かしたのであるが、また私は音楽はかなり判る方なのであるが、しかも私はある歌調の三つの連続的音調を覚え得たのみで、これはまだ頭に残っている。それは最も悲しい音の絶間なき慟哭である。日本の音楽は人をして、疾風が音低く、不規則にヒューヒュー鳴ることか、風の吹く日に森で聞える自然の物音に、山間の渓流が伴奏していることを思わせる。楽器のある物は間断なく吹かれ、笛類はすべて調子が高く、大きな太鼓が物憂くドドンと鳴る以外には、低い音とては丸でない。翌日一緒に行った学生の一人に、前夜の遊楽の後でよく眠られたかと聞いたら、彼は「あの発光体の虚想が私の心霊に来た為に」あまり眠れなかったといった。これは博覧会に於ける点灯装飾のことなのである。

私の普通学生の一人が私の家へ来て、彼が採集した昆虫を見に来てくれる時間はないかと聞いた。彼が屋敷の門から遠からぬ場所に住んでいることが判ったので、私は彼と一緒に、町通りから一寸はいった所にある、美しい庭を持ったこざっぱりした小さな家へ行った。彼の部屋には捕虫網や、箱や、毒瓶や、展翅《てんし》板や、若干の本があり、典型的な昆虫学者の部屋であった。彼は既に蝶の見事な蒐集をしていて、私にそのある物を呉れたが、私が頼めば蒐集した物を全部くれたに違いない。翌日彼に昆虫針を沢山やったら、それまで普通の針しか使用していなかった彼は、非常によろこんだ。数日後彼は私の所へ、綺麗につくり上げた贈物を持って来た。この品は、それ自身は簡単なものだったが、親切な感情を示していた。これが要するに贈物をする秘訣なのである。

十月二十八日の日曜の夜、日本人の教授達が日本のお茶屋で、私の為に送別の宴を張ってくれた。この家は日本風と欧洲風とが気持よく融和していた。少くとも椅子と、長い卓とのある部屋が一つあった。彼等は大学の、若い、聡明な先生達で、みな自由に英語を話し、米国及び英国の大学の卒業生も何人かいる。彼等の間に唯一の外国人としていることは、誠に気持がよかった。出席者の中には副綜理の浜尾氏、外山、江木、井上、服部の各教授がいた。最初に出た三品は西洋風で、青豌豆《あおえんどう》つきのオムレツ、私が味わった中で最も美味な燔肉、及び焙雞肉であった。だが私は、純正の日本式正餐がほしいと思っていたので、いささか失望した。しかし四皿目は日本風で、その後の料理もすべて本式の日本料理だった。彼等は私に、私が日本料理を好かぬかも知れぬと考えて、先ず西洋風の食物で腹を張らさせたのだと説明した。これは実に思慮深いことであったが、幸いにも私はその後の料理を完全に楽しむだけの食慾を持っていた。有名な魚タイ、即ち bream は、美味だった。生まれて初めて味わった物も沢山あったが百合の球即ち根は、馬鈴薯の素晴しい代用品である。砕米薺《みずたがらし》に似たいく種かの水草もあった。魚をマカロニ［管饂飩］みたいに調理したものもあった。銀杏の堅果はいやだったが、茶を一種の方法で調製したものは気に入った。このお茶は細かい粉で出来ていて、大きな茶碗に入れて出し、濃いソップに似ている。これは非常に高価で、すぐ変質する為に輸出出来ないそうである。我々は実に気持のよい社交的な時を送った。私の同僚の親切な気持は忘れられぬところであろう。

月曜の夜には、大学綜理のドクタア加藤が、昔の支那学校［聖堂？］の隣の大きな日本邸宅で私の為に晩餐会を開いてくれた。外国人は文部省督学のドクタア・マレーと私だけで、文部大輔田中氏及び日本人の教授達が列席した。長い卓子は大きな菊の花束で装飾してあった。献立表は印刷してあり、料理は米国一流の場所で出すものに比して遜色なく、葡萄酒は上等であり総べての設備はいささかの手落もなかった。ドクタア・マレーは私に、この会は非常に形式的であるに違いないから、威儀を正していなくてはならぬと警告してくれたが、事実その通りであった。食後我々は、葉巻、珈琲、甘露酒その他をのせた別の卓の周囲に集った。食事をした卓を召使達が静かに取片づける間、長い衝立がそれを我々から隠した。このように席に退いてさえも、人々は依然として威厳を保ち、そして礼儀正しかった。私はやり切れなくなって来たので、日本のある種の遊戯が米国のに似ていることをいって、ひそかにさぐりを入れて見た。すると他の人々が、こんな風な芸当を知っているかと、手でそれをやりながら私に聞くようなことになり、私は私で別の芸当をやってそれに応じた。誰かがウエーファーに似た煎餅を取寄せ、それを使用してやる芸当を私に示した。この菓子は非常に薄くて、極度に割れやすい。で芸当というのは、その一枚の端を二人が拇指と人差指とで持ち、突然菓子を下へ向けて割ってお互いに、より大きな部分を取り合おうというのである。我が国でこれに最も近い遊戯は、雞の暢思骨《ちょうしこつ》を引張り合って、より大きな部分を手に残そうとすることであるが、これはどこで鎖骨が最初に折れるか、全く機会によって決定されることである。次ぎに私は他の遊戯を説明し彼等は代って、いろいろな新しくて面白い遊びを教えてくれた。拇指で相撲をとるのは変った遊戯であり、私はやる度ごとに負けた。これは右手の指四本をしっかりと組み合せ、拇指で対手の拇指を捕えて、それを手の上に押しつけようと努めるのであるが、かなりな程度に押しつけられた拇指を引きぬくことは不可能である。とにかく、三十分も経たぬ内に、私はすべての人々をして、どれほど遠くまで目かくしをして真直ぐに歩けるかを試みさせ、またいろいろな遊戯をさせるに至った。菊池教授が二人三脚をやろうといい出し、外山と矢田部とが右脚と左脚とをハンケチで縛られた。菊池と私とも同様に結びつけられ、そして我々四人は、他の人々の大いに笑うのに勇気づけられて、部屋の中で駈け出した。我々は真夜中までこの大騒ぎを続けた。ドクタア・マレーと私とは各々大きな菊の花束を贈られたが、それを足の間に入れて人力車に乗ったら、人力車一杯になった。ドクタア・マレーは繰返し繰返し、どうして私があんな大騒ぎを惹き起し得たか不思議がった。彼はいまだかつて、こんな行動は見たことが無いのである。私は四海同胞という古い支那の諺を引用した。どこへ行った所で、人間の性質は同じようなものである。

汽船は十一月五日に出帆することになっている。私は送別宴や、荷づくりや、その他の仕事の渦の中をくるくる廻っている。学生の一人は荷物を汽船へ送る手伝いをし、松村氏は私が米国へ生きたまま持って帰らねばならぬサミセンガイの世話をやいてくれた（これは生きていた）。私の同僚及び親愛にして忠実なる学生達は、停車場まで送りに来てくれた。横浜で私は一夜を友人の家で送り、翌日の午後は皇帝陛下の御誕生日、十一月三日を祝う昼間の花火の素晴しいのを見た。これは色のついた煙や、いろいろな物が空中に浮かび漂ったりするのである。大きな爆弾を空中に投げ上げ、それが破裂して放射する黄、青、緑等の鮮かな色の煙の線は、空中に残っていろいろな形を現す。その性質と美麗さとは、驚くべきものであった。夜間の花火は昼間ほど珍しくはなかったが、同様に目覚しかった。港の船舶は赤い提灯で飾られ、時々大きな火箭が空中に打上げられて、水面に美しく反射した。

我々は十一月五日に横浜を出帆し、例の通りの嵐と、例の通りの奇妙な、そして興味のある船客とに遭遇した。しかしこれ等の記録はすべて個人的だから略す。春、メットカーフ氏と一緒に日本へ来た時、我々は桑港に数日いたので、案内者をつれて支那人町を探検した。我々はこの都会の乱暴な男女の無頼漢共と対照して、支那人の動作に感心し、彼等が静かな、平和な、そして親切な人々であるということに意見を一致した。今や、半年を日本人と共に暮した後で、私は再びこの船に乗っている三百人の支那人を研究する機会を得たのであるが、日本人との対照は、実に顕著である。彼等は不潔で、動作は荒々しく、これ等の支那人は、行儀の点では桑港や支那にいる同階級の人々よりも、ずっと優れているのであるが、生活の優雅な温良に関しては、日本人の方が支那人より遥かに優秀である。

十一　六ケ月後の東京

一八七八年五月一日。

再びこの日記を、以前記録の殆ど全部を書いた同じ家で始めることが、なんと不思議に思われることよ！　米国大陸を横断する旅行は愉快であった。私は平原地方では停車場で印度人の群れを研究し、彼等の間に日本人に似たある特徴が認められるのに興味をもった。これ等の類似が日本人との何等かの人類学的関係を示しているかどうかは、長い、注意深い研究をした上でなくては判らぬ。黒い頭髪、へこんだ鼻骨等の外観上の類似点、及び他の相似からして、日本人と米国印度人とが同じ先祖から来ているのだと考える人もある。(1)

今日、五月五日には、男の子の祭礼がある。この事に就いては既に述べた。私は空中に漂う魚を急いで写生した。風が胴体をふくらませ、魚は同時に、まるで急流を溯っているかの如く前後にゆれる。一年以内に男の子が生まれた家族は、この魚をあげることを許される。

私は一人の男が紙に艶を出しているのを見た。竹竿の一端にすべっこい、凸円の磁器の円盤がついていて、他の一端は天井に固着してあるのだが、天井が床を去ること七呎半なのに、竹竿は十呎もあるから、竿は大いに彎曲している。この結果磨滑器に大きな力が加り、人はただ竹の端を紙の上で前後に引張りさえすればよい（70図）。いろいろな仕事をやる仕掛が、我々のと非常に違うのですぐに注意を惹く。彼等は紙に艶を出す装置のように、竹の弾力によって力を利用する。また私は二人の小さな男の子が、ある種の堅果か樹皮かを、刻むのを見た。刻み庖丁は、丸い刃を木片にくっつけた物で、この木片から二本の柄が出ていて、柄の間には重い石がある（71図）。子供達は向きあって坐り、単に刻み庖丁を、前後にゴロゴロさせるだけであった。

五月七日。大学の望遠鏡で、水星の太陽面通過を見た。支那の公使並びに彼の同僚を含む、多数の人々がいた。太陽の円盤の上に、小さな黒い点を見ることは興味が深かったし、またこれを見ることによって、人はこの遊星が太陽の周囲を回転している

（1）これ等の類似の一例として以下の事実がある。一八八四年フィラデルフィアに於て、私はオマハ・インディアンのフレッシ氏を菊池教授に紹介した所が、同教授は直ちに日本語で話しかけ、そして私が彼に、君はオマハ・インディアンに話をしているのだといったら、大きに驚いた。

70 図

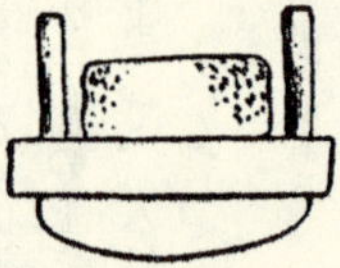

71 図

ことを、更に明瞭に会得することが出来た。

私はすでに、英語で書いた、奇妙な看板について語った。それ等の多くは微笑を催させ、私が今迄に見た少数のものの中で、正確なのは殆ど皆無である。また日本人は看板に、実に莫迦げた絵をかく。ある歯医者の看板は、歯医者が患者の歯を抜く所を示していたが、患者のパクンとあけた口と、歯医者の断々乎たる顔とは、この上もなく怪奇に描れてあった。

五月十五日。昨日胆をつぶすような事件が起った。政府の参議の一人なる大久保伯爵〔正しくは当時爵位なし〕が暗殺されたのである。彼はベットー〔馬丁か〕二人をつれて、馬車で宮城から帰りつつあった。ベットーは馬の先に立って走っていたが、突然八人の男が馬車へ飛びかかり、先ず馬の脚をたたき切って走れぬようにし、次ぎに御者と二人のベットーを殺し、最後に伯爵を殺した。暗殺者はそれから宮城へ行って、反政府の上訴状を差出し、彼等の罪を白状した。即刻巡査が召集され、暗殺者は牢獄へ連れて行かれたが、途中大声で自分達の罪を揚言した。このような悲劇的な事件は、ここ数年間日本で起らなかったので、この事は市中で深刻な感情を煽り起した。大久保伯爵は政府の最高官の一人で、偉大な智能と実行力とを持っていた。しかし、政府の浪費が激しいというので、大いに苦情があったらしい。暗殺した人々は加賀の国から来た。この事変は、大学から半哩も離れていない所で行われた。大久保伯の令息の一人は、私の学級にいる。朝刊新聞の一つが昨夕、ここに出した附録（72図）を発行し、購読者全部に配布した。

五月のなかば――あたたかくて、じめじめし、植物はすべて思う存分成長している。我々の庭の薔薇は、実に見事である。最も濃い、そして鮮かな紅色をしている花は大きく、花弁は一つ残らず完全で、その香りといったら、たとえるものも無い。町を歩きながら、私は塀や垣根から、蝸牛の若干の「種」を採集する。この前の日曜日に、私は学生の一人と植物園へ行ってキセルガイをいくつか集めた。これは欧洲によくある、細長い、塔状渦巻のある貝の「属」でいくつかの「種」がある。ビワと称する果実が、今や

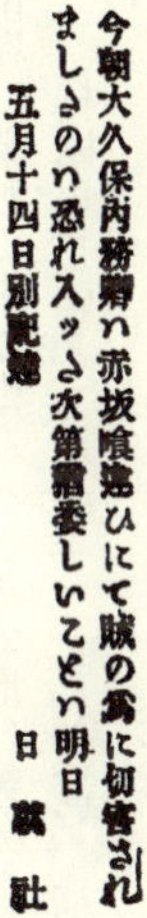
今朝大久保内務卿ハ赤坂喰違ひにて賊の為に切害され
ましたのハ恐れ入ッた次第猶委しいことハ明日
五月十四日別配達　日報社

72図

市場に現れて来つつある。その形は幾分林檎に似ているが、味は甘く、西洋李みたいで、林檎らしいところはすこしも無い。種子が三個、果実全部を充たすくらい大きい。

日本人は我々の服装を使用するのに、帽子はうまい具合にかぶり、また衣服でさえも、彼等特有の理窟にかなつた優雅な寛衣と対照すれば、必ず身に合わず、吃驚せざるを得ないような有様ではあるが、それにしても相当に着こなす。しかし日本の靴屋さんは、見た所は靴らしく思われる物はつくるが、まだまだ踵を固くする技術を呑み込んでいない。靴を見ることは稀であるが、見る靴はたいてい踵のところが曲っている。73図は今日私がある男のはいていた靴を、正確に写生したものである。

昨日、教育博物館から帰途、私はお寺の太鼓が鳴っているのを聞き、公園の木立の間を近路して、寺院を取りまく亭の一つで、奇妙な演技が行われつつある所へ出た。俳優が二人、最もきらびやかな色で刺繍された衣を身につけ、人間の考えの及ぶ範囲内で、最も醜悪な仮面をかぶって、舞台に現れた。一人は房々とした白髪に、金色の眉毛と紫色の唇とを持つ緑色の面をかぶり、他の一人は、死そのものの如き、薄気味の悪い白色の仮面に、長く黒い頭髪の、非常な大量を持っていた。彼等は刀を用いて、白い髪の悪魔が退散する迄、一種の戦いを続けた（74図）。日本人は、私の見た中で、最もぞっとするような仮面をつくり上げる。これ等は木から彫ったもので、劇の一種に於ける各種の人物を代表すべくつくられる。

数日前、私は大森の貝塚に就いて、日本人が組織している考古学倶楽部で講演するべく招かれた。この倶楽部は毎月第一日曜日に大学内の一室で会合する。大学副綜理の服部氏が、通訳をすることになっていた。今日、六月二日の朝、私は会場へ行った。会員は各々自分の前に、手をあたため、煙管《きせる》に火をつける役をする、炭火を灰に埋めた小さな容器を置き大きな机を取りかこんで坐っていた。私は彼等に紹介され、

73 図

74 図

彼等はすべて丁寧にお辞儀をした。私は隣室に、古代の陶器をいくつかの盆に並べたものを置いて、ここで話をした。私はこの問題の概略、即ち旧石器時代、石器時代、青銅時代、鉄時代と、ラボックが定限した欧洲の四つの時代に就いて語り、次ぎにステーンストラップがバルティック沿岸の貝墟でした仕事を話し最後に大森の貝塚のことを話した。かかる智力あり且つ注意深い聴衆を前に話すことは、実に愉快であった。私の黒板画は彼等をよろこばせたらしい。要するに私はこの時くらい、講演することを楽しんだ覚えはない。

実験室の仕事は、ドンドン進んで行く。大学当局が助手として私につけてくれた、ハキハキした利口な男が、私が米国から持って来た蒐集品に、札をつけることを手伝う以外に、ボーイが一人いて部屋を掃除し、片づけ、解剖皿から残品を棄て、別に用がなければ近郊へ行って、私のために陸産の貝や、淡水産の貝を採集してくれる。これ等の人々が如何にもいそいそと、そして敏捷に、物を学び、且つ手助けをすることは、驚くばかりである。学生の一人、佐々木氏は、人力車をやとって、市中の遠方へ採集に出かけたところが、車夫も興味を持ち出して採集した為に、材料を沢山持って帰ったと私に話した。

晩方早く、日本の料理屋へ食事に来ないかという招待には、よろこんで応じた。

我々は二階へ通され、部屋々々の単純な美と清潔とを、目撃する機会を得た。このホテルは（若しホテルといい得るならば）東京の、非常に人家の密集した区域にあるのだが、それでも庭をつくる余地はあった。その庭には、まるで天然の石陂がとび出したのかと思われる程、セメントで密着させた、大きな岩石の堆積があった（75図）。その上には美しい羊歯《しだ》や躑躅が一面に生え、天辺《てっぺん》には枝ぶりの面白い、やせた松が一本生えていた。岩には洞穴があり、その入口の前には小さな池があった。我々以外はすべて日本人で、その殆ど全部が知人だったが、幸福な愉快な人々ばかり。私の小さな倅《せがれ》と、誰かしら絶えず跳ね廻っていない時は無かったくらいである。日本人の教授の外に、新聞記者が一人いたが、彼は気高い立派な人であった。彼等は皆和服を着ていた。これは彼等にとっては、洋服よりも遥かに美しい。服部氏は夫人を、江木、井上両氏は母堂を同伴された。正餐の前にお茶と、寒天質の物に囲まれた美味な糖菓とが

75　図

76　図

持ち出され、後者を食う為の、先端の鋭い棒も出された。床には四角な、筵に似た布団が一列に並べられ、その一枚々々の前には、四角いヒバチが置かれた。布団は夏は藁で出来ているが、冬のは布製で綿がつめてある。食事は素晴しく、私もおいおい日本の食物に慣れて来る。私は砂糖で煑た百合の球根と、塩にした薑《しょうが》の若芽とを思い出す。日本のヴェルミセリ（西洋素《そう》麺《めん》）を盛った巨大な皿が出て、これは銘々自分の分を取って廻した。蕪の一種を薄く切ってつくった、大きな彩色した花は、非常に自然に見えたので、私はそれを真正の花に違いないと思った（76図）。日本人は食卓の為のこのような装飾的な細工を考え出して、彼等の芸術的技巧を示す。彼等の食物は常に好もしい有様で給仕され、町で行商される食物にさえも同様な芸術があらわれている。食事中、三味線を持った娘が二人と、変な形の太鼓を持った、より若くて、綺麗な着物を着たのが二人と、出現した。一人は砂時計の形をした太鼓を二つ持ち、その一つを左の腋にはさみ、他は左手で締め紐を持って、右肩にのせた。この二つを、右手で代る代る叩くのだが、それは手の腹で辺を打ち、指が面皮に跳ね当るのである。音は各々違っていた。別の娘の太鼓は我々のと同じ形で、写生図（77図）

にあるように、傾斜して置かれた。これは丸い棒で叩く。彼等は深くお辞儀をしてやり始め、私が生まれて初めて聞いたような、変な、そしてまるで底知れぬ音楽をした。三味線を持った二人は、低い哀訴するような声で歌い、太鼓がかりは時々、非常に小さい赤ン坊が出すような、短いキーキー声と諸共に、太鼓を鳴らした。この歌が終ると、小さい方の二人が姿態舞踊をやった。ある種の姿勢と表情からして、ジョンはこの二人を誇がましいと考えた。時々彼等が、特に人を莫迦にしたような顔をしたからである。美麗な衣装と、優雅な運動とを伴うこの演技は、すべて実に興味が深かったが、我々は彼等がやっている話の筋を知らず、また動作の大部分が因襲的なので、何が何だか一向判らなかった。舟を漕いだり、泳いだり、刀で斬ったりすることを暗示するような身振もあった。彼等が扇子をひねくり廻す方法の、多種多様なことは目についた。これが済むと、三つにはなっていないらしい、非常に可愛らしくて清潔な女の子が二人、この上もなく愛くるしい様子をして、我々の方へやって来た。ジョンは彼等に近づこうとしたが、彼等は薄い色の捲毛を持った小さな男の子が現れたので吃驚仰天し、揃

77　図

ってワーッと泣き出してしまい、とうとう向うへ連れて行かれて、いろいろとなだめすかされるに至った。

次ぎに我々は、手品を見せて貰った。最初男の子が、この演技に使用する各種の道具を持って、はいって来た。彼は舞台で下廻りがかぶるような、黒いレースの頭覆いの、肩の下まで来るのをかぶっていた。次ぎに出て来たのは手品師で、年の頃五十、これからやることを述べ立てて、長広舌をふるった。そこで彼は箸二本を、畳の上のすこしへだたった場所へ置き、しばらくの間それを踊らせたり、はね廻らせたりした。続いて婦人用の長い頭髪ピンを借り、それも同様に踊らせたあげく、今度は私の葉巻用パイプを借りて、それをピョンピョンさせた。彼は紙をまるめて、粗雑に蝶々の形にし、手に持った扇であおいで空中に舞わせ、もう一つ蝶をつくり、両方とも舞わせ、それ等を頭の上の箱にとまらせさえした。勿論これ等の品は、極めて細い絹糸で結んであるのだが、糸は見えず、手際はすこぶるあざやかだった。手品の多くは純然たる手技で、例えば例の蝶の一をとってそれをまるめ、片手に持った扇で風を送って、紙玉から何百という小紙片を部屋中にまき散らした如き、手を一振ふって十数条の長い紙のリボンを投げ出し、それを片手で、いくつかの花糸にまとめて火をつけると、焔々《えんえん》たる塊の中から、突如大きな傘が開いた如き、いずれもそれである。これ等の芸は、すべて非常な速度と、巧妙さとで行われた。その後彼は我々の近くへ来て、色々な品物を神秘的に消失させたり、その他の手技を演じたりした。日本人は実に楽しそうだった。彼等は子供のように、心からそれを楽しみ、大声で笑ったりした。引き続いて井上氏が簡単に歓迎の辞を述べ、私は謝辞を述べねばならなかった。我々が帰宅したのは真夜中に近く、子供達は疲れ果て、私の頭も、その晩見た不思議な光景で、キリキリ舞いをしていた。

78 図

私は丁髷の珍しい研究と、男の子、並びに男の大人の髪を結ぶ、各種の方法の写生図とが出ている本を見た。これには百年も前の古い形や、現在の形が出ている。78図で、私はそれ等の意匠のある物をうつした。これ等の様式のある物は、よく見受けるが、およそ我々が行いつつある頭の刈りよう程、素速く日本人に採用された外国風のものはない。それが如何にも常識的であることが、直ちにこの国民の心を捕えたのである。頭を二日か三日ごとに剃り、その剃った場所へ丁髷を蠟でかため、しっかりと造り上げることが、如何に面倒であるかは、誰しも考えるであろう。夜でも昼でも、それを定位置に置くというのは確かに重荷であったに違いない。漁夫、農夫、並びにその階級の人々、及び老齢の学者や好古者やその他僅かは、依然として丁髷を墨守している。大学の学生は全部西洋風の髪をしている。彼等の大部分は、頭髪を寝かせたり、何等かの方法でわけたりすることに困難を感じ、中には短く切った頭髪を、四方八方へ放射させたのもある。子供の頃から頭のてっぺんを剃って来たことが、疑もなく、髪を適当に寝かせることを、困難にするのであろう。しばらくの間、私と一緒に住んでいた一人の学生は、歩くのに足を引くので、リューマチスにかかっているのかと聞いて見た。すると彼は、これはある時争闘をして受けた刀傷が原因していると答えた。私は好奇心が動いたので、ついに思いきって、どこかの戦争で、そんな傷をしたのかとたずねた。彼は微笑を浮かべて、次のようなことを語った。初めて外国人を見、整髪法が如何にも簡単であるのに気がつき、そしてこのような髪をしていることが、如何に時間の経済であるかを考えた彼は、ある日丁髷を剃り落して級友の前へ現れ、学校中を吃驚させた。一人の学生が特にしつっこく、彼が外国人の真似をしたとて非難した。その結果、お互いに刀を抜き、私の友人は片足に切りつけられたのである。だがその後半年も経たぬ内に、彼を咎めた学生も、外国風の整髪法が唯一の合理的方法であることを理解するに至り、丁髷を落して登校した！

日本の召使の変通の才は顕著である。私は四人雇っているが、その各々の一人は、他の三人の役目をやり得る。先日私はボーイと料理番とに、芝居へ行くことを許した。すると唯一の女の召使が、立派な正餐をつくり上げた。人力車夫でさえも、料理をし、自動回転窓掛をかけ、その他類似のことは何でもやり、又私が大掛りな晩餐をやる時には、素足ではいって来て、花を実に見事に飾るので、我々は彼の技能に驚いてしまう。彼は庭園の仕事を手伝い、用があれば何時でも飛んで行き、そして皿を洗うことを、彼の義務と心得ているらしい。一寸いうが、彼は皿を只の一枚も割ったり、欠いたりしたことがない。

私は日本で初めて日本人だけを聴衆にして行った、公開講義のことを書かねばならぬ。米国から帰った若い日本人教授達が、公共教育の一手段としての、我が国の講演制度に大きに感心し、東京でこのような施設を設立しようと努力した。これは非常に新しい考えなので、彼等は一般民衆の興味をあおるのに、大きな困難を感じた。併しながら彼等は勇往邁進し、ある茶店の大きな部屋を一つ借り受けた。一般民衆は貧乏なので入場料も非常に安くなくてはならぬ。同志数名が集って、この講演会に関係のある科学、文学、古代文明等に関する雑誌を起し、この人々が私に六月三十日の日曜日に、最初の講演をする名誉を与えてくれた。私は考古学を主題として選んだ。狭い路を人力車で通って、会場へ来て見ると、私の名前が大きな看板に、私には読めぬ他の文字と一緒に、日本字で書いてあった。人々がはいって行く。私は通訳をしてくれることになっていた江木氏に会ったので、一緒に河に面した部屋へはいって行った。例の方法で畳にすわった日本人が、多くは扇子を持ち、中には煙管を持ったりお茶を飲んだりしているのもあったが、とにかく、ぎっしりと床を埋めた所は奇観だった。黒板が一つあった。部屋中に椅子がたった一脚、それに私は坐らせられた。井上氏が先ず挨拶をされた。これは後で聞くと、何等かの伝記的記事から材料を得て私というものの大体を話されたのだそうだが、彼のいったことが丸で判らぬ私は、いう迄もなく顔一つあからめずにこの試煉をすごし、さて聴衆に紹介された。通訳を通じて講演するのは、むずかしかった。会話ならばこれは容易だが、覚書を持たずに講義するとなると、通訳がどれ程よく覚えていることが出来るかが絶えず気にならざるを得ず、従って言論の熱誠とか猛烈とかいうものがすべて抑圧されてしまう。私は先ず考古学の大体を述べ、次ぎに日本に於ける広汎な、いまだ調査せられざる研究の範囲を語り目の先にある大森の貝塚を説明し、陶器のあるものを示し、かくて文字通り一歩一歩、主題の筋を辿った。話し終ると聴衆は、心からなる拍手を送った。拍手は外国へ行って来た日本人の学生から、ならったのである。聡明そうに見える老人も何人かいたが、皆興味を持ったらしかった。講義中、演壇の横手に巡査が一人坐っていた。翌日江木氏が私の宅を訪問し、入場料は十仙で学生は半額、部屋の借代がこれこれ、広告がこれこれと述べた上、残りの十弗を是非とってくれと差し出した。こんなことは勿論まるで予期していなかったので私は断ろうとした。しかし私は強いられ、そこで私は前日が、そもそも組織的な講演会という条件のもとに、外国人が講義をした最初だと聞いたので、この十弗で何か買い、記念として仕舞っておくことに決心した。この会は私に連続した講義をしないかといった。私は秋になったら、お礼をくれさえしなければやると申し出た。主題はダーウィン説とする。

十二　北方の島　蝦夷

一八七八年七月十三日。

今晩私は汽船で横浜を立ち、蝦夷へ向った。一行は、植物学者の矢田部教授、彼の助手と下僕、私の助手種田氏と下僕、それから佐々木氏とであった。大学が私に渡した費用からして、私は高嶺及びフェントン両氏から、ある程度の助力を受けることが出来た。海はことのほか静穏であって、航海は愉快なものであるべきだったが、この汽船は前航海、船一杯に魚と魚の肥料とを積んでいたので、その悪臭たるや、実にどうも堪えきれぬ程であった。船中何一つ悪臭のしみ込まぬものはなく、舳《へさき》のとっぱしにいて、初めて悪臭から逃れることが出来た。この臭気が軽い船暈《ふなよい》で余程強められたのだから、航海はたしかに有難からぬものになった。土曜日の夕方、出帆した時には、晴天だった。日曜日も朝の中は晴れていたが、午後になると我々は濃霧に取りかこまれてしまい、汽笛が短い間をおいて鳴った。月曜日には晴れ、我々は日本の北方の海岸をよく見ることが出来た。八哩から十哩離れた所を航行していながらも、地形の外面は、はっきりと識別することが出来た。このあたり非常な山国で、高い峯々が雲の中に頭をつき入れている。これ等の火山山脈——蝦夷から日本の南部に至る迄の山脈はすべて火山性らしい——の、奔放且つ嵯峨たる輪郭の外形を、一つ一つ浮き上らせる雲の効果は素晴しかった。海岸に沿うた場所は、著しい台地であることを示していた。高さは海面から四、五百呎、所々河によって切り込まれている(79図)。

79 図

火曜日の朝四時頃、汽缶をとめる号鐘の音を、うれしく聞いた私は、丸窓から外面を見て、我々が函館に近いことを知った。町の直後にある、高い峯が聳えている。船外の空気は涼しくて気持がよい。我々は東京から六百哩も北へ来ているので、気温も違うのである。領事ハリス氏の切なる希望によって、私は彼と朝飯を共にすることにし、投錨した汽船の周囲に集って来た小舟の中から、一艘を選んで出かけた。この小舟は、伐木業者の平底船に似ていて、岸へ向って漕ぎ出すと、おそろしく揺れるのであった。三日間殆ど何物も口にしていない後なので、この朝飯前の奇妙な無茶揺りは、どう考えてもいい気持とはいえなかった。しかし太陽が昇り、町の背後の山々を照らすと共に、私もおいおい元気になって行ったが、それでも、港内の船を批評的に見た私は、どっちかというと、失望を感じたことをいわねばならぬ。何故ならば、ここに沢山集った大形の、不細工な和船の中で、曳網の目的に使用し得るようなものは、唯の一つも無かったからである。私がやろうとする仕事に興味を持ち出したハリス氏も、同様に途方に暮れたが、或いは碇泊中の小数の外国船から、漕舟を一艘やとうことが出来るかも知れないといった。やがて奇妙な舟と魚の香のまん真中に上陸した我々は、町を通りぬけて、小高い所にあるハリス氏の住宅へ着いた。ここから見おろす町の景色は実によい。途中私は路傍の植物にはっていた蝸牛（オカモノアラガイ科）を一握りつまみ上げた。植物の多くは、我が国のに似ている。輸入された白花のしろつめくさは、我が国のよりも花が大きく、茎も長く、そして実によい香がする。町は殆ど島ともいうべきで、本土とは砂頸によってつらなり（80図）、火山性の山の、高さ一千二百呎のを、美しい背景として持っている。町の大部分は低地にあるが、

80 図

81 図

上流階級の家はすこし高い所の、山の裾に建っている。家は重い瓦で覆われるかわりに、柿葺の上に、大きな、海岸でまるくなった石をぎっしり並べ、見たところ甚だ奇妙である。81図は砂頸へ通じる往来から見た町の、簡単な外見図である。私はしょっちゅう、メイン州のイーストポートのことを考えている。これ等二つ場所に、相似点とては更に無いが、爽快な、新鮮な空気、清澄で冷たい海水、魚の香、背後の土地はキャムポベロを思わせ、そして私のやっている曳網という仕事がこの幻想を助長する。朝飯後矢田部教授と私とは、長官を訪問した。彼は威厳のある日本官吏である。我々が名乗りをあげるや否や彼は文部卿の西郷将軍から手紙を、また文部大輔から急信を受取っている、そしてよろこんで我々を助けるといった。私は彼に向って言葉すくなく、我々が必要とするところのものを述べた。第一が実験室に使用する部屋一つ、これは出来るならば容易に海水を手に入れ得るため、埠頭にあること、第二が曳網に適した舟一艘。彼は我々を海岸にある古い日本の税関へ向わしめ、我々は一人の官吏につれられてそこへ行った。私は私が実験所として希望していたものに寸分違わぬ部屋二つを、そこに見出した。それ迄そこに住んでいた人達は、私の方が丁寧に抗議したのだが、追放の運命を気持よく受け入れつつ、即座に追出された。次ぎに私は遠慮深く彼に向って、私が二部屋ぶっ通しの机を窓の下へ置くことと、棚若干をつくって貰いたいこととを、図面を引いて説明しながら話した。一時間以内に、大工が四人、仕事をしていた。その晩九時三十分現場へ行って見たら、蠟燭二本の薄暗い光で、四人の裸体の大工が依然として仕事をしていた。翌朝にはすべて完成、部屋は綺麗に掃除され、いつからでも勉強にとりかかれる。一方長官は船長、機関士達、水夫二人つきの見事な蒸汽艇を手に入れ、これを我々は滞在中使用してよいとのことであった。私の意気軒昂さは、察してくれたまえ。私は仕事をするための舟に就いても、部屋に就いても、絶望していたのである。然るに十二時間以内に、完全な支度が出来上った。私は江ノ島に於ける私の困難と、舟や、仕事の設備をするのに、何週間もかかったことを思い出した。ここでは、この短い期間に、私が必要とする設備は、すべて豊富に準備出来たのである。だが、まだ私の住居の問題が残っていた。私は日本食で押し通すことは出来ないし、この町には西洋風のホテルも下宿もない。役人が二人、町を精査するために差し出された。午後三時、彼等は西洋館に住んでいるデンマーク領事の所で、我々のために二部屋を手に入れたと報告した。そこですぐ出かけて行くと、この領事というのは、まことに愛嬌のある独身の老紳士で、英語を完全に話し、私が彼と一緒に住むことになってよろこばしいといった。一方長官の官吏は下僕二人と共に、椅子二脚、用箪笥、卓子、寝台、上敷、枕、蚊帳その他ブラッセル産の敷物に至る迄、ありとあらゆる物を見つけて来た。かくて私は、私自身何等の経費も面倒もかけることなくして、最も気持よく世話されている。毎日正餐には、いい麦酒一本とビーフステーキ――これ以上、人間は何を望むか？

七月十九日、金曜日。

今日最初の曳網をやった。蒸汽艇は我々を津軽海峡という名の、蝦夷を日本本土から引き離している海峡へ連れて行く準備をしていた。蒸汽艇が実に小綺麗で清潔だったので、私は曳網をすると、泥や水でおそろしくきたならしくなることを説明し、小さな舟を曳いて貰って、その中で曳網をした。82図は蒸汽艇が和船を曳船している所

82 図

を示す。この和船の内へ曳網をあけ、内容を出し、その後我々は貝、ヒトデその他をバケツに入れて汽艇へ持ち込み、其所で保存したいと思う材料を選りわける。これ以上便利で贅沢な手配でこの仕事をしたことは、いまだかつて無い。最初の時は大雨が降って来て、私はズブ濡れになった。採集した材料は、より南方の地域のものとは非常に違っていた。貝は北方の物の形に似ていたが、しかもある種の、南方の形式も混入していた。美しい腕足類があったが、その一つのコマホウズキガイ〔*Terebratulina*、カメホウズキチョウチンか〕は薄紅色で、成長線がぎっしりとついている。これや、その他は、研究用に生かしておこうと思う。昨日曳網の袋が裂けたので、我々は五哩ばかり離れた漁村へ行った。長い、泥深い町をぬけて行くと長い砂浜へ出た。ここで我々は奇妙な貝を沢山ひろった。目的の村へ来た我々は、一軒の居酒屋を発見し、ひどく腹が減っていたので、不潔なのをかまわず食事をした。ここで休んだ後、我々は丘の方へ向ったが、たいてい膝まで水がある沼沢地みたいな所を、一哩も一生懸命に行かねばならなかった。苦しくはあったが、背の高い草や、美しい紫の菖蒲その他の花や、若干の興味ある小さな貝や、それから面白いことに、その分布が極の周辺にある、小さな、磨かれたような陸貝を一つ発見したりして、相当愉快だった。この陸貝は北欧洲と米大陸の北部いたる所で発見されるが、ここ、蝦夷にもあったのである！　私はまた欧洲の *Lymnaea auriculata*［モノアラガイ科］に類似した、淡水の螺を見出した。最後に高地へ来ると、函館と湾とが、素晴しくよく見えた。帰途、我々はまた例の沼地と悪戦苦闘をやり、疲れ切って函館へ着いた。ここ四日間私はズブ濡れに濡れ、或いはそれに近い状態にいたが、しかもこの上なしの元気である。帰る途中、我々は謀叛を起そうとして斬首された三人の日本人の、墓の上に建てられた記念碑の前を通った。簡単な濃灰色の石片の割面に、文字を刻んだものは、我が国でも、墓地で見受ける或種の記念碑の代りとして、使用するとよい。

七月二十五日。

我々は蝦夷の西海岸にある小樽へ向けて出発した。乗船は漕艇ぐらいの大きさの木造蒸汽船で、日本人が所有し、指図し、そして運転している。私は船中唯一の外国人であった。船員たちが何匹かの牛を積む方法と、能率的な指揮がまるで欠けているのを見た時、私は灯台のない岩だらけの海岸を、これから三百哩も航海するということに、いささか不安を感じた。加之、従来この沿岸では、測量も行われず、航海用の海図も出来ていない。夜の十時出帆した時、空は暗く、如何にも悪い天気を予想させ、暗黒な津軽海峡へさしかかった時には、多少心配せざるを得なかった。衝突の危険は、もともと衝突すべき船がないのだから、全然無かったが、嵐の闇夜に舵手が行方をとりちがえるという危険はあった。函館を出ると間もなく、我々は濃霧の中に突入し、真夜中には雨を伴う早手の嵐に襲われ、我々はその嵐の中にゆらりゆらりと入り込んで、一同いずれも多少の船酔を感じた。船室には長い銃架にスペンサー式の連発銃がズラリと並んだ外、小さな鋼鉄砲二門と、ガットリング銃一挺とがあった。この海賊に対する用心は、この航海にある興奮味を加えた。夜中嵐が吹き、小さな船はひどく揺れて、厨房では皿が落ちて割れ、甲板では牛がゴロンゴロンころがった。朝飯として出された食事は日本料理で、とてもおそろしい代物だった。我々が函館港を出た時、横浜にいた仏蘭西の甲鉄艦が南方のきびしい暑熱を避ける為に入港して来た。この軍艦は浮かぶ海亀に似ていた。舳は唐鋤みたいでとにかく頑丈そうだった。港内には確かに百艘ばかりの戎克がかかっていたが、乾燥させるために、帆をひろげたも

83 図

84 図

のも多かった。

83図は小樽湾へはいるすぐ前の岬の、簡単な写生である。これ等の崖のあるものは、高さ六百乃至七百呎で、殆ど切り立っている。そこを廻って小樽湾へはいる場所にある岬は、非常に際立っている（84図）。私は小樽滞在中に、これを研究しようと決心したが、我々が旅行の目的にあまりに没頭したので、時間が無かった。沿岸全体が、大規模の隆起と、範囲の広い浸蝕との証跡を示し、地質学者には、興味津々たる研究資料を提供することであろう。私が判断し得たところによると、岩は火山性であるがしかも小樽附近には鋭い北向きの傾下を持つ、明瞭な層理の徴証がある。この島の内部には、広々とした炭田が発見される。小樽の寒村は海岸に沿うて二哩に、バラバラとひろがっている。

我々は十時頃上陸した。人々が我々をジロジロ見た有様によって、外国人がまだ珍しいのだということが知られた。我々は町唯一つの茶店へ、路を聞き聞き行ったが、最初に私の目についたのは籠にはいった僅かな陶器の破片で、それを私は即座に、典型的な貝墟陶器であると認めた。質ねて見ると、これは内陸の札幌から来た外国人の先生が、村の近くの貝墟で発見したもので、生徒達に、彼等が手に入れようと希望しているところの、他の標本と共に持って帰る事を申し渡して、ここに置いて行ったのだとのことであった。私は直ちに鍛冶屋に命じて採掘器具をつくらせ、午後、堆積地点へ行って見ると、中々範囲が広く、我々は多数の破片と若干の石器とを発見した。私は札幌の先生が、もしこれ等を研究しているのならば、今日の発掘物も進呈しようと思っている。

我々が落着くか落着かないかに、役人が一人やって来て、函館から電報で、我々が小樽経由札幌へ向うということを知らせて来たので、我々の為に札幌から馬を持って来たと告げた。上陸した時、私は小さな蒸汽艇に目をつけ、これを曳網に使用することは出来まいかと思った。矢田部と私は、この土地の最上官吏を訪問して名刺を差し出し、我々の旅行の目的を述べ、そして帝国大学の為に採集しつつあるのだという事実を話した。次ぎに、若し我々が数日間、あの汽艇を使用することが出来れば、大きに助かるということを、いともほのかにほのめかし、更に函館では同地の長官が、蒸汽艇の使用を我々に許してくれたことをつけ加えた。こう白々しく持ちかけたので、彼も断ることが出来ず、我々は汽艇を二日間使ってよいことになった。なんたる幸運！　我々は大きに意気揚々たるものであった。

私は当地の日本人と、中央日本にいる日本人との間の、著しい相違に気がついた。ここの人々は顔の色艶がよく、婦人は南にいる婦人にくらべて、遥かに背が高い。日本の北方の国から津軽海峡を越して来て、夏の間海岸に沿うて住み、魚類を取引して町々を売って歩く、一種奇妙な魚売女がある。彼等は背が低く、ずんぐりしていて、非常にみっともよくない。赤く爛れた眼をした、年はすくなくとも七十と見えるが、その実五十にはなっていまいと思われる、小さな老婆が、肩に天秤棒をかけて、往来をやって来た。その両端に下げた大きな籠には、巨大な帆立貝がはいっていて、彼女はこれを行商しているのであった。私は彼女を呼び入れ、貝をいくつか買った後に、彼女がやったようにして荷物を上げて見ようとしたが、一方の籠を地面から離すことだけしか、出来なかった。私の日本人の伴侶も、かわるがわる試みたが、彼等にはあまりに重すぎた。老婆は非常に面白がったらしく、我々が一方の籠を持ち上げることすら断念した時、まるでうそみたいな話だが、静かにこの重荷を持ち上げ、丁寧に「サヨナラ」というと共に、元気よく庭を出て、絶対的な速度で往来を去って行った。この小さな、萎びた婆さんは、すでにこの荷物を、一哩か、あるいはそれ以上も運搬したにかかわらず、続けさまに商品の名を呼ぶ程息がつづくのであった。

我々の曳網は大成功であり、また我々は村を歩いて産物を行商する漁夫たちから、多くの興味ある標本を買い求めた。土地の人達は、海から出る物は何でもかでも、片っぱしから食うらしい。私は今や函館と、パンとバタとから、百哩以上も離れている。そして、函館で食っていた肉その他の食物が何も無いので、私は遂にこの地方の日本食を採ることにし、私の胃袋を、提供される材料からして、必要なだけの栄養分を同化する栄養学研究所と考えるに至った。かかる実験を開始するに、所もあろうにこの寒村とは！　以下に列記する物を正餐として口に入れるには、ある程度の勇気と、丈夫な胃袋とを必要とした——曰く、非常に貧弱な魚の羹、それ程まずくもない豆の糊状物、生で膳にのせ、割合に美味な海胆の卵、護謨《ゴム》のように強靱で、疑もなく栄養分はあるのだろうが断じて口に合わぬ *holothurian* 即ち海鼠《なまこ》。これはショーユという日本のソースをつけて食う。ソースはあらゆる物を、多少美味にする。

晩飯に私は海産の蠕虫《ぜんちゅう》——我が国の蚯蚓《みみず》に似た本当の蠕虫で、只すこし大きく、一端にある総《ふさ》から判断すると、どうやら *Sabella* の属［環形動物毛足類多毛目サベラリア・アルベオラタ］に属しているらしい。これは生で食うのだが、味たるや干潮の時の海藻の香りと寸分違わぬ。私はこれを大きな皿に一杯食い、しかもよく睡った。又私の食膳には *Cynthia* 属に属する、巨大な海鞘《ほや》が供され、私はそれを食った。私はちょいちょい、カリフォルニヤ州でアバロンと呼ばれる、鮑を食う。帆立貝は非常にうまい。私はこの列べ立てに於て、私が名前を知っている食料品だけをあげた。まだ私は知らぬ物や、何であるのか更に見当もつかぬ物まで喰っている。全体として私は肉体と、その活動原理とを、一致させていはするものの、珈琲一杯と、バタを塗ったパンの一片とが、恋しくてならぬ。私はこの町唯一の、外国の野蛮人である。子供達は私の周囲に集って来て、ジロジロと私を見つめるが、ちょっとでも仲よしになろうとすると、皆恐怖のあまり、悲叫をあげて逃げて行ってしまう。

十三　アイヌ

我々は宿屋の召使に、町の裏手のアイヌの小屋で、舞踊だか儀式だかが行われつつあるということを聞いた。私は往来でアイヌを見たことはあるが、まだアイヌの小屋へはいったことがない。そこで一同そろって出かけ、大きな部屋が一つあるだけの小屋の内へ招き入れられた。その部屋にいた三人のアイヌは、黒い鬚を房々とはやし、こんがらがった長髪をしていたが、顔は我々の民族に非常によく似ていて、蒙古人種の面影は、更に見えなかった。彼等は床の上に、大きな酒の盃をかこんで、足を組んで坐っていた。彼等の一人が、窓や、床にさし込んだ日光や、部屋にあるあらゆる物や、長い棒のさきに熊の頭蓋骨を十いくつ突きさした神社（これは屋外にある）にお辞儀をするような、両手を変な風に振る、単調な舞踊をやっていた。長い威厳のある鬚をはやした彼等は、いずれも利口そうに見え、彼等が懶惰《らんだ》で、大酒に淫し、弓と矢とを用いて狩猟することと、漁とによって生計を立てているとされていることは、容易に了解出来なかった。私と一緒に行った日本人が、私がどこから来たと思うかと質ねたところが、彼等は私を日本人と同じだと答えた。

泥酔した一人の老人が、彼等の持つ恐怖すべき毒矢を入れた箭筒を見せ、別の男が彼に「気をつけろ」といった。彼が一本の矢を手に持ち、私のうしろを単調な歌を歌いながら奇妙な身振で歩き廻った時、私は多少神経質にならざるを得なかった。一人の男は弓弦を張り、彼等の矢の射り方をして見せたが、箭筒から矢を引きぬく時、彼は先ず注意深く毒のある鏃を取り去った。この鏃は竹片で出来ていて、白い粉がついているのに私は気がついた。使用する毒はある種の烏頭だそうで、アイヌ熊が殺されてしまうほど強毒である。


七月二十九日に、我々は小樽を立って札幌へ向った。我々が小樽で集めた標本は大きな酒樽に詰めた。標本というのは、大きな帆立貝の殻百個、曳網で採集した材料を酒精漬にした大きな石油缶一個、貝塚からひろった古代陶器その他である。馬は宿屋の前まで引いて来られた。洋式の鞍をつけた二頭は、矢田部教授と私の為であり、他には荷物用の鞍がついていたので、毛布を沢山、詰綮として使用する必要があった。

我々の荷物は、大型の柳行李二個であった。供廻りの馬子は別に乗馬を持っていたが、佐々木と下男とは歩く方がいいといった。日本人にとっては、三十哩は何でもないのである。車も、人力車もないので、我々は札幌から先は、蝦夷を横断するのに、

85 図

百五十哩を馬に乗るか、歩くかしなくてはならぬ。毎日変った馬――しかもそのあるものは荒々しい野獣である――に乗って、悪い路を、百五十哩も行くことを考えた時、札幌から蝦夷の東海岸に至る道路は、割合によいとは聞いていたが、私はいささか不安にならざるを得なかった。私が生まれてから一度も馬に乗ったことが無いというのは、不思議だが事実である。

我々が最初に休んだのは、ねむそうな家が何軒か集って、ゲニバク〔銭函〕の寒村をなしている所であった（85図）。我々が立寄った旅籠屋には、昔の活動と重要さとのしるしが残っていた。誰も人のはいっていない部屋が、長々と並んでいるのを見ると、蝦夷島を横断した大名の行列が思い出された。

札幌へ二哩の場所には、西洋風に建てた大きな兵営があった。窓と煙筒とのある一階建の家が幾軒か長く並んでいるのは、不思議な光景であった。兵隊はここに一年中住んでいるので、家族も連れて来ている。ここを過ぎると、英語を非常に上手に話す、この上もなく丁寧な日本人の官吏が一人、我々を出迎えた。彼は我々が小樽から来つつあるという通知を受けて札幌まで案内し、矢田部教授を最上等の旅館へ、私をブルックス教授の家へ、連れて行くために来たのである。ブルックス教授は農学校の職員の一人で、私の世話をやいてくれることになっていた。町へ近づいた時、私は我が国の議事堂に似た円屋根を持つ、大きな建物があるのに気がついて、如何にも国へ帰ったような気がしたが、聞いて見ると事実これは蝦夷の議事堂だった。

札幌の町通りは広くて、各々直角に交わっている。全体の感が我が国の西都諸州に於ける、新しい、しかし景気のいい村である。政府の役人が住んでいる西洋館も幾つかあるが、他の家はみな純粋の日本建である。ブルックス教授は心地よく私を迎え、そして汗をふき、身なりをととのえ終った私を連れて学校と農場とへ行った。学校は我が国の田舎の大学と同じ外見を持っていた。設計にも建築にも、趣味というものがすこしも見えぬ、ありふれた建物である。一つの部屋には小樽の貝塚で集めた器具や破片の、興味の深い蒐集があった。私は咽喉から手が出るくらい、それ等がほしかった。装飾のある特徴は、大森の陶器を思わせたが、形は全く違っていた（86図）。棚の上の、これ等並びに他の品々（主として鉱物）を見た後、私は農場に連れて行かれ

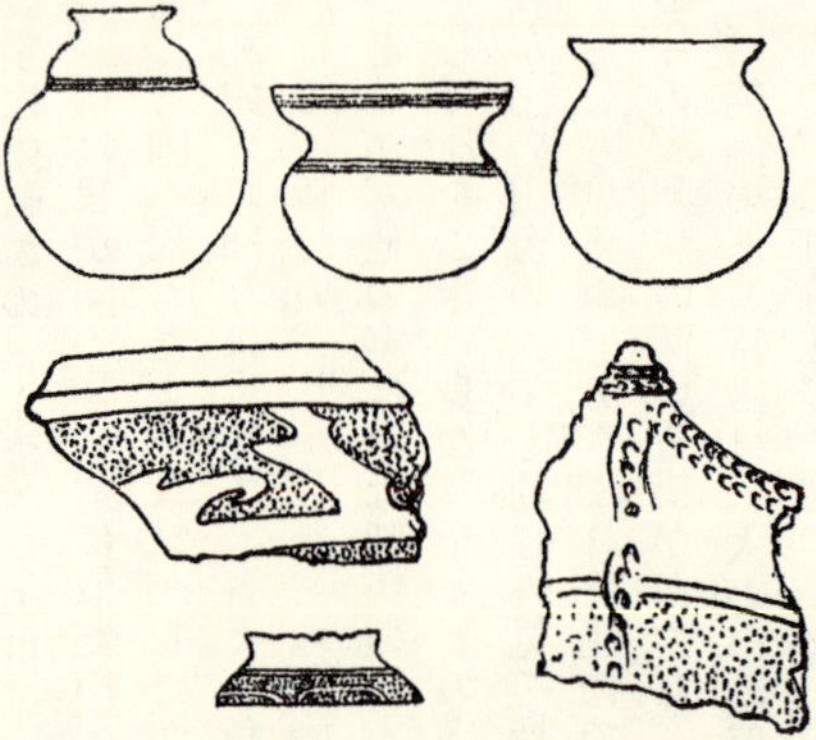

86 図

たが、そこにはマサチュウセッツ州のアマスト農科大学のそれに似せて建てた、大きな農業用納屋があった。昨年私はある機会から、この模範納屋の絵のある同大学の報告を見た。我々とは非常に異る要求を持つ日本人のために、このような建造物を建てることは、余りにも莫迦らしく思われた。しかしこの地方を馬で乗り廻し、気候のことをよく知って見ると、私には我々が考えているような農業を、我々の方法で行うことが可能であることと、従って我々が使用する道具ばかりでなく、我々のと同じ種類の納屋も必要であることが理解出来た。納屋の内には、何トンという乾草があった。我々は円屋根に登って周囲の素晴しい景色を眺め、下りる時には梁木から遥か下の乾草の上へ、飛び降りたりした。これ等の事柄のすべてに牛の臭が加って、私を懐郷病にしてしまった。ブルックス教授の家では、新鮮な牛乳を一クォート［六合余］御馳走になった。私自身が蝦夷の中心地におり、且つこの場所は僅か八年前までは実に荒蕪の地で只猛悪な熊だけが出没していたということは、容易に考えられなかった。この附近にまだ熊がいることは、去年四人の男を順々に喰った（その一人を喰うためには家を壊した）という、猛々しい奴が、一匹殺されたという、ブルックス教授の話が証明している。日本人が、単に農業大学を思いついたばかりでなく、マサチュウセッツの農科大学から、耕作部を設立する目的で、一人の男を招いたことは、大いに賞讃すべきである。札幌は速に成長しつつある都邑である。ラーガア麦酒［貯蔵用ビール］の醸造場が一つあって、すぐ使用する為の、最上の麦酒を瓶詰にしている。このことは瓶にはいった麦酒一打を贈られた時に聞いた。

この地方の犬は二種類にわかれている。その一種は、形も色もエスキモーの犬に似ているが他の種類は色、形、動作、房々とした尻尾等が、殆ど全く狐みたいである。若し狐と犬との混血児をつくることが出来るものならば、この種の動物には確かに狐の血がはいっている。どの部落にも一群の犬がいる。夜になると彼等は猫に似て、猫よりも一層地獄を思わせるような音を立て、甚だ騒々しい。彼等は唸ったり号泣したりするが、決して吠えぬ。ダーウィンは彼の飼馴動物の研究に於て、薫育された状態

87　図

から半野生の状態に堕落した犬は、吠えることを失い、再び唸るようになると観察した。犬と関係のある野生動物は決して吠えず、唸るだけである。

モロラン［室蘭］に近づくにつれて土地の隆起の証跡が明瞭に見られた。水に近い崖は、87図に示す如く、数呎の高さに切り込まれていた。土壌は軽石で出来ているらしく思われたが、これは以前火山性の活動があったことを示している。白老《しらおい》からの長い道中人家は一軒も見ず、人間の証跡としては所々に粗末な、荒廃し果てた祠があるだけであった。荒廃はしていても、その前面に花が僅か供えてあるのを見ると、とにかくそれに気をつけている人があることが判る。ざっとした枠構えの下の像は、二個の石から成り立っていて、頭を代表する、より小さい石が、より大きな石の上に載っているに過ぎない。頭には長い糸を両側に垂れた、布製の帽子がかぶせてあった。

十四　函館及び東京への帰還

蝦夷島を横断して帰って来てから、我々は目ざましい曳網を数回やって、腕足類を沢山集めその生きた物に就いて興味のある研究をした。最終日の曳網には、当局者が相当大きな汽船を準備してくれ、我々は津軽海峡の、今までよりも遥か深い場所まで出かけた。何から何まで当局者がやって呉れたので、採集に関する我々の成功は、すべて彼等の配慮に原因する。八月十七日、我々は気持よく海峡を越して大きな入江へはいった。ここへはいる前に、もう一つの大きな入江の入口を過ぎたが、その上端では更に陸地が見えなかった。海は完全に平穏で、我々は函館から青森までの七十哩を、一日中航行した。この町は長くて、低くて、ひらべったい。これ等以外に、我々は何も気がつかなかった。翌朝六時、我々は四台の人力車をつらねて、五百哩以上もある東京へ向けて出発した。十五日はかかると聞いたが、十日間で目的地へ着きたいというのが、我々の希望であった。

福岡という村は広い主要街の中央に小さな庭園がいくつも並び、そして町が清掃してあって極めて美しかったことを覚えている。この地方の人々は、目が淡褐色で、南方の人々よりもいい顔をしている。子供は、僅かな例外を除いて、可愛らしくない。路に沿うて、多くの場所では、美味な冷水が岩から湧れ出し、馬や牛の慰楽のためにその水を受ける、さっぱりした、小さな石槽が置いてある。この地方に外国人が珍しいことは、我々と行き違う馬が、側切れしたり、蹴ったりすることによってそれと知られる。古い習慣が、いまだに継続しているものも多い。一例として、我々と出合う人は如何なる場合にも馬に乗った儘で行き過ぎはせず、必ず下馬して、我々が行き過ぎるまで待つのである。最初これに気がついた時、私は馬が恐れるので騎手は馬を押えているために下馬するのだろうと思ったが、後から低い階級の人々は、決して馬に乗った儘で、より高い階級の人とすれちがわないという、古い習慣があることを聞いた。何人かの人が、路の向うから姿を現すと共に、早速高い荷鞍から下り、そして私が遥か遠くへ去る迄、馬に乗らぬのには、いささかてれざるを得なかった。また私は、只芝居に於てのみ見受けるような、古式の服装をした人も、路上で見た。

昼間通過した村は、いつでも無人の境の観があった。小数の老衰した男女や、小さな子供は見受けられたが、他の人々は、いずれも田畑で働くか、あるいは家の中で忙しくしていた。これはこの国民が、如何に一般的に勤勉であるかを、示している。

人々は一人残らず働き、みんな貧乏しているように見えるが、窮民はいない。我が国では大工場で行われる多くの産業が、ここでは家庭で行われる。我々が工場で大規模に行うことを、彼等は住宅内でやるので、村を通りぬける人は、紡績、機織、植物蠟の製造、その他の多くが行われているのを見る。これ等は家族の全員、赤ン坊時代を過ぎた子供から、盲目の老翁老婆に至る迄が行う。（私は京都の陶器業者に、殊にこの点を気づいた。）一軒の家の前を通った時、木の槌を叩く大きな音が私の注意を惹いた。この家の人々は、ぬるでの一種の種子から取得する、植物蠟をつくりつつあった。この蠟で日本人は蠟燭をつくり、また弾薬筒製造のため、米国へ何噸《トン》と輸出する。昨年国へ帰っていた時、私はコネチカット州ブリッジポートの弾薬筒工場を訪れたところが、工場長のホッブス氏が、同工場では露土両国の陸軍の為に、何百万という弾薬筒をつくっているが、その全部に日本産の植物蠟を塗ると話した。ここ北日本でも、同国の他の地方と同じように、この蠟をつくる。

道路に沿うて政府は、日本の全長にわたるべく電信を敷いている。この仕事を徹底的に行うやり方は、興味が深かった。電柱になる木は、地上一、二呎の場所で伐らず、根に近く伐るので底部は非常に広く、そしてこの部分は長持ちさせる為に火で焦す。この広い底部は大地にはいって、しっかりと電柱を立て支える。柱の頂点には、雨を流し散らす為に角錐形の樫の木片を取りつける。

河を渡船で越し、道路に横たわる恐るべき崩壊の跡を数個所歩いたあげく、我々は一つの村へ近づいた。この時はもう暗くなりかけていた。我々は非常に多数の人々が村からやって来るのに出合ったが、これ等の殆ど全部が酒に酔って、多少陽気になっていた。私は従来、これ程多くの人が、こんな状態になっているのに逢ったことがない。彼等は十数名ずつかたまって、喋ったり、笑ったり、歌ったりして来たが、中にはヒョロヒョロしているのもあった。路の平坦な場所は極めて狭いので多くの場合、我々は彼等の間を歩かねばならなかった。彼等にとっては外国人を見ることは大きに珍しいので、絶間なく私を凝視した。村に着いた時我々は、相撲の演技が行われていたことを知った。群衆がいたのは、その為である。私がこの事を書くのは天恵多き我が国のいずくに於てか、人種の異る外国人が、多少酒の影響を受け、しかも相撲というような心を踊らせる演技を見たばかりの群衆の間を、何かしら侮蔑するような言葉なり身振なりを受けずに、通りぬけ得るやが、質問したいからである。

一番主な旅籠屋へ行って見たら、部屋は一つ残らず満員で、おまけに村中の、大小いろいろな旅館を、一時間もかかってさがしたが、どこにも泊ることが出来なかった。たった数時間前二百名の兵士の一隊が到着したばかりで、将校や兵士の多くが旅館に満ちていた。で我々は、一人の村人が村の有力者をさがし出し、我々の苦衷を説明し、何等かの私人的の便宜を見つけて貰うべく努める間、極度にすいた腹をかかえ、疲れ果てて暗闇の中に坐っていた。日本には外国人が個人の住宅に泊ることを禁じた法律があるので、我々は全く絶望していた。最後に我々が休息していた満員の旅館の、ほとんど向う側にある個人の住宅に、泊めて貰えることになった。美麗で清潔な大きな部屋が一つ、提供されたのである。ここには蚤が全然いなかったがすでに身体中に無数の噛み傷を受けていた私にとって、これは実に大なる贅沢であった。我々は美味な夜食の饗応を受け、翌朝は先ずその家の主人に、この歓待に対して何物かを受取ってくれと、大きにすすめて失敗したあげく、四時に出発した。村をウロウロしている田舎者以外に、長い行軍の後でブラついている兵隊も何人かいたが、私は敵意のある目つきも、またぶしつけな態度も見受けなかった。私は米国領事から数百哩はなれた場所に、只二人の随伴者と共にいたのである。

我々は盛岡には、ほんの短時間留まり、果実と菓子とを買い込んで、正午北上川を百二十五哩下って仙台へ出る、舟旅にのぼった。我々が雇った舟は去年利根川で見た物とは違い、船尾が四角で高く、舳は長くてとがっていた。

夜の十一時まで我々はまことにゆるやかではあったが、とにかく水流に流されて行ったが、前方に危険な早瀬があり、かつまだ月が出ないので、舟夫たちはどうしても前進しようとしない。そこで我々は小さな村の傍に舟をつけ、辛抱強く月の出るのを待った。月は二時に昇り、我々はまた動き出した。私は早瀬を過ぎるまで起きていたが、そこで日本の枕を首にあてて固い床に横たわり、翌日明かるくなるまで熟睡した。

翌朝我々は元気よく、夙く起き、そして気持のよい景色や、河に沿うた興味のある事物を、うれしく眺めた。馬の背中や人力車の上で、この上もなく酷い目にあった我々にとっては、こづかれることも心配することもなく漂い下り、舟夫達や、河や、岸や、その向うの景色を見て時間をつぶすことは、実に愉快であった。間もなく薬缶の湯がたぎり、我々は米と新しい鱒とで、うまい朝飯を食った。

88 図

河上の景色は美しかった。一日中南部富士が見えた（88図）。我々は筵の下でうつらうつらして、出来るだけ暑い太陽の直射を避けた。飲料水とては河から汲むものばかりで、生ぬるくて非常にきたなかった。この河の船頭の

89 図

歌は、函館の船歌によく似ている。89図はフェノロサ教授が、その歌を私の為に書いてくれたもので、最初の歌は函館の歌、次の節は北上川の舟夫が歌う、その同質異形物である。

仙台湾に近づくにつれて、河幅は広くなり、流れはゆるくきたならしくなった。航行の最後の日には、水を飲むことが容易でなかった。沈渣《おり》が一杯はいっていたからである。

私は我々が通過した町々の建築法に、非常な変化があり、家の破風端に梁が変な具合に並べてあるのに気がついた。90図に示したものは典型的で、スイスの絵画的な建築を思わせた。自然そのままの木材は、いう迄もなく、年代で鼠色になっていた。我々は非常な勢で走って来たので、ゆっくり写生するだけの時間が無かったが、街道いたる所の家に見事な木細工がしてあるのには注目した。

松島で一泊した我々は翌朝暗い内から起き、九時頃仙台市へ着いた。雑閙《ざっとう》する町々を人力車で行ったら、一寸東京へ帰ったような気がした。随行者の二人を採集するために松島に残し、矢田部と私とは、東京へ向けての長い人力車の旅に上った。我々は身軽くする為に、出

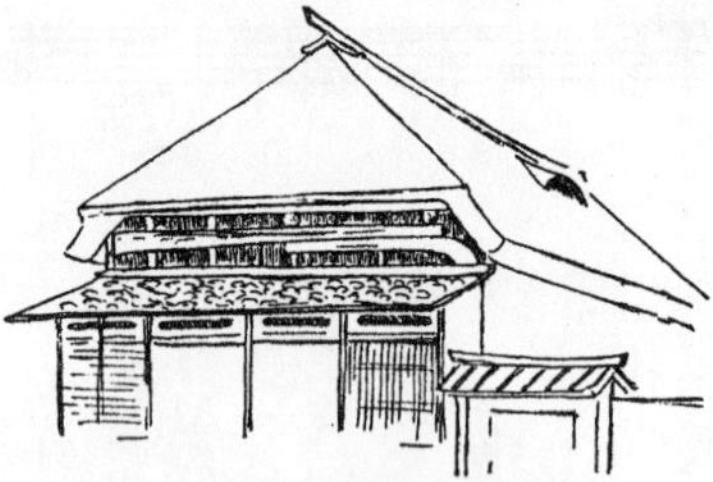

90 図

来るだけ多くの物を残し、人力車一台に車夫を二人ずつつけた。矢田部は東京へ電報を打とうとしたが、私人からの電報はすべて禁止されていると知って、大きに驚いた。何故こんな告示が出たのか、いろいろ聞いても判らぬので、彼は大きに心を痛めた。東京で革命が勃発したのか？　反外国の示威運動があったのか？　何事も判らぬままに、我々は東京まで陸路二百哩の旅に出た[1]。この電報の禁止以後は、通り違う日本人がすべて疑深く、私の顔を見るように思われた。仙台を出て二時間行ったとき、我々は間違った方向へ行きつつあることに気がついた。このひどい間違いのために、我々は仙台へ立ち戻り、半日つぶしてしまった。ここで食事をし、新しい車夫を雇って夜の十時まで走り続け、藤田へ着いた。旅館はすべて満員で、我々はあやしげな旅籠屋へ泊らねばならなかった。貧弱な畳、貧弱な食物、沢山あるのは蚤ばかり。それでも我々は苦情をいうべく〔いうには、か〕、余りに疲れていた。

翌日は白河まで七十哩行かなくてはならぬ。そうでないと、その次の日、宇都宮へ着くことが出来ない。それで我々は日の出前に出発したが、夜になる前、既に我々はしびれるほど疲れ切っていた。私は昼、何かを食うために、非常に綺麗な茶店にとまったことを覚えている。うしろの庭は奥行僅か十呎であったが、日本人が如何に最も狭い地面をも利用するかを、よく示していた。我々が休んだ部屋から見たこの狭い地面は、実に魅力に富んだ光景であった。灌木は優雅に刈り込まれ、菖蒲は矮生に仕立てられ、ここかしこには面白い形の岩が積まれ、小さな常緑樹と日本の楓とが色彩を与え、全体の効果が気持よかった。午後中我々は旅行した。そして七時、我々はこれ以上行くことが不可能と思われるくらい疲れていたが、それでも飯を腹一杯食って、また次の駅へ向けて出発した。夕方の空気の中を行くことは涼しくて気持よく、また夜の村をいくつもぬけて、再び広々とした田舎の路に出るのは興味があった。この夜白河へ着くことが出来さえすれば、次の夜には宇都宮へ着くことが出来、宇都宮からは東京まで駅馬車がある。

十時、白河の町に近づいた時、路に多数の人がいることによって、我々は何か並々ならぬことが行われつつあるのを知った。町へはいって見ると建物は皆、提灯その他

（1）東京へ近づいた時、我々は東京の兵営で反乱が起ったことを知った。それで電報を禁じたのである。

いろいろな意匠の透し画で照明されていた。旅館はいずれも満員で、我々は十時半にやっとその夜の泊りを見出したが、この宿屋も満員で、また往来はニコニコして幸福な人々でぎっしり詰っていた。十一時、大行列がやって来た。人々はいずれも色鮮かな提灯を、長い竿の上につけたり、手に持ったりしていた。この行列が隊、あるいは集団から成立していた点から見ると、これ等は恐らく各種の職業、あるいは慈善団体を代表していたのであろう。一つの群れは赤い提灯、他は白い提灯……という具合であった。最も笑止なのは、場合によっては長さ三十呎もある、竹竿の上につけた提灯を持って歩くことで、持っている人はそれを均衡させるだけに、全力を傾け尽くすらしく思われた。彼等は一種の半速歩で動いて行き、皆「ヤス！　ヤス！」と叫んだ。

翌朝我々は蠟燭の光を頼りに出発した。正午、我々は鰻のフライで有名な場所で休息し、美味な食事をした。午後我々は雨で増水した利根川を渡ったが、渡船を待つ間、渡船場の下流の広い砂地が川に接した場所に、日本人の一群がいるのに気がついた。数時間前、徒渉しようとした男が溺死し、今や彼等は見つけ出した死体を、運ぼうとしつつあるとのことであった。

晩の七時頃、我々は東京から六十七哩の宇都宮へ着いた。ここは私が七月に東京を出てから初めて見る馴染の場所なので、家へ帰ったような気がした。去年日光へ行く途中、我々はここで一晩泊ったが、今度も同じ宿屋に泊り、私は同じ部屋へ通された。最初にここを訪れてから今迄の短い期間に、米国へ往復し、蝦夷へ行き、陸路帰り、そして、日本食を単に賞味し得るのみならず、欲しい物は何でも日本語で命令することが出来るくらい日本料理に馴れ、おまけにあらゆる物が全然自然と思われる程、日本の事物や方法に馴れたということは、容易に理解出来なかった。

駅馬車は翌朝六時に出発した。乗客はすべて日本人で、その中には日光へ行き、今や東京の家へ帰りつつある二人の、もういい年をした婦人がいた。彼等は皆気持がよく、丁寧で、お互いに菓子類をすすめ合い、屢々路傍の小舎からお茶をのせて持って来る盆に、交互に小銭若干を置いた。正午我々は一緒に食事をしたが、私は婦人達の為にお茶を注いで出すことを固執して、大いに彼女等を面白がらせた。また私は、いろいろ手を使ってする芸当を見せて、彼等をもてなし、一同大いに愉快であった。

昼、我々はまた利根川に出て、大きな平底船で渡り、再び数哩ごとに馬を代えながら、旅行を続けた。東京へ近づくにつれ、特にこの都会の郊外で、私は子供達が、田舎の子供達よりも如何に綺麗であるかに注意した。この事は、仙台へ近づいた時にも気がついた。子供達の間にこのような著しい外観の相違があるのは、すべての旅館や茶店が女の子を使用人として雇い、これ等の持主が見たところのいい女の子を、田舎中さがし廻るからだろうと思う。彼等は都会へ出て来て、やがては結婚し、そして彼等の美貌を子孫に残し伝える。これは少くとも、合理的な説明であると思われる。

十五　日本のひと冬

我々は夕方の七時頃東京へ着き、私は新しい人力車に乗って、屋敷へ向った。再び混雑した町々を通ることは、不思議に思われた。私は何かと衝突しそうな気がして、まったく神経質になったが、馴れる迄には数日かかった。私は十一日にわたって、紐育からオハイオ州のコロンバスへ行く程の距離の長い田舎路を旅行し、しかもその半分以上は日本人の伴侶只一人と一緒にいただけであるが、遥か北方の一寒村で、老婆が渋面をつくったのと、二人の男が私を狭い路から押し出そうとしたのとを除いて、旅行中、一度も不親切な示威運動に出喰わしたことがない。

機械的の玩具は、常に興味を惹く。構造はこの上もなく簡単で、その多くは弱々しく見えるが、しかも永持ちすることは著しい。91図の鼠は皿から物を喰い、同時に尻尾を下げる。横にある竹の発条《ばね》は、下の台から来ている糸によって、鼠に頭と尾とを持上げた姿をとらせているが、発条を押す瞬間に糸はゆるみ、頭と尾がさがり、そして頭は皿を現す小さな竹の輪の中へはいる。鼠には色を塗らず、焦した褐色で表面をつくってある。日本人はこの種類の玩具に対する、非常に多くの面白い思いつきを持っている。それ等の多くは棒についていて糸で動かし、又は我が国の跳びはね人形のように動く。

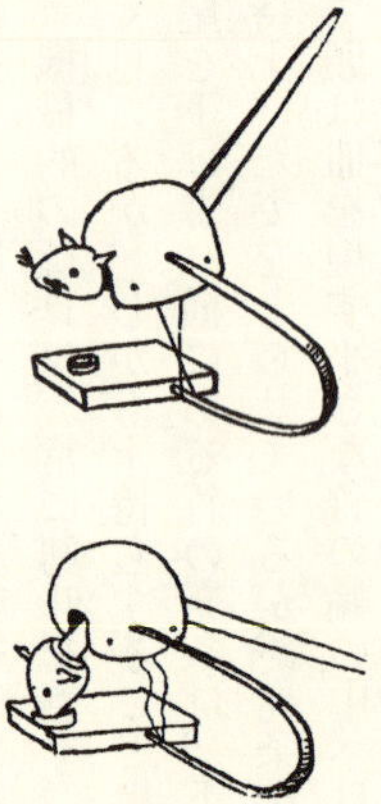

91　図

十一月二十二日、我々は再び大森の貝塚へ、それを構成する貝殻の各種を集めに行き、次ぎに海岸に打上げられた生きた標本を集めに行った。両者を比較するためである。すでに私は貝殻の大きさのみならず、釣合にも相違のあることに気がついていた。二枚貝の三つの種(*Arca granosa, Lamarckiana, Ponderosa*)は、いずれも帆立貝みたいに、放射する脈を持っているのだが、それ等は貝塚に堆積された時よりも放射脈の数を増し、バイの類のある種(*Eburna*)の殻頂は現在のものの方が尖っているし、他の種(*Lunatia*)は前より円味を帯びている。

鉄道軌道を歩いている内に我々は、日本の労働者が地ならしをするのに、シャベルや鉄棒の一ふりごとに歌を歌うことを観察した。日本人はどんな仕事をするのにも歌うらしく見える。

寒さが近づくにつれて、人々は厚い衣服をつけるが、下層階級の者はすべて脚と足とをむき出し、また家も見受けるところ、みな前同様にあけっぱなしである。地面には霜が強く、町に並ぶ溝は凍りついているのに、小さい店は依然あけっぱなしてあり、熱の唯一の源は小さな火の箱即ちヒバチで、人々はその周囲にくっつき合い、それに入れた灰の中で燃える炭に、手を翳《かざ》してあたためる。人力車夫が何哩か走って、汗をポタポタたらしながら、軽い毛布を緩やかに背中にひっかけ、寒い風が吹く所に坐って、次のお客を待つ有様は、風変りである。人は誰でも頭を露出して歩く。彼等は帽子をかぶることに馴れていないので、学生も帽子をかぶって人を訪問し、帰る時にはそれを忘れて行く。そして一週間もたってから取りに来るが、これによっても、彼等が如何に帽子の無いことを苦にしないかが判る。寒い時、男は、綿をうんと入れた、後に長い合羽のついた、布製の袋みたいなものをかぶる。見たところ、それは袋に、顔を出す穴をあけたようである。

今月（十二月）は、各所の寺院の近くで、市がひらかれる。売買される品は、新年用の藁製家庭装飾品、家の中で祭る祠、子供の玩具等である。大きな市はすでに終り、今や小さい市が、東京中いたる所で開かれる。このような屋外市につどい集る人の数には、驚いてしまう。我々は屋敷から余り遠くないお寺で開かれた市に行って見た。路の両側には小舎がけが立ち並び、人々はギッシリつまり、中には買った物を僧侶に祝福して貰うべく、それがつぶされるのを防ぐ為に、頭上高くかかげてお寺へ向う者も多い。このような祭で売られる物が、すべて子供の玩具か、宗教的又は半宗教的の装飾物か、彼等の家庭内の祠に関係のある物かであるのは、興味が深かった。米国から来る新聞に、宣教師達が寄稿した、寺院は荒廃し、信仰は死滅しつつあるという手紙が出ているのを読み、そこで寺院に毎日群衆が参詣し、寺院は瓦を葺きかえられ、修繕され、繁栄のあらゆる証拠を示しているという実際の事実を目撃する時、私はこんな虚偽の報告に、呆れ返ってしまう。

日本人は年頭の訪問を遵守するのに当って、非常に形式的である。紳士は訪問して、入口にある函なり籠なりに名刺を置くか、又は屋内にはいって茶か酒をすこし飲む。その後数日して淑女達が訪問する。元日には、日本の役人達がそれぞれ役所の頭株の所へ行く。また宮城へ行く文武百官も見受ける。外国風の服装をした者を見ると、中々おかしい。新年の祝は一週間続き、その間はどんな仕事をさせることも不可能である。この陽気さのすべてに比較すると、単に窓に花環若干を下げるだけに止まる新英蘭の新年祝賀の方法が、如何に四角四面で、真面目であることよ！　紐育市で笛を吹き立てる野蛮さは、只支那人のガンガラ騒ぎに於てのみ、同等なものを見出す。

今年の冬、時々雪嵐があったが、人力車夫は一向雪を気にしないらしく、素足でその中をかけ廻り、立っている時には湯気が彼等のむき出しの足から立ち昇って見える。不思議なことだが、家屋も、夏に於けると同様、あけっぱなしであるらしい。子供達も夏と同様に足をむき出し、寒さを気にかけず雪の中で遊んでいる。雪嵐の後では人々が、鋤《すき》や板や奇妙な形の木製の鋤を持って現れ、それぞれの店や家の前の道路全面の雪をかき、その雪は道路の横を流れ、通常板で蓋のしてある溝の中へ入れる。

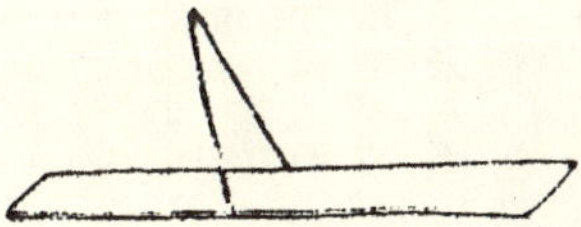

92 図

92図は一枚の板の末端に縄の輪をつけて取手とした一時的の雪鋤である。雪は湿気を含んでいるので、子供は米国の子供がするのと同じ様に、それをまるめて大きな玉をつくり、また次のようにして大きな玉をつくる競争をする。小さな棒二本を、糸の末端で十文字に結び合わせ、これを湿った雪の中で前後に振り、雪がそれ自身の重さで落ちる迄に、どれほど沢山集め得るかをやって見るのである。

最近私は有名な好古者、蜷川式胤《にながわのりたね》と知合いになり、彼を自宅に訪問した。彼は日本に於ける各種の陶器に関する書物を著わしている。この本には、石版刷の説明図がはいっている。それ等は、どちらかというと粗末で、手で彩色したものだが、しかも同じ問題に関する仏蘭西や英国の刊行物にはいっている、最も完全な着色石版画よりも、はるかによく陶器の特質をあらわしている。同書の初めの五部に描出してある品は、私が日本へ来る前、ある欧洲人へ売られてしまったのであるが、私はすでに描出された物に似た、代表的な品を手に入れんとしつつあり蜷川はそれ等を私のために鑑定することになっている。若し私が、彼が記述し且つ描出したのと同じ種類の陶器を手に入れ得れば、蜷川の本に出て来る画の本体である、もとの蒐集に、殆ど劣らぬものが出来る。

蜷川を通じて、私は蒐集家及び蒐集に関する、面白い話を沢山聞いた。日本人が数百年間にわたって、蒐集と蒐集熱とを持っていたのは興味がある。彼は、日本人は外国人ほど専門的の蒐集をしないといったが、私の見聞から判断しても、日本人は外国人に比して系統的、科学的でなく、一般に事物の時代と場所とに就いて、好奇心も持たず、また正確を重んじない。蜷川の友人達には、陶器、磁器、貨幣、刀剣、カケモノ（絵）、金襴の切《きれ》、石器、屋根瓦等を、それぞれ蒐集している者がある。金襴の蒐集は、三吋か四吋ぐらいの四角い切を、郵便切手みたいに帳面にはりつけるのである。彼は四、五百年になるのを見たことがある。有名な人々の衣から取った小片は、非常に尊ばれる。瓦は極めて興味のある品だとされ、彼は千年前の屋根瓦を見た。彼は、甲冑を集めている人は知らなかった。貝殻、珊瑚、及びそれに類した物を集める人も僅かある。上述した色々な物すべてに関する本は沢山ある。有名な植物学者伊藤博士に就いては、この日記の最初の方に書いたが、彼は植物の大きな蒐集を持っている。

三井の有名な絹店は、それが市内最大の呉服屋で、そして素晴しい商《あきない》をやっているのだから見に行く価値は充分ある。勘定台も席もない大きな店を見ると、奇妙である。番頭や売子は例の通り藁の畳の上に坐る。お客様も同様である。道路からはいると、お客様は履物をぬいで、一段高まった床に上り、履物はあとへ残しておく。そこで一杯のお茶を盆に載せて、誰にでも出す。買物をしてもしなくても、同様である。93図によってこの店の外観が、朧気《おぼろげ》ながら判るだろう。右手は道路、左手にいる番頭達は、必要に応じて、品物を取り出す巨大な防火建築に、出入出来る。店員はすべて純日本風の頭をしている。恐らく販売方と出納方との間に金の取次ぎをするらしい小さな子供達は、その辺を走り廻り、時々奇妙な、長く引張った叫び声をあげた。店員が彼等のすべての動作に示す、極度ののろさと真面目さと鄭重さとは、我が国の同様な場所に於ける混雑と活動とに対して、不思議な対照をなした。店の向うの端には銅製の風雅な装置があった。これは湯沸し、換言すれば茶を熱する物である。一人の男

93 図

が絶えずそれにつき添って茶をつくり、それを小さな茶碗に注ぎ込み、少年たちはお盆を持って、お茶を観客にくばる為にそこへ来た(94図)。炭火を入れた火鉢は男女の喫煙家のために——もっともお客は概して女である——都合よく配置されてある。ここは実に興味のある場所だった。

頭上の太い梁や、その他の木部は、すべて自然その儘の木材で出来ていた。色あざやかな絹、金襴、縮緬、並びに美しい着物を着た婦人達や花簪《はなかんざし》をさした子供達が、この場面の美を大きに増していた。私のこの店の写生図には、もっともっと多くの人がいなくてはならぬのだが、こみいった絵をかいている時間がなかった。殆ど第一に人の目を惹く物は、天井からさがった並々ならず大きく、そして

94 図

美しい、神道の社の形につくった祠である。どの家にも、どの店にも、このようにして露出した、何等かの祠があり、住んでいる人は朝その前で祈禱をする。夜になると一個、あるいは数個の灯明を、祠の内に置く。ある大きな店にこの聖殿がぶら下っており、そして店主や店員がすべて、お客がいるといないとにかかわらず、朝その前で祈禱しているのを見た時は、不思議に感じた。私は我が国の大きな店に宗教的の祠があり、そして店主達が日本と同じようにそれを信心するというようなことは、想像だに出来ぬ。

95図は、最新流行の髷である。私の娘が髪の編んであることに注意したが、これは日本の調髪には、全く新しいことなのである。これは外国人、殊に子供が、長い編髪をうしろ

95 図

に垂しているのを真似たのである。この顔は私が写生した美しい婦人にはまるで似ていない。私は、彼等としては顔の写生をされることがいやだろうと思う。いずれにせよ、私は決してそんなことはせず、目鼻をあとから書き入れる。

先夜私は三哩近くを、走ったり歩いたりして、東京の西郊に起った火事場まで行った。現場へ着いた時には、丁度最後の家に火がうつり、燃え上った。これは誠に目覚しく、且つ光輝に充ちた光景だった。火事は厚い麦藁葺屋根を持つ、大きな家屋の一列を焼き、折からの烈風で葺屋根の大きな塊が、いくつもいくつも、黄金の糸の雲の如く空中を漂い、最後に屋根が飛び去る火華の驟雨の中に墜ちた時、それは黄金の吹雪みたいであった。一度火が内側へ入り込むと、如何に早く家がメラメラと燃え上るかは、驚くの外はなかった。私は又しても消防夫達の勇敢さと、耐熱力とを目撃した。ある建物から、すくなくとも三百呎離れた所にいてさえも、熱は指の間から火事を見ねばならぬほど激しかったが、しかも消防夫達は火焔を去る十呎以内の所におり、衣類に火がついて焔となるに及んで初めて退去したが、かかる状態にも水流が彼等に向けて放射される迄は、気がつかぬらしかった。火事場へ向った時、暗い町を走りながら、一人の男に火事はどこだと聞くと、私の日本語がすぐ判り、彼は「スコシ　マテ」と答えた。で彼と一緒に走って、警察署まで来ると、そこの外側には火事の場所と、燃えつつある物とを書いた報知が出ていたが、これは警鐘が鳴ってから、十分か十五分しか経たぬ時のことなのである。私は同じ報知が、我々が通りすぎた他の警察署にも出ているのに気がついた。勿論私にはそれを読むことは出来なかったが、こまかいことを、一緒になった男が話してくれた。翌日、そのことに就いて質ねると、出来るだけ早く、火事の位置と性質とを書いた告知書を、すべての警察の掲示板にはり出すのが、習慣であるとのことであった。

十六　長崎と鹿児島とへ

ここしばらくの間、私は南方への旅行に持って行く、曳網や壺やその他の品を、まとめつつあった。大学は私に、夏休になる前に出発することを許し、またこの旅行の費用を全部払ってくれる。我々は鹿児島湾、長崎、神戸で網を曳くことになっているが、その地方の動物は半熱帯的であるから、大学博物館の為に、いろいろ新しい材料を集めることが出来るであろう。一八七九年〔明治十二年〕五月九日、我々は神戸に向けて横浜を出帆した。荒海を、向い風を受けて航行した辛さは、記録に残さずともよかろう。この航海を通じて陸地が見えたのであるが、私はあまり陸を見なかった。水曜日の夜出帆して神戸には金曜日の午後三時に着いた〔曜日の誤記か。五月九日が金曜日〕。階梯がおろされるや否や、私ははしけに乗りうつり、上陸するとホテルへかけつけて食事をし、その後町を散歩した。この町は背後に高い丘をひかえ、街路はどちらかというと狭く、店舗は東京のと全く同じである。

この日の午後、我々は長崎へ向う汽船に乗った。私は甲板から神戸と、背後の丘と

96　図

を、急いで写生した（96図）。これ等の丘は九百呎を越えぬといわれるが、汽船の船長はもっと高いと思うといった。航海はまことによかったが、瀬戸内海を通るのは夜になった。ここは世界で最も美しい航路の一とされている。夜甲板へ出て見たら汽船は多数の漁船の傍を通っていた。漁夫たちは、我が国の漁夫がブリキの笛を吹くように、貝殻の笛を吹き、灯火が無いので彼等は鉋屑を燃したが、それは海面のあちらこちらで、気まぐれに輝くのであった。

翌朝は豪雨で、あらゆるものがぼやけて見えた。午後二時、我々は下関海峡を通過したが、四大国が要塞と町とを砲撃し、続いて三百万弗を賠償金という名目で盗み、この国民を大いに酷い目にあわせたことを考えた私は、所謂文明民族なるものを恥ずかしく思った。

晩の七時に我々はまた出帆し、海峡をぬけて再び大洋へ出た。濃霧の中、いささか荒れ模様の海を、岩や島の散在する沿岸に近く、我々は一晩中航行しなくてはならなかった。船客中に天主教の司教が一人いて、私はこの人と興味ある会話をとりかわした。十九年前、巴里から来た時彼はフランシスコ派の牧師〔宣教師あるいは修道士か〕であったが、その後司教に任命され、羅馬で開かれた大廻状会議にも列席した。彼は立派な頭と、大きな同情深そうな眼とを持っていた。私は彼に、他に同じ事をしている牧師も多数いる上に、十九年間仕事をして、日本に天主教の帰依者が何人いるかと聞いたところ、彼は二万人はいると思うといった。彼は仕事に熱中して居るのであるから、この数から二、三千人を引き去るとして、私は三千三百万人を改宗させるのに、どれ程長くかかるかを計算して見ようと思い、又全体として、その言葉で説服することが出来る彼自身の国民の罪人、及び母親の祈禱を覚えているかも知れぬ人々の間で改宗させる為の努力をした方が、如何に、よりよいかを考えた。加之、このようにすれば、日本人と接触する外国人の態度や行儀が、条約港に於てより良好な印象を残すに至ったであろう。

翌朝夙く起きて、長崎へ近づくのを見た。水上に岬や、岸を離れた小さな島々が、怪奇な形をとって現れる有様は、如何にも不思議だった。岸はすべて山が多く、そして丘や山の殆ど全部は頂上まで段々畑になっている。水平的な畑にある玉蜀黍や、小麦や、稲の農作物が、あらゆる方角に見える。それ等すべての新奇さと美しさとは、言語に絶している。

朝の八時、我々は長崎湾に投錨。私は急いで上陸し、正式に知事を訪問して、我々の派遣の目的を説明した。他ならず、港内並びにその附近の海で曳網を行い、帝国大学の博物館のために、材料を蒐集するというのがそれである、我々の仕事を都合よくするには、実験室に使用するよき部屋を手に入れることが必要である。一時間と経たぬ内に、我々のために税関で大きな部屋を一つ見つけてくれた。[1] 我々は曳網、網、缶、瓶を取り出し、その他の荷を解き、なお充分時間があったので私は当地の展覧会を見に行った。

私はここで、長崎には狭い町通りがあり、その多くには長い、矩形の石が敷きつめられ、人力車が非常に平滑にその上を回転して行くことを述べたい。牡牛の腹脇には鈴をつけた長い紐がさがっているので、歩き廻るにつれて、ジャランジャランいう新英蘭の橇《そり》の鈴を連想させるような音がする。もっとも、これは新英蘭よりも十倍も大

（1）私は日本の役人の手ばやく、そして事務家的なやり口を示すためにこの事を記述する。いたる所で私は同様の経験をしたからである。

きな音である。長崎の住民は、長い間外国人と交際しているので、北の方の人々みたいに丁寧ではない。乱暴ではないが、「有難う」ということが無く、お辞儀もあまりしない。そして、店で何か見せて貰ったことに対して、私が礼をいうと、彼等は恰もそれ迄に、こんな風に外国人から丁寧に扱われたことが無いかの如く吃驚したような顔をする。当地における私の僅かな経験に依ると、外国人は日本人の召使に対して、鋭くて厳格であり、あらけなく彼等に口をきき、極めてつまらぬ失策をしてさえ叱りつける。人力車は新型で、幌は旧式な日除帽子に似ている。子供達は我々の後から「ホランダ　サン！」「ホランダ　サン！」と呼びかける。これは"Hollander Mr."という意味である。

〔長崎から汽船で鹿児島への旅行記は省く〕

こんなに魅力に富んだ景色にかこまれていながら、汽船が翌朝夙く長崎へ帰航するので、たったこの日一日だけしか滞在出来ぬということは、誠に腹立たしかった。新しく建造された鹿児島市それ自身は、巨大な石垣に依って海に臨んでいる。家屋は貧弱で、非常にやすっぽい。二年前には、薩摩の反乱のために、全市灰燼に帰し、人々は貧乏で、往来は泥だらけで木が無く、家の多くは依然として一時的の小舎がけである。十年か十二年前〔実際は十六年前。薩英戦争一八六三年八月〕、鹿児島は英国人に砲撃された。これは友人が警告したにもかかわらず、江戸へ行く途中の薩摩の大名の行列に闖入して殺された、一人の高慢極まる英国人の、かたきをとるためにやったことなのである。外国人が一般的に嫌われていることは、男の敵意ある表情で明らかに見られ、また外国人が大いに珍しいことは、女や子供が私を凝視する態度で、それと知られた。二百哩以内に、外国人としては私一人なので、事実私はここに留まっている間、多少不安を感じた。この誇に満ちた町は、同時に亜細亜虎列拉《コレラ》の流行で苦しんでいたのであるが、我々は数時間後まで、そのことを知らずにいた。我々はみすぼらしい茶店へ導かれたが、そこの食事は如何にもひどく、私には御飯だけしか食えなかった。ああ、如何に私が珈琲一杯をほしく思ったか！

この、気のめいるような食事の後で、私は助手を従えて、海岸と町の海堤とに沿うて採集に行き、下僕二人は町の背後の丘へ、陸産の螺を探しに遣わした。暑くてむしむしし、採集している中に我々は、この町の塵や芥を積み上げた場所へ来たが、これは最も並外れた光景なのである。我々は一種奇妙な二枚貝のよい標本を沢山と、腐肉を食う螺とを手に入れた。積み上げた屑物の中では、沢山のオカミミガイとメラムパスと一つのトランカテラとを採った。悪臭はおそろしい程で、日本の町は一般に極めて清潔なのに、これはどうしたことだろうと、私は不思議に思った。帰る途中で郵便局へ寄ったら日本語で「虎列拉が流行している、注意せよ！」と書いた警報が出ているのを見つけた。最も貧弱な日本食を食うべく余儀なくされたので、私の胃袋は殆ど空虚であり、また始終非常に咽喉がかわくので、ちょいちょい水をのみながら、私は残屑物の山をかきまわしていたのである。その日一日中、私は気持が悪かった。

日本の他の地方に言及する前に、記録しておかねばならぬことが二、三ある。あらゆる場所にはそれぞれ特有の人力車の型があるらしく、鹿児島もその例に洩れない。ここの人力車の梶棒は、横木が車夫の頭の上へ来るような具合に彎曲しているので、乗る人はこれでよく自分が投げ出されぬなと、不思議に思う。この人力車の大体のことは写生（97図）で判るであろう。背面と側面とにはペンキ漆がゴテゴテと塗ってあり、龍その他の神話的の事物や、英雄豪傑の絵等が背面の装飾になっていたりする。

97 図

十七　南方の旅

鹿児島から島原湾へいたる航海は、実に愉快だった。海は堰水のように穏かで、いささかのうねりさえもなく、私は大きに日誌を書くことが出来た。翌朝汽船は高橋川の河口を去ること五哩以上の点に投錨した。その内に強風が起り、一方の舷には大きな波が打寄せた。小さな日本の艀《はしけ》が如何に安全であるかは、何度もそれに乗って曳網をした私はよく知っているのであるが、それでも汽船の横で上ったり下ったりしている小舟を見た時は、いささか不安を感じた。我々は我々の荷物を艀に移すのに大いに苦心をし、続いて我々の為に下された船梯から、艀目がけて飛び下りねばならなかった。併しながら我々は安全に上陸し、サミセンガイを掘り出し得るであろう場所をよく確めた上、私の下僕と、我々の所謂トミとを後に残し、目に入るかぎりのサミセンガイと、すべての海藻とを採集することに全注意を向けさせることにし、私は助手と一緒に四哩近い内陸にある熊本へ向けて出発した。

我々は知事を熊本城に訪問した。彼は立派な老紳士で、我々の為に佳美な日本式の正餐を用意していてくれ、我々は大いにそれをたのしんだ。知事は城内を案内し、二年前の籠城の話をして聞かせた。この時城は敵に包囲されること六週間に及び、建物の多くは焼け落ち、市民や兵士の殺された者も多く、そして熊本市は灰燼に帰した。知事は城にいたが、反逆兵達は彼が住んでいるとされる建物を壊滅することに、特に努力した。建物はいずれも、あちらこちら打ちこわされ、銃弾の穴をとどめた箇所も多い。自分の経験を話しながら、この老人が興奮して行く有様は興味があった。

ここで、忘れぬ内に、私は我が国で私が逢った知力ある人々の、百人中九十九人までは、月の盈虧〔満ち欠け〕と月蝕とを混同しているという事実を記録せねばならぬ。我々の汽船の船長（英国人）は私が説明する迄は、この事実に関する何等の概念を持っていず、そしてその話をしている間に気がついたことだが、彼は引力の法則をまるで知らず、我々が大気の圧力に依って地球に押えつけられているものと思っていた。ここに我々の議論を再びくりかえして書く時間はないが、汽船を操縦し、隠れた岩や砂洲のある海岸を承知しつくしていながら、天文学の最も簡単な事実さえも知らぬ英国人の船長がいるのだから驚く。彼は私に向って、恥ずかしそうな様子ではあったが、ダーウィンはアリストートル〔アリストテレス〕（彼はこの名と、それからこの名の持主が何世紀か前に生きていたことは知っていたらしい）の時代の人か、それとも現代の人かと聞いた！

知事のことに話を戻すと、私は彼に我々の仕事の目的を話し、彼は私が三十四哩南の八代へ行こうとしているので、役人を一人つけてくれるといった。この時は、もう午後遅かったが、しかも我々は熊本市のまわりを廻って、長いこと歩いた。ここでも、鹿児島その他に於けると同様、人々が私を一生懸命見詰める有様によって、外国人が如何に珍しいかが知られた。

その晩知事が派遣した官吏が、我々の旅館へやって来た。非常に愉快な男である。彼はこの上もなく丁寧にお辞儀をした。私は床に膝をつき、私の頭が続け様に畳にさわる迄、何度も何度もお辞儀をすることが、如何にも自然に思われる私自身を、笑わずにはいられなかった。その上私は、息を口中に吸い込んで立てる、奇妙な啜るような音さえも、出すことが出来るようになった。

翌朝我々は五時に出発した。そして人力車で、凸凹の極めて甚しい道路を二十四哩という長い、身のつかれる旅をして、大野村へ着くと、ここには私がさがしていた貝塚がいくつかあった。道はそれ等の間を通っている。ここから海岸までは、すくなくとも五哩ある。この堆積はフロリダの貝塚の深さに等しく、即ちすくなくとも三十呎はあるかも知れない。貝殻の凝固した塊は *Arca granosa* ［アカガイの種］から成っているが、他の貝の「種」もいろいろ発見された。

我々は夕闇が近づく迄、調査したり発掘したりしたが、そこで八代へ向い、九時同地着、県知事へ報告した。知事は最も礼儀深い紳士で、如何なる動作も、如何なる行為も、優雅と洗煉そのものであった。将軍時代、彼は非常に高い位にいたが、かく魅力のある態度のいずこにも矯飾らしい点はすこしも見えなかった。彼は一人の商人に向って、我々のために宿泊所をさがすように命令した。助手の話によると、日本人はお客様を特に厚遇しようとする時、このように、彼を公開の家へ送らず、個人の住宅を開放してそこへ迎えることを習慣とするそうである。助手先生、知事に向って、私に関するどんな底知れぬ嘘をついたのかは、聞きもらしたが、多少つかれていた私は、事実ありがたくこの款待を受け入れた。我々が一夜を過した家は大きくて広く、部屋々々は普通の家に於けるより装飾が多く、広くもあった。襖と天井との間の場所には、多分灌漑を目的とするのであろう、長い木の水樋を表わした見事な彫刻があった。草、樋の支柱、その他の細部は、美しく出来ていた(1)。

昨日大野村から帰りに、我々は見事な老樹の前を通ったが、そのうしろには神社があった。日本中いたる所、景色のいい場所や、何か興味の深い天然物のある場所に、神社が建ててあるのは面白いことである。98図はこの習慣を示している。樹木の形が変っていて面白いので、そのうしろに神社を建てたのである。ここでは人々の宗教的義務に注意を引くべく天然を利用し、我が国では美しい景色が、肝臓病の薬の大きな看板で隠されるか、或いはその他の野蛮な広告によって、無茶苦茶にされる。高橋には人々が非常に大切にしている、形も大きさも実に堂々たる一本の樟樹があり、地上十呎の所に於ける幹は、直径八呎もある。

七時、我々は長崎へ向けて出帆した。美しい小島が沢山あったことよ！　薩摩と肥後とで、いずれかといえば心身を疲労させるような、忙しい旅行をした後なので、家へ帰りつつあるような気持がした。我々の汽船は、私がこれまで乗った船の中で、一番小さいものだった。それは、私が一方の舷へ歩いて行くと、その方向へ傾く程、小さくて、そしてググラしていた。船長が、天気が悪い為に数日出帆を延ばしたのも、ことわりなる哉である。

98　図

（1）このランマの写生図は『日本のすまい・内と外』に第一四九図として出ている。

翌朝我々は長崎に着いた。ここで私は再び欧風の食物と、腰をかけるべき椅子と、物を書くべき石油灯を載せた卓子とを見出した。日本に住んで私は食物よりも卓子の無いことに気がつく。日本の食物には段々馴れて来る。勿論珈琲や牛乳やパンとバタが無くて暮すことは、物足らぬが、字を書き図を引く為に床の上に坐ることは、窮屈で苦痛で、疲れている時など、殆ど不可能である。私は長崎に数日滞在して、肥後から持って来た生きたサミセンガイと、ここの湾で網で曳いた小さな *Descina*（腕足類の一）〔Discina か〕とを研究した。

長崎から神戸へ帰る途中我々は再び下関海峡を通過し、低い家屋が長く立ち並ぶ下関村の沖に投錨した。ここの人々は外国人に対して非常に反感を持っていると聞いたが、数年前四つの基督教国の軍艦が残酷にも砲撃したことを思えば、それも当然である。我々は上陸したいと思ったが、日本人の事務長に外国人はめったに上陸しないといわれた。日本人がどこへ行っても丁寧であることに信頼している私は、私の旅券がこの場所は勿論地方さえも含んでおらぬにかかわらず、どうしても上陸しようと決心した。私は事務長に向って干潮時に於けるここの海岸を瞥見することは、大学にとって極めて重大であると話した。そこで彼は私に彼の小舟で岸まで行くことを許した。海岸を瞥見した私は町の主要街路を歩き廻り、一軒ごとに店舗をのぞき込んだ。私には外国人が「有難からぬ人」であることが、すぐ判った。私は乱暴に取扱われはしなかったが、まったく相手にされなかったのである。子供達は、まるで私が悪魔でもあるかの如く私から逃げ去り、一人の可愛い男の子は、私がたまりかねて頭を撫でると、嫌でたまらぬ外国人の愛撫を受けるのには、最大の勇気を必要とするとでもいった具合に、息を殺していた。

大阪にいる間に、我々は大阪を去る十二哩の服部川と郡川の村に、ある種の古代の塚があるということを聞いた。我々は人力車に乗って完全に耕された大平原を横切った。目のとどくかぎり無数に、典型的な新英蘭のはねつるべがある。これは浅い井戸から灌漑用の水を汲み上げるのに使用する。塚はブリタニー〔ブルターニュ〕やスカンディナヴィアにあるものと同じ典型的なドルメン〔巨石墳墓〕で巨大な塚がさしわたし十呎あるいは十二呎の部屋へ通ずる長い狭い入口を覆っている。我々はそれ等を非常な興味を以て調べ、そして一千二百年、あるいはそれ以前の人々が、如何にしてこれ等の部屋の屋根を構成する巨大な石を持上げ得たかを、不思議に感じた。

京都の近郊は芸術と優雅の都、各種の点から興味の多い都のそれとして、如何にもふさわしいものである。清潔さ、厳粛さ、及び芸術的の雰囲気が人を印象する。数ある製陶の中心地——清水、五条坂、粟田——を訪れたことは、最も興味が深かった。

粗野な近接地と、陶器の破片で醜くされた周囲と土地とは見出されず、まるで巴里に近い有名な工房でも訪問しているようであった。綺麗な着物を着た附近の子供達は、我々が歩いて行くと、丁寧にお辞儀をした。製陶所の入口は控え目で質素であり、内へはいると家長が出て挨拶し即座に茶菓が供された。見受けるところ、小さな男の子や女の子から、弱々しい体力で、ある簡単な仕事の一部を受持つ老年の祖父までに至る家族の者だけが、仕事に携わるらしかった。製作高は外国貿易の為の陶器で、日本語では「ヨコハマ　ムケ」即ち横浜の方角、換言すれば輸出向きを意味する軽蔑的な言葉で呼ばれるものを除くと、僅少である。この仕事には多数の家族以外の者が雇われ、十ぐらいの男の子が花、胡蝶その他日本の神話から引き出した主題ではあるが、彼等の国内用品の装飾が繊美にも控え目であるのと反対に、これはまた胸が悪くなる程ゴテゴテした装飾を書きなぐっている。外国人の需要がある迄は直系の家族だけが、心静かに形も装飾も優雅な陶器を製作していたのである。今や構内をあげて目の廻るほど仕事をし、猫と杓子とその子供達とが総がかりで、バシャリバシャリ、何百何千と製造している。外国の代理人から十万組の茶碗と皿との註文があった。ある代理人が私に話したところによると「出来るだけ沢山の赤と金とを使え」というのが註文なのである。そして製品の——それは米国と欧洲とへ輸出される——あわただしさと粗雑さとは、日本人をして彼等の顧客が実に野蛮な趣味を持つ民族であることを確信させる。しかもこれ等の日本製品が我が国では魅力に富むものとされている。

京都に於ける私の時間の大部分は各所の製陶所で費され、それ等でも有名な道八、吉左衛門、永楽、六兵衛、亀亭等から私の陶器研究の材料を大いに手に入れ、彼等の過去の時代の家族の歴史、陶器署名の印象等を聞き知った。

京都から我々は大阪へ引きかえした。ここで私が東京で知合いになった学生の一人小川君が私をもてなして呉れようとしたが、私が日本料理に慣れ且つそれを好むことを知らない彼は、西洋風に料理されそして客に薦められると仮定されている物を出す日本の料理屋へ私を招いた。日本人は適切に教えられれば素晴しい西洋料理人になれる。私はそれ迄にも日本の西洋料理屋へ行った経験はあるが、何が言語道断だといって、この大阪に於ける企みは、実にその極致であった。出る料理出る料理一つ残らずふざけ切った「誤訳」で、私は好奇心から我々の料理を食った日本人は、どんな印象を受けたことだろうと思って見た。

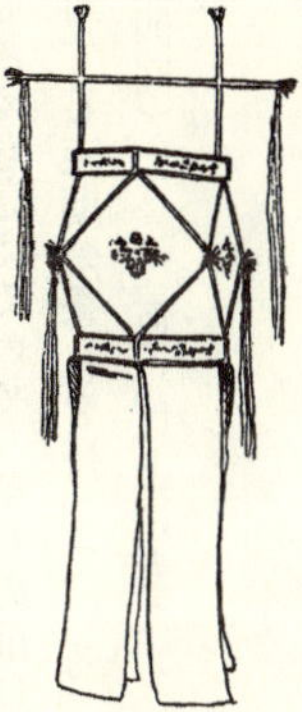

99 図

日本人は親の命日を神聖に記憶し、ふさわしい様式を以てその日を祭る。祖父母の命日でさえも覚えていて、墓石の前に新しい花や果実を供えて祭る。仏教徒もまた死者に対する定期の祭礼を持っている。この場合の為に奇妙な形をした提灯がつくられる（99図）が、二百年以上にもなる絵画にも、同じような提灯が出ている。

十八　講義と社交

私は動物学の学級のための試験問題を準備するのに多忙を極めた。今日の午後私は四時間ぶっ続けに試験をしたが、私は学生達を可哀想だと思った。彼等はここ一週間、化学、地質学、古生物学、植物学の試験を受けて来たのである。これ等の試験はすべて英語で行われる。英語は彼等が大学へ入学する迄に、完全に知っていなくてはならぬ語学なのである。

私は華族の子弟だけが通学する華族学校で、四回にわたる講義をすることを依頼された。華族学校は間口二百呎以上もある、大きな木造の二階建で、日本人が外国風を真似て建てた多くの建物同様、納屋式で非芸術的である。両端には百呎あるいはそれ以上後方に突出した翼があり、それ等にはさまれた地面を利用して大きな日本の地図が出来ている。これは地面を山脈、河川、湖沼等のある浮彫地図みたいに築き上げたもので、湖沼には水が充たしてあり、雨が降ると河川を水が流れる。富士山の頂上は白く塗って雪を示し、平原には短い緑草を植えこみ、山は本当の岩石で出来ている。

都邑はそれぞれの名を書いた札によって示される。大海には小さな鼠色の砂利が敷き詰めてあるが、太陽の光線を反射して水のように輝く。この美しくて教育的な地域を横切って、経度と緯度とを示す黒い針金が張ってある。小さな娘たちが、彼等の住む町や村を指示すべく、物腰やさしく砂利の上を歩くところは、誠に綺麗な光景であった。日本の本州はこの地域を斜に横たわり、長さ百呎を越えていた。それは日本のすべての仕事の特徴である通り、精細に、正確に設計してあり、また何百人という生徒のいる学校の庭にあるにもかかわらず、完全に保存されてあった。私はまたしても、同様な設置が我が国の学校園にあったとしたら、果してどんな状態に置かれるであろうかを考えさせられた。

私はこの学校で初めて、貴族の子供達でさえも、最も簡単な、そしてあたり前の服装をするのだということを知った。ここの生徒達は、質素な服装が断じて制服ではないのに拘らず、小学から中等学校に至る迄、普通の学校の生徒にくらべて、すこしも上等なみなりをしていない。階級の如何に関係なく学校の生徒の服装が一様に質素であることに、徐々に注意を惹かれつつあった私は、この華族学校に来て、疑問が氷解した。簡単な服装の制度を院長の立花子爵に質問すると、彼は日本には以前から富んだ家庭の人々が、通学する時の子供達に、貧しい子供達が自分の衣服を恥ずかしく思わぬように、質素な服装をさせる習慣があると答えた。その後同じ質問を偉大なる商業都市大阪で発したが、同じ返事を受けた。

この学校に於ける私の最後の講義には、皇族方や、多数の貴族やその家族達が出席された。率直さや礼儀正しさによって、まことに彼等は貴族の名に辱《は》じぬものがある。彼等の動作の、すこしもてらう所無き魅力は、言語に現し得ぬ。これは興味の深い経験であった。そして、通訳者を通じて講義せねばならぬので、最初は窮屈だったが、遂に私は一度に一章を云うことに慣れ、それを私の通訳者たる矢田部教授が日本語でくり返した。この最後の講義の後で、西洋風の正規の正餐が出たが、それは大したものであった。正餐に臨んだ人数は三百五十人で、私はひそかに彼等の動作や行為を観察した。静粛な会話、遠慮深い謝礼、お辞儀や譲合い、それ等はすべて極度の率直さと、見事な品のよさで色どられていた。

私は福澤氏の有名な学校で講演する招待を受けた。日本で面会した多数の名士中、福澤氏は私に活動力も知能も最もしっかりしている人の一人だという印象を与えた。私は実物や黒板図に依って私の講演を説明し、自然淘汰の簡単な要因を学生達に判らせようと努力した。この種の経験のどれに於ても、私は日本人が非常に早く要点を捕えることに気がついたが、その理由はすぐ判った。日本人は米国人が米国の動物や植物を知っているよりも遥かに多く、日本の動植物に馴染を持っているので、事実田舎の子供が花、きのこ、昆虫その他類似の物をよく知っている程度は、米国でこれ等を蒐集し、研究する人のそれと同じなのである。日本の田舎の子供は昆虫の数百の「種」に対する俗称を持っているが、米国の田舎の子供は十ぐらいしか持っていない。私は屢々彼の昆虫の構造上の細部に関する知識に驚いた。一例として、私が一人の小さな田舎の子で経験したことを挙げよう。私は懐中拡大鏡の力をかりて彼に、仰向けに置かれると飛び上る叩頭虫の奇妙な構造を見せていた。この構造を調べるには鏡玉〔レンズ〕が必要である。それは下方の最後の胸部環にある隆起から成っており、この隆起が最初の腹部切片にある承口にはまり込む。叩頭虫は背中で横になる時、胸部と腹部とを脊梁形に曲げ、隆起は承口を外れてその辺にのりかかる。そこで身体を腹面の方に曲げると、一瞬間承口の辺で支えられる隆起は激烈な弾き方を以てピンと承口の中へはまり込み、その結果虫が数吋空中へ飛び上る。さてこの構造をよく知っているのは、我が国では昆虫学者達にとどまると思うが、しかもこの日本の田舎児はそれを総べて知っていて、日本語では米搗き虫というのだといった。蹴爪《けづめ》即ち隆起が臼の杵と凹《くぼみ》とを現しているのである。彼はしかし、この構造を精巧な鏡玉で見て、大きによろこんでいた。

十九　一八八二年の日本

二ケ年と八ケ月留守にした後で、一八八二年六月五日、私は三度横浜に到着し、又しても必ず旅行家に印象づける音と香りと光景との新奇さを味わった。日本の芸術品を熱心に崇拝し、そして蒐集するドクタア・ウィリアム・スタージス・ビゲロウが、私の道づれであった。我々が上陸したのは夜の十時だったが、船中で死ぬかと思うほど腹をへらしていた我々は腹一杯食事をし、降る雨を冒して一寸した散歩に出かけた。ホテルに近い小川を渡り、我々は本村と呼ばれる狭い町をブラブラと行った。両側には小さな店が櫛比しているのだが、その多くは閉じてあった。木造の履物をカタカタいわせて歩く人々、提灯のきらめき、家の内から聞える声の不思議なつぶやき、茶と料理した食物との香り、それ等のすべてが、まるで私が最初にそれを経験するのであるかの如く、興味深く感じられた。

翌朝我々は東京へ行き、人力車で加賀屋敷へ行った。銀座と日本橋とが、馬車鉄道建設のために掘り返されているので、我々はお城の苑内を通行し、お堀を越したり、また暫くその横を走ったりした。本郷へ来ると何等の変化が無いので、嬉しかった。角の時計修繕屋、顎の無い奇妙な小さな人、トントンと魚を刻む男、単調な打音を立てる金箔師、桶屋、麦藁帽子屋――彼等は私が三年近くの前に別れた時と同じように働いている。加賀屋敷には大変化が起っていた。前にドクタア・マレーが住んでいた家の後には、大学の建物の基礎を準備するために、大きな納屋が幾つか建ててある。ドクタア・マレーの家には大きなL字型がつけ加えられ、この建物は外国の音楽を教える学校になるのである。ボストン市公立学校の老音楽教師ドクタア・メーソンが教師として雇われて来ているが、彼が今迄にやりとげた仕事は驚異ともいうべきである。彼は若い学生達と献身的に仕事をした結果、すでに信じ難い程度の進歩を示すに至った。外国人は日本の音楽を学ぶのに最大の困難を感じるが、日本の児童は我々の音楽を苦もなく学ぶものらしい。

陶器をさがした結果、意外な状態を見た。以前、骨董屋には興味ある品物が一杯あったのだが、今はそれがすくなく、茶の湯が復活して、茶碗、茶入その他の道具が再び使用されるようになったので、茶入は殊にすくなくなった。加之、英国と仏蘭西とで日本陶器の蒐集が大流行を来たし、また米国でも少数の人が日本の陶器の魅力に注目し始め、美術博物館さえがこれ等を鑑識し出した。

翌朝博物館へ行って見ると加藤総理の部屋に数名の日本人教授が私を待っていてくれた。菊池、箕作、矢田部、外山の諸教授と服部副総理がそれである。間もなくドクタア加藤も来た。若し握手のあたたかさや、心からなる声音が何物かを語るものとすれば、彼等は明らかに、私が彼等に会って悦ばしいと同程度に、私に会うことを悦んだ。九谷焼の茶碗にはいった最上のお茶と、飛切上等の葉巻とが一同にくばられ、我々はしばらくお互いに経験談を取りかわして愉快な時を過した。事務員は皆丁寧にお辞儀をし、使丁達は嬉しげに微笑で私を迎え、私は私が忘れられてしまわなかったのだということを感じた。動物学教授の箕作教授と一緒に、私は古い実験室へはいった。昔の私の小使「松」は相好を崩してよろこんだ。石川氏は一生懸命に繊美な絵を描きつつあった。以前の助手種田氏もそこに居合わせ、すこし年取って見えたが、依然として職務に忠実である。

しばらく見物した上で我々は往来を横切り、私の留守中に建てられた大きな二階建の建物へ行った。これは動物博物館なのである。帰国する前に行った私の最後の仕事は、二階建の建物の設計図を引くことであった。私の設計は徹底的に実現してある。私が最初につくった陳列箱と同じような新しい箱も沢山出来、そして大広間にはいって、私の等身大の肖像が手際よく額に納められ、総理の肖像と相対した壁にかけてあるのを見た時、私は実に嬉しく思ったことを告白せねばならぬ。私の大森貝墟に関する紀要に陶器の絵を描いた画家が、小さな写真から等身大の肖像画をつくったのであるが、確かによく似せて描いた。この博物館は私が考えていたものよりも、遥かによく出来上っていた。もっとも、すこし手伝えば、もっとよくなると思われる箇所も無いではないが――。

六月十日、私の子供達が行きつけた呉服屋その他の場所で私は即座に認識され、オバアサン、ジョン　サン、エディ　サンはどうしているかと尋ねられた。以前私の車夫をしていたタツが、彼の小さい娘を連れて私を訪問し、次の日には彼の神さんが、タツからの贈物であるところの、菓子の一箱を持ってやって来た。

六月十五日、ネットウ、チャプリン、ホウトンの諸教授を送る晩餐会に出席した。この会は芝公園に新しく建てられた紅葉館という、日本人の倶楽部に属する家で行われた。部屋はいずれも非常に美しく、古い木彫の驚くべき細工が、極めて効果的な方法でそれ等の部屋に使用してある。晩餐は、よい日本の正餐が総べてそうである如く、素晴しいものであった。食事半ばに古い日本の喜劇が演じられたが、その一つは一人の男が蚊の幽霊と争闘するものだった。また琴を弾く者達が、不思議な音楽をやった。（私は一人の日本人に、ミュージックの日本語は、直訳すると「音のたのしみ」を意味するということを聞いた。）食事が済むと、ゲイシャ達が踊ったり歌ったりし、私が三年前に見た老人の手品師が一芸当をやって見せた。

私は大学に於ける生物学会に列席した。この会は今や三十八人の会員を持っている。私は動物群の変化に就いて一寸した話をした。石川氏は甲殻類の保護色に関するある種の事実を報告した。私が設立した会が存在しているばかりでなく、正規的な月次会をやっているのを見ることは、興味深いものであった。

大学当局は私に天文観測所のすぐ裏にある小さな家をあてがってくれた。この家には部屋が二つと（その一つをドクタア・ビゲロウが占領する）大きな押入と、日本人の下僕と彼の神さんの居場所とがある。家のうしろが精神病院で、我々は時々急性な患者が発する鋭い叫び声によって活気づけられる患者の歌を子守歌として、眠りにつくのである。

六月三十日に私は生物学会主催の公開講演会で講演をした。会場は新しく建てられた大きな西洋館で千五百名分の座席がある。私が行った時には、ぎっしり人がつまっていた。有賀氏が私の通訳をつとめ、演題は人間の旧古で、人間の下等な起原を立証する図画を使用した。聴衆中には数名の仏教の僧侶と一人の朝鮮人とがいた。また見

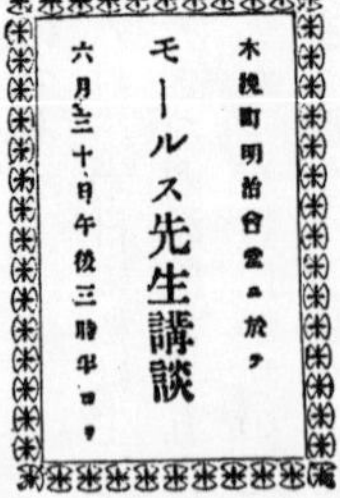

100 図

覚えのある顔も多く、彼等が私を親切な目で見詰めているのを見ると、旧友達の間へ立ち帰ったような気持がした。日本の婦人方も多数来聴され、タナダ子爵〔田中不二麿子爵〕及び夫人、蜷川その他の古物学者や学者達も来た。100図は入場券である。

七月二日、私はメーソン氏が西洋式に歌うように訓練した師範学校の学級の、公開演奏会に列席した。この会は古い支那学校〔聖堂？〕のよい音響上の性質を持っている見事な広間で行われた。学級につぐに学級が出て来て、各種の選曲を歌った。音楽それ自身は我が国の小学校の音楽で大してむずかしくはないが、彼等が我々の方式で歌うのを聞くことは驚くべきであった。彼等の声には、我が国の学校児童の特色であるところの潑剌たる元気は欠けていたが、しかも日本人は教えれば西洋式に歌い得ることは疑ない。もっとも我々式の音楽を彼等に扶植するのが望ましいことであるかどうかは、全然別問題である。ピアノの弾奏もあり、そのあるものは著しく上手だった。また、提琴〔ヴァイオリン〕、クラリネット、フリュート、バス・ヴィオル等の管絃団があって「栄光あるアポロ」、「平和の天使」、「ハーレックの人々」その他の曲を、まったくうまく演奏した。

七月五日、私は招かれて、日本水産委員会〔大日本水産会か〕で智的な日本人の聴衆を前に、講演をした。華族学校でお目にかかった皇族の一人が出席され、非常に親切に私に挨拶された。私は欧洲や米国の水産委員会がやりとげた事業と、魚類その他海産物の人工繁殖による成功とに就いて話をした。

七月十五日、私は東京女子師範学校の卒業式に行き、上壇ですべての演習を見得る場所の席を与えられた。主要な広間へ行く途中で、私は幼稚園の子供達が、可愛らしい行進遊戯をしているのを見た。そのあるものは床に達するほど長い袂の、美しい着物を着た、そしてこの上もなく愛くるしい顔をした者も多い、大勢の女の子達は、まことに魅力に富んだ光景であった。これが済むと彼等は大広間にはいって行ったが、子供達はヴァッサー大学卒業の永井嬢がピアノで弾く音楽に歩調を合わせて、中央の通路をすすんだ。彼等が坐ると、先生の一人によってそれぞれの名前が呼び上げられ、一人ずつ順番に壇上へ来て、大型の日本紙の巻物と、日本の贈物の手ぎれいな方法で墨と筆とを包み、紐の下に熨火《のし》をはさんだ物とを、贈物として受けるのであった。彼等は近づくと共に、非常に低くお辞儀をした。両手で贈物を受取ると、彼等はそれを頭の所へあげ、また低くお辞儀をして、段々の所まで後退した。実にちっぽけな子供までがヨチヨチやって来たが、特別に恥ずかしそうな様子の子が近づくと、壇上の皇族御夫妻から戸口番に至るまで一同が、うれしげな、そして同情に富んだ微笑を浮かべるのは、見ても興味が深かった。広い部屋を見渡し、かかる黒い頭の群れを見ることは奇妙であった。淡色の髪、赤い髪はいう迄もなし、鼠色の髪さえも無く、すべて磨き上げたような漆黒の頭髪で、鮮紅色の縮緬や、ヒラヒラする髪針〔ヘアピン〕で美しく装飾され、その背景をなす侍女達は立ち上って、心配そうに彼等各自の受持つ子供の位置を探すべく覗き込んでいる。小さな子供達が退出すると、次ぎには、より大きな娘達が入場したが、そこここに花のように浮かぶ色あざやかな簪《かんざし》は、黒色の海に、非常に美しい効果を与えた。大きな娘達は、名前を呼ばれると主要通路を極めて静かに歩いて来て、壇上の皇族御夫妻並びに集った来賓に丁寧に御辞儀をし、机に近づき、また低くお辞儀をして贈物を受取り、それをもう一つのお辞儀と共に頭にまで持ち上げ、徐々に左に曲って彼等の席に戻った。彼等の中には卒業する人が数名いたが、それ等の娘達は畳んだ免状を受取ると後向きに二歩退き、行儀正しく免状を開いて静かにそれを調べ、注意深く畳んでから、特殊な方法でそれを右手に持ち、再びお辞儀をして退いた。

卒業式が済むと来賓は、日本風の昼餐が供される各室へ、ぞろぞろとはいって行った。ある日本間では卒業生達に御飯が出ていたが、私は永井嬢と高嶺若夫人とを知っているので、庭を横切って彼等のいる部屋へ行き、そこに集った学級の仲間入りをして見た。美しく着かざった娘達が畳の上にお互いに向き合った長い二列をなして坐り、同様に美しく着かざった数名の娘にお給仕されているところは、綺麗であった。私は彼等のある者と共に酒を飲むことをすすめられ、また見た覚えのない娘が多数私にお辞儀をした。式の最中に、我々の唱歌が二、三唄われた。「平和の天使」「オールド・ラング・サイン〔蛍の光〕」等がそれであるが、この後者は特に上出来だった。続いて琴三つ、笙三つ、琵琶二つを伴奏とする日本の歌が唄われた。これは学校全体で唄った。先ず一人の若い婦人が、長く平べったく薄い木片を、同じ形の木片で直角に叩くことに依って、それは開始された。その音は鋭く、奇妙だった。彼女はそこで基調として、まるで高低の無い、長い、高い調子を発し、合唱が始った。この音楽は確かに非常に妖気を帯びていて、非常に印象的であったが、特異的に絶妙な伴奏と不思議な旋律とを以て、私がいまだかつて経験したことの無い、日本音楽の価値の印象を与えた。彼等の音楽は彼等が唄う時、我々のに比較して秀抜であるように聞えた。勿論彼等は我等の音楽中の最善のものを歌いもせず、また最善の方法で歌いもしなかったが、それにもかかわらず、ここに新しい方向に於ける音楽の力に関する感念を確保する機会がある。

二十　陸路京都へ

七月十六日、私は我々の南方諸国への旅行の荷造りをするのに、多忙であった。これは先ず陸路京都へ行き、それから汽船で瀬戸内海を通るのである。私の旅券は、すくなくとも十二の国々に対して有効である。中原氏が私に吉川氏の長い手紙を持って来てくれた。周防の国なる岩国にいる彼の親類に私を紹介したものである。封筒には先ず所と国との名前を、次ぎに人の名前を書く。そしてその一隅には、手紙に悪い知らせが書いてないことを示すために「平信」という字を書く。この字が無ければ凶報が期待され、受信者は先ず心を落着けてから手紙を読むことが出来る。我々は古い日本の生活をすこし見ることが出来るだろう。私は陶器の蒐集に多数の標本を増加しようと思う。ドクタア・ビゲロウは刀剣、鍔《つば》、漆器のいろいろな形式の物を手に入れるだろうし、フェノロサ氏は彼の顕著な絵画の蒐集を増大することであろう。かくて我々はボストンを中心に、世界のどこのよりも大きな、日本の美術品の蒐集を持つようになるであろう。

七月二十六日、我々は駅馬車と三頭の馬とを運輸機関として、陸路京都へ向う旅に出た。三枚橋で我々は馬車に別れ、その最も嶮しい箇所々々を、不規則な丸石で鋪道した急な山路を登った。フェノロサと私とは村まで八哩を歩き、ドクタアと一行の他の面々とは駕籠によった。ドクタアはこの旅行の方法を大いに楽しんだ。時々この上もない絶景が目にはいった。自分の足をたよりに、力強く進行することは、誠に気分を爽快にした。路のある箇所は非常に急だったが、我々は速く歩いた。その全体を通じて、我々が速く歩き、また駕籠かきが一人当り駕籠の重さその他すべてを勘定して、殆ど百听近くを支持していたにかかわらず、彼等が我々について来たことは、興味があった。時々我等は、重い荷を肩にかけた人が、これもまた速く歩いて峠を旅行するのに出合った。彼等は十二哩離れた小田原へ行く途中なのであった。

箱根に於ける我々の旅舎は、石を投げれば湖に届くくらいのところにあり、向うには湖水をめぐる山々の上に、富士が高くぬきんでて聳えている。ここは海抜二千呎、湖の水は冷たくて澄み、空気は清新で人を元気にする。

この陸路の旅の旅程記を記憶することは困難であった。我々にはある日が一週の何曜日であるか一月《ひとつき》の何日目であるか、判らなくなってしまった。ある時の駕籠乗行は素晴しく、ある時は飽き飽きさせた。美しい景色を見た。広くて浅い河にかけた長い橋をいくつか渡った。興味のある茶店で休んだ。そしてあらゆる時に、この国民を他のすべての上に特長づける、礼儀正しい優待を受けた。我々は随所で、古い陶器や絵画やそれに類したものを探して、一時間前後を費し——浜松と静岡には一日いた——名古屋には数日滞在した。

最後の日の午後、我々は名古屋城へ行った。これは日本に於て、最もよく保存された城の一つで、高さ百五十呎、壁は巨大で、部屋は広大である。一六一〇年から一二年に亘って建てられ、高く四周にぬきんでて立ち、その窓からは素晴しい景色が見られる。巨大な石垣と深い堀が辺りを取り巻いている。その周囲の建物には広々とした部屋があり、襖はその時代の最も有名な芸術家によって装飾され、木彫も有名な木彫家の手に成ったものである。ある部屋には高さ七呎ばかりの、この城の雛型があった。これは城それ自身が建てられる前に、それに依って建築すべき模型として造られたのであるから、非常に興味がある。

101図は番人が城内の当事者に我々の名刺を届けに行くのを待つ間に、いそいでした写生図である。これは極めて朧気に城の外見の感念を伝えるに過ぎぬ。この建築の巨大さと荘厳さとは著しいものである。建築上からいうとこの城は、上を向いた屋根のかさなり、破風に続く破風、大きな銅の瓦、屋根の角稜への重々しい肋、偉大な屋根の堂々たる曲線、最高の屋梁の両端に、陽光を受けて輝く、純金の鱗を持つ尨大な海豚等で、見る者に驚異の印象を与える。黄金は殆ど百万弗の三分の一の価値を持っている。我々は頑丈な、石垣の間の通路をぬけ、幅の広い石段を上って、主要な城へと導かれた。厚い戸をあけると、そこは広々とした一室で、壁や天井の桁の大きさは、封建時代にあって、かかる建築が如何に強いものであるかを示していた。我々は階段をいくつもいくつも登り、登り切るたびに、しっかり出来上った広くて低い部屋へ出ては、百十二の高い段々を経て上方の部屋に達した。この勘定には入口に達する石段や斜面の段ははいっていない。上の広間の窓からは、あたりの範囲のひろい、そして魅力に富んだ景色が見られた。そこから流れ込む気持のいい風は、登って暑くなった我々にとって、誠に有難いものであった。

101　図

我々は名残惜しくも城を後にし、急いで旅館へ帰って、七時京都へ向けて出発する迄に荷造りをした。我々の人力車はのろのろと進んだが、景色や、輝かしい入日や、休息は悦ばしかった。九時我々は河の畔に出、五哩にわたって、その静かな水面を長閑《のどか》に漕ぐ舟で行った。我々の上陸地は、万古として知られる陶器で有名な四日市であった。そこは明か明かと照明され、遠方から見るとまるで新英蘭の町みたいであった。石の傾斜面に上陸した時我々は、何等かの祭礼が行われつつあることを知った。河岸には氷を売る小さな小舎がけが立ち並び、我々も床几《しょうぎ》に坐って数回氷を飲んだ。氷は鉋で削るので、鉋はひっくりかえしに固定してある。その鉋の上で一塊の氷を前後に動かすと、下にある皿が、いわば鉋屑ともいうべきものを受け、それに砂糖小量を加え、粉茶で香りをつけるのだが、非常に涼味ある小菓で、我々が子供の時雪で作ったアイスクリームに近いものである。氷は非常に高く一斤十六仙から二十仙までするが、これは一杯一仙で売られる。我が都市の貧しい区画にも、同じ習慣を持って行ったらよかろう。

祭礼のために町は雑沓し、旅館はいずれも満員なので、我々は止むを得ず午前二時半に出発して次の町まで人力車を走らせたが、目的地へ着いた時には雞が鳴き始め、夜も白々と明けかけていた。我々は疲れ切っていたので、よろこんで貧しい小さな宿屋で横になり数時間睡《ね》た。私は八時に起き、貧弱な飯の朝飯をとった後、如何にして手づくりの万古がつくられるかを見出すべく、再び四日市へ引き返した。私は有名な半助に会ったが、この男は指だけで器用に粘土を捏ねて形をつくり、美しくも小さな急須を製出する。私はこの陶工に関する詳しい覚書をとり、幾枚かの写生をした。

二時三十分我々は出発し、山間の谿谷の最も景色のよい所を登って、ここも伊勢の国の、山にかこまれた坂下に着いた。我々はここで一夜を送り、翌朝は人力車一台に車夫二人ずつをつけて速く進み、二時半大津着、四時半京都に着いた。即座に我々は山の中腹高くに位置し、全市を見おろす也阿弥ホテルへと車を走らせた。このホテルは日本風ではあるが、西洋風に経営されていて、それ迄の、各様な日本食の後をうけて、半焼のビフテキ、焼馬鈴薯、それからよい珈琲は、誠に美味であった。我々のいる建物に達するには、長い坂と石段とを登らなくてはならぬが、これが中々楽でない。部屋にはいずれも広い張出縁と、魅力に富んだ周囲とがあり佳良である。私は屋根の一つある、一間きりの小さな家を占領しているが、張出縁から小さな反り橋がこれに通じ（102図）、灌木の叢が床と同じ高さまで生え繁っている。私の写生帳は襖や格子細工や窓の枠や美しい欄間やで一杯である。それ等の意匠の典雅と美麗とは即席の写生図で示すことは不可能である。薄板に施した形板きざみは完全で、例えば打ちよせる波は、奇妙な牧羊杖の手法と空中にかかる各々の水滴とで、あくまで月並ではあるが、しかも速写写真が示す波の外見を、そっくり表わしている。数百哩にわたってこの国を旅行する人が驚かずにいられぬのは、如何に辺鄙な寒村にでも、これ等の仕事を充分やり得る腕を持つ、大工や指物師や意匠家がいることである。

京都は確かに芸術的日本の芸術的中心である。いたる所で人はその証拠を見る――

商店、住宅、垣根、屋根の上、窓、襖、それを辷らせる装置、格子、露台の手摺。看板さえも趣味を以て考案され、芸術と上品さとがいたる所にある。加之、私は日本中で京都ほど娘達や小さな子供が、綺麗な着物を着ている所を見たことが無い。頭髪の結び方には特徴があり、帯の縮緬と頭の装飾とは燦然としている。我々の旅館は山の斜面に、立木と仏閣とにかこまれて立っている。この要害の地から人は日没時、市を横切る陽光の驚くべき効果を見る。夕暮には、歌の声と琴の音と笑い声とが聞える。声高い朗吟《ごんぎょう》が聞える。そのすべてにまざって、近所で僧侶が勤行をする、眠くなるような唸り声が伝わって来る。まったく、僧侶たちが祈禱する時に出す音は、昆虫の羽音と容易に区別しがたい。昨夜僧侶の誦経にまざって、急激な軽打とも鳴音ともいうべきものを聞いた。これは私が江ノ島で聞いた、そこで鈴虫と呼ばれる昆虫と、全く同じであった。気温が高まるにつれて、このキーキー叫ぶ昆虫の声音は速くなって行く。私は懐中時

102 図

計を取り出し、一分の四分の一に、三十五回の鼓拍を数えた。だが、寒暖計を見る前に、一人の召使に、あんな音を立てるのはどんな虫なのかと聞いたところが、あれは僧侶の鈴の音だという返事であった。

この市の中を、幅の広い、浅い河が流れている。今や水がすくなく、あちらこちら河床が現れて、大きな、平べったい丸石が出ている。かかる広い区域には高さ一呎で、畳一畳、時としては二畳ぐらいの広さの、低い卓子が沢山置かれる。日本人はこれ等の卓子を借り受け、多人数の会合が隣り合って場を占める。晩方には家族が集り、茶を飲み、晩食をとり、そして日没を楽しむ。河に架った橋から見る光景は、台がいずれも色あざやかな、いくつかの灯籠で照明されているので、驚くほど美しく、目のとどくかぎり色彩の海で、ところどころ、乾いた河床に篝火が燃えさかる。我々と一緒にいるグリノウ氏は、これはヴェニスの謝肉祭の光景に匹敵するといった。

二十一　瀬戸内海

我々は八月十日京都を後にして瀬戸内海へ向った。途中大阪で二日を送ったが、ここで我々は陶器と絵画とを探っているフェノロサ、有賀両氏と落ち合った。河上でお祭騒ぎが行われつつあったので、ドクタアは大きな舟をやとい、舞妓、食物、花火その他を積み込んだ。我々はグリノウ氏も招いた。それは大層楽しい一夜で、川は陽気な光景を呈した。遊山船は美しく建造され、底は広くて楽に坐れ、完全に乾いている。そしてゆっくりと前後に行きかう何百という愉快な集団、三味線と琴の音、歌い声と笑い声、無数の色あざやかな提灯、それ等は容易に記憶から消え去らぬ場面をつくり出していた。米国の都邑の殆どすべてに、河か入江か池か湖水かがあるのに、何故米国人は同様な祭日を楽しむことが出来ないのであろうか。だが、水上に於けるこのような集合は、行儀のいい国でのみ可能なことではある。

我々は朝の五時、小さな汽船で、安芸国の広島に向って、京都［?］を立った。我々は汽船の一方の舷側に、かなり大きな一部屋を、我々だけで占領した。この船は日本人の体格に合わせて建造されたので、船室や通路が極めて低く、我々は動きまわる度ごとに、間断なく頭をぶつけた。航海中の大部分を我々は甲板で、美しい景色に感心した。午後六時広島の沖合に着き、我々を待っていた小舟に乗り移って、一時間ばかり漕いで行ったというよりも、舟夫たちはその殆ど全部を浅い水に棹さして、川の入口まで舟をはこばせた。それは幅の広い、浅い川で、我々は堂々と積み上げた橋の下を、幾つかぬけて、ゆっくりと進んで行った。両岸には、多く黒塗りの土蔵をのせたしっかりした石垣が並んでいた。まだ早いのだが、あまり人影は見えず灯も僅かで、川上の交通は無い。この外観は我々に、非常に圧迫的な、憂鬱な感を与えた。大阪の商業的活動と、この陰気な場所との対照は、極端なものであった。これは人口十万人の都会である。しかもその人々は、虎列拉が猖獗を極めているからでもあろうが、みんな死んでしまったかの如くである。我々は旅館を見出すのにひまどった。あすこがいいと勧められて来た旅館は、虎列拉で主人を失ったばかりなのである。で我々は、飢えた胃袋と疲れた身体とを持ちあぐみながら、黒色の建物の長い行列と、背の高い凄味を帯びた橋と、到る所を支配する死の如き沈黙とに極度に抑圧されて、一時間ばかり舟中に坐っていた。最後に我々を泊めてくれる旅館が見つかったので、川を下り、対岸に渡って、その旅館の裏手ともいうべき所へ上陸した。荷物を持ち出し、石段を上って長い、暗い、狭い小路を歩いて行くと、我々は未だ嘗て経験しなかった程こぢんまりした、最も清潔な旅館に着いた。フェノロサと有賀とは、西洋料理店があることを聞き、我々を残して彼等がよりよき食物であろうと考えるものを食いに行ったが、ドクタアと私とは運を天に任せて日本食をとることにし、実に上等な晩飯にありついた。

翌朝私は早くから、古い陶器店をあさりに出かけた。旅館の日本人の一人が私の探求に興味を持ち、親切にも私を、私が求める品を持っていそうな商人のすべてへ、案内してくれた。彼はまた商人達に向って、彼等が集め得るものを持って私に見せるために旅館へ来いといった。その結果、その日一日中、よい物、悪い物、どっちつかずの物を持った商人の洪水が、我々の部屋へ流れ込んだ。前夜の、所謂西洋料理に呆れ果てたフェノロサは、広島と、これから行こうとする宮島及び岩国に対する興味をすべて失ってしまい、有賀と一緒に大阪と京都とへ向けて引きかえした。八月十五日、ドクタア・ビゲロウと私とは、清潔な新造日本船に乗って瀬戸内海の旅に出た。旅館を退去する前に、ふと私は日本の戎克《ジャンク》なるものが、およそ世界中の船舶の中で、最も不安定なものであり、若し我々が海へ落ちるとしたら、私の懐中時計は駄目になってしまうということを考えた。それに、岩国では日本人達のお客様になることになっているのだから、そう沢山金を持って行く必要も無い。そこで亭主に、私が帰るまで時計と金とをあずかってくれぬかと聞いたら、彼は快く承知した。召使が一人、蓋の無い、浅い塗盆を持って私の部屋へ来て、それが私の所有品を入れる物だといった。で、それ等を彼女が私に向って差出している盆に入れると、彼女はその盆を畳の上においた儘、出て行った。しばらくの間、私は、いう迄もないが彼女がそれを主人の所へ持って行き、主人は何等かの方法でそれを保護するものと思って、じりじりしながら待っていた。しかし下女はかえって来ない。私は彼女を呼んで、何故盆をここに置いて行くのかと質ねた。彼女はここに置いてもいいのですと答える。私は主人を呼んだ。彼もまた、ここに置いておいても絶対に安全であり、彼はこれ等を入れる金庫も、他の品物も、持っていないのであるといった。未だかつて日本中の如何なる襖にも、錠も鍵も閂《かんぬき》も見たことが無い事実からして、この国民が如何に正直であるかを理解した私は、この実験を敢えてしようと決心し、恐らく私の留守中に何回も客がはいるであろうし、また家中の召使でも投宿客でもが、楽々と入り得るこの部屋に、蓋の無い盆に銀貨と紙幣とで八十弗と金時計とを入れたものを残して去った。我々は一週間にわたる旅をしたのであるが、帰って見ると時計はいうに及ばず、小銭の一仙にいたるまで、私がそれ等を残して行った時と全く同様に、蓋の無い盆の上に載っていた。米国や英国の旅館の戸口にはってある印刷した警告や、訓警の注意書を思い出し、それをこの経験と比較する人は、いやでも日本人が生得正直であることを認めざるを得ない。しかも私はこのような実例を、沢山あげることが出来る。日本人が我国へ来て、柄杓が泉水飲場に鎖で取りつけられ、寒暖計が壁にねじでとめられ、靴拭いが階段に固着してあり、あらゆる旅館の内部では石鹼やタオルを盗むことを阻止する方法が講じてあるのを見たら、定めし面白がることであろう。

我々が岩国の村へはいると、人々はまだ起きていた。彼等が町に並び、そして私がそれ迄に見たことのないような遣り方で、我々をジロジロ見たところから察すると、彼等は我々を待ち受けていたものらしい。最後に外国人が来てから、七年になるということ。群衆から念入りに凝視されると、感情の奇妙な混合を覚える。ある点で、これには誠に面喰う。あらゆる動作が監視されつつあることを知ると共に、吾人は我々の動作のある物が、凝視者にとって如何に馬鹿げているか、或いは玄妙不可思議であるかに違いないと感じる。吾人は無関心を装うが、しかも凝視されることによって、威厳と重要さとが我が身に加ったことを自認する。我等は特に彼等の注意心を刺戟するような真似をする。一例として、我が国の現代の婦人と同様に、日本人はポケットなるものを知らぬのだが、何かさがしてポケットを裏返しにしたり、又、如何にもうるさそうな身振をして笑わせたり、時に自分自身が、愚にもつかぬ真似をしていることに気がつくが、しかもそれは、冷静で自然であることを示すべく、努力している結果なのである。

翌朝我々は、またしても忙しい日を送るべく、夙く起きた。将軍家がくつがえされた一八六八年の革命後、吉川《きっかわ》公は東京に居を定めた。この地方の政府はミカドの復興に伴ういろいろな事件で混乱に陥り、家臣の非常な大多数が自力で生活しなければならなくなり、この大名の以前の隷属者達のために何等かの職業を見つける必要が起った。吉川公の家来であるところの紳士が数名、仲間同志で会社を組織し、そして紡績工場を建てた。この計画は吉川公も奨励し、多額な金をこの事業に投資した。今日では広い建物いくつかに、木綿布を製造するすべての機械が据えつけてある。これ等は粗末な、原始的な、木造の機械ではあるが、しかもみな、我が国の紡績工場にある大きな機械に似ている。百人以上の女と三十人の男とが雇われているが、男は全部袴をはき、サムライ階級に属することを示している。糸以外にこの工場は一年に十万碼《ヤード》〔約九十一キロメートル〕に近い木綿布を産出する。二人の強そうなサムライが、踏み車を辛抱強く踏んで、機械のある部分に動力を与えているのは、面白かった。また外にある部屋には、ある機械を動かす装置があり、これもまたサムライが廻転していたが、彼等は我々が覗き込むと席を下りて丁寧にお辞儀をした。事実、建物の一つの二階にある長い部屋を歩いて行くと、事務員が一人残らず——事務員は多数いた——我々にお辞儀をした。部屋のつきあたりまで行くと、そこは床の上に大きな絨氈《じゅうたん》が敷いてあり、我々にお茶が出た。そこで事務所に雇われている事務員その他が四、五人ずつやって来て、我々が膝をついた位置にいたので、膝をついてお辞儀をした。我々が工場の庭にはいった時から、工場を見廻っていた最中、人々は皆三須氏と我々とにお辞儀をしたが、三須氏が職工に対して如何にも丁寧で親切であるのは興味深く思われた。彼はドクタアの強力な拡大鏡を借りて職工達に、織物は廓大するとどんなに見えるかを示した。事務所の入口には事務員、職工、従者等の名前がかけてあった。彼等は互助会を組織し、病人が出来た時に救うために小額の賦課を払う。我々をこの上もなく驚かしたのは、埃や油がまるで無いことであった。どの娘も清潔に、身ぎれいに見え、誰でも皆愉快そうで、この人達よりも幸福で清潔な人達は、私は見たことがない。ラスキンがこれを見たら、第七天国にいるような気がするだろう。

四時、我々は工場を退去し、数名の紳士に伴われて宿舎に帰った。そこには人力車が待っていたので、最後のさよならを告げた。白い木綿の大きな四角い包が我々の各々に贈られた。ドクタアは岩国の有名な刀鍛冶が作った、木の鞘《さや》にはいった刀を二振手に入れ、私は数個の古い岩国陶器を貰った。我々は世話をしてくれた二十二人の人々に、僅かな贈物をすることが出来た。旅館の勘定をしてくれというと、それは既に支払ってあるとのことで、更に海岸までの人力車も支払済みであった。事実、我々は文字通り、これ等のもてなしぶりのいい人々の掌中にあったのである。その後我々は吉川氏が、我々を迎える準備のために、人を一人、東京から差しつかわしたことを知った。最後に我々は何百というお辞儀にとりまかれて出発した。そして日本民族、殊に吉川公と、政治的の変化があったにもかかわらず、吉川公に昔と同じ忠誠をつくす彼の忠義な家来達に対する、圧倒的な感謝の念と愛情とを胸にいだいて、速に主要街路を走りぬけて田舎に出た我々を、好奇心の強い沢山の顔が、微笑を以て見送るのであった。

二十二　京都及びその附近での陶器さがし

朝鮮で恐るべき暴動が起り、数名の日本人が虐殺されてから、まだ一月《ひとつき》にならぬ。日本の新聞がこの報道を受けた時、私は京都にいたが、この事件に関する興奮は、私に南北戦争が勃発した後の数日を聯想させた。大阪は兵士三個聯隊を徴募し、百万弗を醵金《きょきん》することになり、北西海岸遥か遠くに位置する新潟は兵士半個聯隊を徴募し、十万弗を寄附することになった。私は以下に述べる出来ごとの真価が、充分了解される為に、かかる詳細をかかげるのである。国中が朝鮮の高圧手段に憤慨し、日本の軍隊が鎮南浦まで退却することを余儀なくされた最中に私は京都へ行く途中、二人の朝鮮人と同じ汽車に乗り合わした。私も朝鮮人はめったに見たことが無いが、車室内の日本人達は、彼等がこの二人を凝視した有様から察すると、一度も朝鮮人を見たことが無いらしい。二人は大阪で下車した。私も切符を犠牲に供して二人の後を追った。彼等は護衛を連れていず、巡査さえも一緒にいなかったが、事実護衛の必要は無かった。彼等の目立ちやすい白い服装や、奇妙な馬の毛の帽子や、靴や、その他すべてが私は、群衆が彼等を取りまいた。私は、日本人にも珍しいので、群衆が彼等を取りまいた。私は、あるいは敵意を含む身振か、嘲弄するような言葉かを発見することが出来るかと思って、草疲れてしまうまで彼等のあとをつけた。だが日本人は、この二人が、彼等の故国に於て行われつつある暴行に、まるで無関係であることを理解せぬほど莫迦ではなく、彼等は平素の通りの礼儀正しさを以て扱われた。自然私は我が国に於ける戦さの最中に、北方人が南方でどんな風に取扱われたかを思い浮かべ、又しても私自身に、どっちの国民の方がより高く文明的であるかを訊ねるのであった。

六兵衛の製陶所にいた時、この老人は数年前つくった水差を見せながら、私にとっては新しい身振をした。それは二つの拳を、前後に並べて鼻の上においたことである。彼が何を意味するのか、私は不思議に思ったが、これは誇を示すものだと教わった。天狗と呼ばれる聡明な老人が、面でも絵でも、並々ならず長い鼻を持っている人として表現されているので、知識又は褒めてよい誇を現す時には、このように二つの拳を鼻の先へ持って行くのである。

京都では数日間田原氏と共に、有名な陶工を訪問するのに全時間を費し、彼等から家族の現代及び過去、各種の印の刷り、その他に関する知識を豊富に得た。六兵衛は私と再会してよろこんだらしく、すぐさま私が前に訪問した時つくった湯呑を持って来た。彼はそれを焼き、釉をつけたのである。私はそれ等の底にMと記号し、内側に貝を描いたが、六兵衛は外側に漢字で「六兵衛助力」と書いた。私はその一個を彼に与えたところが、彼は鄭重にもよろこんだらしい様子をした。私は彼から陶器づくりに使用する道具をひとそろい手に入れた。

六兵衛のところから、我々は楽の陶工吉左衛門のところへ行った。彼の家は質素なものであった。この老陶工は三百年来「楽」といわれる一種独特な陶器をつくりつつある家族の第十二世にあたる。彼は我々を招き入れ、我々は六兵衛のところから来たといって、我々自身を紹介した。彼は私の質問すべてに対して親切に返事をし、各代の作品を代表する楽の茶碗の完全な一組を見せてくれた。私は記号の輪郭と摩写とをとった。次ぎに彼は仕事場を見せた。仕事をするのは家族の直接関係にある人々のみで、外来者は一向関係せぬらしい。窯は非常に小さく殊に有名な茶碗を焼く窯は、茶碗一つを入れるだけの大きさしかない。それ等の茶碗は旋盤上でつくらず、手で形をつけ、両辺を削る。彼は我々に粉茶とお菓子とを出したが、我々がそれを飲んでいる間に、可愛らしい子供が出て来て私に抱かった。

彼の部屋には手紙を懸物にした物があった。これは太閤時代の有名な将軍で、拳固で一撲りしたら虎が死んだという噂のある加藤清正から来たもので、初代の楽に、茶碗をつくることを依頼した手紙である。家族は代々、それを大切に保存して来た。彼はまた初代の楽がつくった陶器を見せた。それは神話的の獅子で、これもこの一家の創立者の大切な家宝として伝わって来た。信長が戦さに破れ、彼の邸宅が全焼した時、第一世の楽がその廃墟からこの品を救い出したものらしい。

翌日は日本有数の陶工の一人である永楽を訪問した。我々はここでも、他の製陶場に於けると同様懇《ねんごろ》にもてなされた。挽茶と菓子とが供され、永楽は非常に注意深く私の質問に耳を傾けた後、彼が十三代目にあたるその家族の歴史をすっかり話して聞かせた。田原氏がこの会話――それは私の陶器紀要に出ることになっている――を記録している間に、私は我々のいる部屋を写生した。天井にはめた驚くべき四角い樫の鏡板は、私が見た物の中で最も美しいものであった。永楽の家で私は壁土の興味ある取扱いに気がついた。それは壁を塗るとすぐに、鉄の鑢屑《やすりくず》を吹きかける。するとこの粉末が酸化して、あたたかみを帯びた褐色を呈するのである。

永楽から我々はもう一つ別の清水の陶工蔵六を訪れたが、ここで私ははじめて、仁清、朝日その他の有名な陶器の贋物が、どこで出来るかを発見した。この件に関する不思議な点は、蔵六と彼の弟とが自分等が贋物を作っていることを、一向に恥ずかしがらぬらしいことである。彼等は父親の細工を見せたが、その中には仁清の記号をつけた茶碗が幾つかはいっていた！

京都の南禅寺では、僧侶が陶器の小蒐集を見せてくれたが、大したものは一つもなかった。有名な茶人小堀遠州が二百五十年前に建てた茶室は、茶の湯の簡素と荘厳とに相応しい、意匠の簡単さのよい例である。

大阪にいた時、一人の日本人が私に米の取引所へ一緒に行かぬか、非常に奇妙な光景が見られるからといった。その建物に近づくと奇妙な人の叫び声の混合が聞えて来て、私にシカゴの穀物取引所を思い出させた。取引所にはいると、そこには同じような仲買人や投機人達の騒々しい群れがいて、身ぶりをしたり、手をふり上げたり、声を限りと叫んでいたりした。驚いた私は、私を連れて行った日本人に、一体いつこんな習慣が輸入されたのかと聞いたが、彼はまたこれと同じような集合をシカゴ、紐育、ボストンその他の大都会で見ることが出来るという私の話を聞いて、吃驚してしまった。この人達は米の仲買人で、全く同一な条件と要求とが、同一な行為を惹起したのである。

二十三　東京に関する覚書

十月十八日、私の部屋へ親子二人づれの朝鮮人が来た。父親は朝鮮政府の高官だったが最近の叛乱に際して、身を以て逃れた。子息は東京の学校で日本語を勉強しつつあり、宮岡の友人である。宮岡がこの青年と相談して、父親を私の所へ連れて来させたので、私は若し出来れば彼から古物、陶器の窯、矢を射発する方法その他に関する話を聞くことにしてあった。彼等は名刺を差し出した。父親は非常に静かで威厳があったが、一種真面目な調子で深く私の質問に興味を持ち、子息は極めて秀麗で、日本人の顔の多くに現れる特異な愛くるしさを持っていた。二人とも美しい褐色の眼を持ち、二人とも嘗て日本にその芸術の多くを教えた、過去に於ける祖国の智的高度が、今日の如く甚しく墜落し、腐敗したことを理解しているかの如く、陰気で悲しそうであった。私が望むところの教示を受けようとする父親に質問することは、幾分困難であった。私は先ず宮岡に話し、彼がそれを日本語に訳して子息に話すと、次ぎに子息が日本語をまるで知らぬ父親に、それを朝鮮語に訳し、答は同様な障碍の多い路筋を通って返って来る。朝鮮語と日本語との音の対照は際立っていたし、興味もあった。時として朝鮮語は仏蘭西語に似ているようにも思われたが、仏蘭西語と支那語と日本語とを一緒にしたようなものだというのが、一番よく朝鮮語の発音を説明するであろう。子息が父親に話しかけるのに必ず恭々しく、且つ上品な態度をとったことは目立った。質問に続くに質問が発せられたが、英語、日本語、朝鮮語の全域を通じて到達し、朝鮮語、日本語、英語を通じて返事が返って来るのだから、それは如何にも遅々たるものであった。陶器はいまだに朝鮮でつくられる。白い石のようなものも、藍で装飾したものも、やわらかいのもあるが、すべてこの上なく貧弱な質である。製陶の窯は丘の横腹につくられ、父親が描いた怪しげな画から判断すると、日本のそれに似ているらしい。丘が無ければ、そのために斜面をつくる。その下部では熱が強すぎ、上端では不足するので、焼く時にかなりな陶器が駄目になる。旋盤は足で蹴るので、昔この装置が朝鮮から輸入された肥前、肥後、薩摩で使用される物と同じい。大きな甕は粘土の輪を積み上げ、それを手でくっつけ合わせてつくる。内側には四角か円の内に切り込んだ、印版を使用するが、大きな品の内部にはよく銘刻が見られる。私は父親に、古筆氏が朝鮮のものだと鑑定した数個の陶器を見せたが、彼もそれ等をそうであると認めた。私が持っている古い墓から出た形式のある物を、彼は朝鮮では一つしか見ていないといったが、それも古い埋葬所から出たものであった。彼はドルメン［卓石］のことも貝塚のことも聞いたことが無く、更に彼は考古学の研究といったようなことは、朝鮮では耳にしたことが無く、古い物は極めて僅かしか保存されていないとつけ加えた。彼は、そのある物は大きく、人が住んだ形跡のあるという洞窟のことは聞いていた。日本の古代の埋葬場で発見される「曲玉」と呼ばれるコンマの形をした装飾品は、朝鮮では見たことが無いといった。

弓道では朝鮮人は弓を引くのに、右手ばかりでなく左手も使用し、左手の方を、よりよい手であると考える。方法を示すのに父親は左手を用いた。弓はしっかりと握り弓籠手をつける。また骨製或いは金属製の拇指環をつける。朝鮮人は屢々百六十歩の所で練習をするが、これは恐らくヨークでの百碼の距離の定数放箭よりもえらいであろう。父親は紙をきりぬいて拇指環の雛型をつくった。彼は鉛筆を使うことはまるで出来ぬらしく、必ず紙の一片を取って、それを畳んだり、曲げたり、鋏で切ったりして、彼が説明しようとするところのものを示した。ドクタア・オリヴァ・ウェンデル・ホルムスはかつて私に、自分は鉛筆では何もすることが出来ぬが、鋏で紙をきれば、好き勝手な形をつくることが出来ると語った。朝鮮の弓のある物は非常に強く、朝鮮の弓術家たちは彼等の強力な弓を引くために、各種の運動によって特に筋肉をならす。この朝鮮人が、朝鮮には考古学的の興味がまるで無いことを、正直に告白した言葉は私の哀情をそそった。彼は彼等が持つ唯一の遺物は彼等自身だといい、そしてそれをいった時いずれといえば悲しげに笑った。彼等は日本人を西洋文明の前衛軍と看做しているが、若し一般の朝鮮人が日本に対して持つ憎悪の念を緩和することが出来れば、それこそ朝鮮にとってはこの上なしである。日本人は東方の蛮人から得た多くの事柄を、彼等に教えることが出来る。

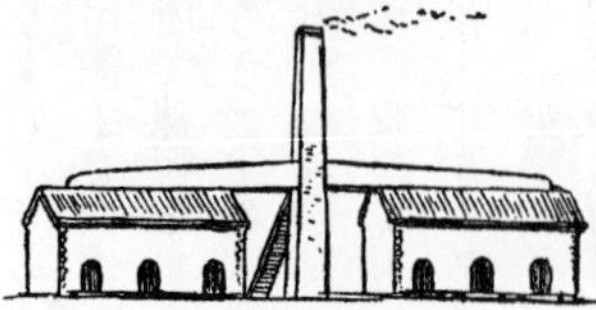

103 図

十月二十六日、ドクタア・ビゲロウと私とは機会を得て東京千住の火葬場を見に行った。衛生局の長官から許可を受け、我々は午後九時竹中氏と一緒に火葬場へ向って出発した。そこ迄は人力車で一時間かかった。私は陰気な小屋や建物のある、物淋しい場所を見ることだろうと予期していたが、それに反して私が見たのは、掃き清めた地面、きちんとした垣根、どこででも見受ける数本の美しい樹等、都会の公共造営物に関係のある事象であった。道の片側には火葬場があった(103図)。それは二つの、長さ七十二呎、幅二十四呎という煉瓦づくりの一階建の建物から成っている。この二つの建物は一列に並んでいるのだが、五十呎の空間をさしはさんで、離れている。ここには高い四角な煙突が立っていて、この煙突に建物の屋棟から大きな鉄製の煙道が通じている。各々の建物は辷る戸のついた入口を持つ三つの部分にわかれている。写生図に示す如く、段々が煙突と煙道との交叉点にある足場まで達していて、ここには多数の死体を同時に火葬する場合、上に向う通風をよくするために、石炭を燃す装置が出来ている。

死体を灰にするのに使用する諸設備の簡単さと清潔さとは、大いに我々に興味を持たせた。竈《かまど》（というよりも炉といった方がよい）は地面にあり、身を曲げた位置の死骸を、薪二本と少量のたきつけとから成る火葬堆の上にのせる。しばらく火が燃えてから、その上に藁製の米俵をかぶせる。炉は底石と二つの側石と一つの頭石とで出来ている。死体は三時間で焼き尽くされる。我々が見たのは二時間燃焼したものである。杖で藁を押しのけたら、只大きな骨が僅か見えただけであったが、それらも石灰化していた。部屋は煙で充ちていたが、それは死体からよりも寧ろ燃える藁から出るので、事実、部屋の壁が煤で黒くなっているのにもかかわらず、臭気は殆ど無かった。一隅には子供の為の小さな炉が二つあり、その一つでは火葬が行われつつあった。

最高の火葬料は七円である。これは中央に只一つの炉を持つ別個の建物で行われる。その次が二円七十五銭で、我が国の金に換算して約一弗三十七仙になる。これは大きな建物で行われ死体はそれを入れて来た大型の木の桶に入れたまま焼く。第三の、そして最も安い階級は一円三十銭しかかからず、この場合棺桶は焼かずに、死体だけを焼く。火葬場の監督は近くに住んでいて、灰を入れる壺を保管している。これ等の壺は大きさによって、一個六仙から八仙までする。彼はその一つを私にくれた。歯壺の内には小さな木の箱があり、これに注意深く灰からひろい上げた歯を納める。歯に関しては奇妙な迷信が行われつつあるらしく、昔時人々は一定の日に、彼等の歯がぬけぬことを祈り、供物をしたりした。火葬されつつあった死体は、当時東京で猖獗を極めた虎列拉の犠牲者のそれであった。監督はじめ、この仕事に従事するものは、屢々墓掘に見受ける、あの陰気な顔をしていず、愉快で丁寧で気持のいい人々だった。我々はこの経験に最もよい印象を受け、我が国ではこの衛生的な方法を阻止する偏見が、いつまで続くことであろうかと考えたりした。

火葬場への往復に我々は東京の最も貧しい区域を、我が国の同様な区域が開いた酒場で混雑し、そして乱暴な言葉で一杯になっているような時刻に車で通った。最も行儀のいい新英蘭の村でも、ここのいたる所で見られる静けさと秩序とにはかなわぬであろう。これ等の人々が、すべて少くとも法律を遵守することは、確かに驚くべき事実である。ボストンの警視総監は、我が国を最も脅かすものは、若い男女の無頼漢であるといった。日本にはこんな脅威はたしかに無い。事実誰でも行儀がよい。

先日いい折があって、私はある婦人——私の小さな家の世話をやく男の神さんである——が彼女の歯を黒く染めつつあるところを写生することが出来た。彼女は三日か四日に一度、これをしなくてはならぬといった。口をすすいだ水をはき出す特別な銅の器があり、それにかけ渡した金属板の上には、二つの真鍮の容器が置かれる。その一つは粉状で灰に似ている堅果の虫瘿《ちゆうえい》を入れた箱で、他には鉄の溶液を含む液体がはいっている。この溶液は彼女が古い壺を使用し、酢に鉄の一片をひたして自分でつくる。刷毛は一端をささらみたいにした木の小片で、つまり普通の日本の歯楊子である。彼女はこれを鉄の水にひたし、次ぎに堅果の虫瘿に入れ、あたかも歯を清潔にしているかの如くこすり、時々横に置いた鉢の水で口をすすぎ、また鏡を取り上げて歯が充分黒くなったかどうかを見る。これは歯のためによいとされている（104図）。

天皇陛下のお庭が、初めて特別な招待によって観覧のために開放された。数日前菊の展観に対する御招き状が、日本人と外国人とのすべての教授、並びに恐らく同階級の日本人官吏のすべてに向って発せられた。今明日がその日で、私は現在では大学と

104 図

公式の関係は無いが、大学の役人と認められて、御招待にあずかった。今迄は只外国人にあっては外交団の人々のみが、お庭にはいることが出来た。一枚の切符について家族五人を連れて行くことが許されたので、どの一枚もが最大限度にまで使用されたらしく思われた。貴婦人や子供達も多く、彼等は美々しく装っていた。子供達がこの上もなく行儀のよいのは見ても気持がよかった。吸鳴ったり、叫んだり、男の子がやたらに走りまわったりするようなことは、更に無かった。庭園はそれ自体がすでに完全な楽園であった。私はその驚くべき美しさを記述する言葉も、才能も持っていない。そこは広く、もとは平坦だった場所に築園されたのである。起伏する丘や、渓流が流れる岩の谷や、谷や、橋や、ひなびた東屋等が建造され、そのいずれもが賞嘆に値した。

我々の仲間に、最近大学の教職についた背の高い外国人（米国人）がいた。彼はまるで瀬戸物店へ踏み込んだ牡牛だった。彼は庭園中を横行闊歩したが、何を見ても感心せず、事実、乱暴で莫迦気きったことばかりいうので、我々は遂に彼をまいてしまった。だが、その前に、我々は外国製の安っぽくてギラギラした赤色の絨氈によって、その内部を胆をつぶす程ひどくされた、美しい小亭へ来た。この男はここに於てか、初めて讃《たた》うべき物を発見し、自然そのままの木材でつくった、最も繊細で美しい指物細工のこの部屋に、かかる吃驚するような不調和な物がある事実を丸で感じずに、その美しさを論評するのであった。

花は変化に富み、優雅にも美麗であった。それ等は竹と葦の簾とで趣深く作った日除けの下に排列してあった。もっと永久的な日除けの出来た場所もあった。多くの驚くべき樹木の矯生樹があったが、その一つは直径二十呎の茂った葉群を持ちながら、高さは二呎半を越えず、幹の直径は一呎である。また野趣に富んだ垣根、橋、美しい小湖もあった。日本人は造園芸術にかけては世界一ともいうべく、彼等はあらゆる事象の美しさをたのしむらしく見えた。外国人とても同様であったが、只例の背の高い教授だけは例外で、彼はマゴマゴしたのみでなく、断然不幸そうに見えた。

学校の寄宿舎で学生達は、如何なる種類の楽器を持つことも許されず、将棊や碁もしてはいけない。勉強の邪魔になるからである。彼等の勉強は朝早く始り、実にはげしいコツコツ勉強で、科目は我が国の大学に於けるものと全く同じだが、すべて英語である。医科ではこれが独逸語になる。武士の子は朝六時に起き、井戸の傍で顔を洗ってから、大きな声を出して本を読む[1]。それぞれの寄宿舎の等級は、学生が読書に際して立てる騒音の差によって、それと知られる。早い朝飯の後で、子供は学校へ行き、六、七冊の本に字を書かねばならぬ。一冊に四十頁、一頁に大きな字を四つ書く。これ等の頁には何度も何度も書くのだが、乾いた墨の上に、濡れた墨が明瞭に見える。怠け者の子は時として紙の上に墨をはねかけるが、先生には大抵の場合この悪だくみを発見することが出来、その子は放課後、刑罰として学校にのこされる。子供は必ず弁当箱を持って行き、「熊のように空腹」になって帰宅する。母親がお菓子を与えると、彼はそれを貪り喰い、そこで晩飯まで遊び、翌日の予習をしてから寝る。

先夜私は屋敷の召使の子供である小さな女の子を二人連れて、お祭が行われつつある本郷通りを歩いた。私は彼等に銅貨で十銭ずつやった。どんな風にそれを使うかに興味を持ったのである。それは我が国で、同様な場合、子供に一弗をバラ銭でやったのと同じようであった。子供達は簪を売る店に、一軒一軒立ちより、一本五厘の品を一つか二つしか買わぬのに、あらゆる品を調べた。地面に坐って、悲しげに三味線をひいている貧しい女――即ち乞食――の前にさしかかると、子供達は、私が何もいわぬのに、それぞれ一銭ずつを彼女の笊《ざる》に落し入れた。

先日箕作教授と一緒に大学の構内から出て来ると、小使の一人が丁寧にお辞儀をして行きすぎた。箕作氏はこの男は一八六八年の維新までは、武士よりも高く、大名のすぐ下に位する位置にいたのだと語った。維新の結果、彼は全然食って行けなくなり、只下男の役をつとめることだけしか出来なくなった。箕作教授は、これは封建制度のある点が如何に莫迦げているかを示すいい例であり、同時にこれ等の人々が屡々諦めと卑下とを以て奴僕の位置につく、辛抱強い態度を示し、また金を貰ったり借りたりするよりは、働いた方がいいと思っていることを、よく現しているといった。私は人力車夫になった武士もあるということを聞いた。勿論高級な武士でなかったことは事実だが、それにしても彼等が働くというそのことは、我々の民族間に存在する、いつわりの誇が無いことを示している。私の実験室の雑役夫は一日に二十五仙をとり、それで神さんと音楽の稽古をしている娘一人とを養っている。

昨日私はある町を通行した。そこからは五呎以下の小さな路地が、いくつか横には

（1）声を出して本を読むことは慣例的である。そうしなければ読みつつある物を了解することが出来ぬと彼等はいう。しかし大学にはいってだんだん学問が進んで来ると、この習慣はなくなって行く。

いっていて、その路地の両側には住宅が立ち並んでいる。私にはそれが如何にもむさくるしく思われ、箕作はそここそ東京で最も下等な、最も貧しい区域だといった。私はゆっくり歩いて、順々にそれぞれの路地を検査した。私は声高い叫びも、呶鳴る声も聞かず、目のただれた泥酔者も、特に不潔な子供も見なかった。そして、この細民窟《スラムス》ともいうべき場所——尤もここは細民窟《スラムス》ではない——で、手当り次第に拾い上げた百人の子供に就いて、私は彼等が紐育の第五街の上で手当り次第に拾い上げる百人の子供よりも、もっと丁寧で物腰はしとやかに、より自分勝手でなく、そして他人の感情を思いやることが遥かに深いと敢えていう。

日本で生活していた間に、私はたった一度しか往来での喧嘩を見なかったが、それの遣り方と環境とが如何にも珍しいので、私は例の如く、それを米国に於ける同様のものと比較した。我が国の往来喧嘩を記述する必要はあるまい。誰でも知っている通り、老幼が集って環をなし興奮した興味を以て格闘をみつめ、ぶん撲れば感心し、喧嘩が終るか、巡査が干渉するかすれば、残念そうに四散する。日本の喧嘩では、二人が単に頭髪の引っぱり合いをするだけであった！　見物人は私一人。他の人々はいずれもこのような不行儀さに嫌厭の情か恐怖かを示し、喧嘩している二人は、人々が事実避けて行くので、広い場所を占領していた。

今日（十二月十六日、日曜日）〔正しくは土曜日〕私は矢田部教授の招待によって、日本音楽、講談その他を聞きに、川の向うの百畳敷の会館へ行った。この三月、八十人ばかりの会員を有する倶楽部が設立され、社交的の会合に、初めて淑女と紳士とを一緒にすることを目的とするのである。はいって行って畳の上に坐ると、三十人ばかり、私の知っている人が、それぞれお辞儀をした。私の日本人の友人の多くが会員で、その中には高嶺夫人、高嶺若夫人、菊池夫人、菊池教授の小さい妹、服部、外山、小泉、松原、箕作の諸教授等もいる。会員は一人ずつお客様を招く権利を持っているので、その結果百人に余る気持のいい、愉快な人々——はきはきした、教養のある男女と、少数の可愛らしい子供達——が、一堂に会したのである。会場は広い、からりとした部屋で、聴衆は畳の上に坐り、お茶を飲んだり煙草を吸ったりした。会場の一端には、僅かに上げた演壇、というよりも寧ろ長くて低い机に、赤い布をかぶせた物が置かれ、この上に演技者が坐ることになっている。第一が音楽で、琴二つ、三味線一つ、笛に似た楽器が一つ。次が話し家で、私には時々彼の言葉が判っただけであるが、話の中の異る人々を表現する彼の各種の身振は、見ていても面白かった。まごついた男は指を組み合わせる。田舎者の表情、絶間なく我鳴り立てる老婆——それ等は実に完全に表現され、皆を笑わせた。異った声の真似が、実に強く、そして即座になされるので、目を閉じていると、三人の別々な人が話をしているように思われる。時々、広場にある大きな天幕の横を通り過ぎると、その内から、まるで何人かが議論しているような音が聞えて来ることがある。内を見ると話し家が一人、周囲には一語も聞き落すまいとして、時々驚いて哄笑する聴衆が、彼の話に聞きほれている。婦人や娘達は決してかかる場所へ行かぬ。我が国でも弁士的の行商人を取りまく群衆中に、絶対に、或いは極く稀にしか婦人を見ぬと同じく、かかる場所へ行くことは、婦人に適さぬことになっている。これが済むと、日本では非常に一般的な、一種異様な話が始った。これでは語り手は彼の一部分を話し、一部分を歌う。もう一人の演技家が三味線で伴奏を弾くが、それにまた、話の役割に適した、奇妙な咽喉声や、短い音や、高いキーキー声や、啜泣きの音や、吃驚したような叫び声にいたる迄を含む、実に並外れな掛声が加る。変ではあるが人々は、この種の哀れな話を聞いて、涙を流すほど感動させられる。この形式の講釈を聞く人は、それがこの上もなく莫迦げているという印象を受ける。馴れるに従って、どうやら、苦痛、怒り、失望その他の情を現す声の助演の理由が判って来るが、それを記述することは、とても出来ない。三味線もまた、絃を震動させながら指を上下に動かすことによって、漸強音、啜泣き、突発的な調子、気味の悪い調子等の、あらゆる音を出すので、大切な助奏器を構成する役を持っている。この礼儀正しく教養ある聴衆が、かくもしとやかに、静粛に、そして讃評的であったことは、興味も深く、又気持よかった。彼等は一人ずつはいって来ると、畳の上に坐り、あちらこちらお辞儀をした。

二十四　鷹狩その他

この前の日曜日（十二月二十四日）ドクタア・ビゲロウと私とは、黒田侯（当時は侯爵ではない）にまねかれて、東京の郊外にある彼の別荘へ、鷹狩の方法を見に行った。我々は八時半その家に着き、直ちに狩番小舎ともいうべき場所へ行った。これは広い、仮小舎みたいな物で、北風を避けて太陽に開き中央には炭火を充たした大きな四角い穴があり、人々はここで手足をあたためる。そこには卓子と椅子とがあり、葉巻、茶菓等が置いてあった。近くにある鴨の遊域とここの間には、電気の呼鈴がかかっている。別の部屋には召使がおり、鷹匠達は外側に住んでいる。長い托架には、長い竿のついた奇妙な形の網がいくつもあり、一方側には数箇の区ぎりのある小さな建物があって、そこには鷹が飼ってあった。

しばらく番小舎で待っていると鈴が鳴り、我々は遊域へ行くのだといわれた。我々の後から一人の鷹匠が、見事な、ほっそりした隼を左手に支えてやって来た。鳥はいささかも恐怖のさまを見せず、黄色で黒い瞳の眼を輝かし、非常にまっすぐに、期待するところあるらしく立っていた。我々がはいって行った場所には、両側に高い土手を持つ狭い通路がいくつか切り込んであり、土手の上には竹が密生している。我々は一方が竹の林、他方が同様な竹を上にのせた土手の間に、いくつかの入口のある、長い、開いた場所へはいった。これ等の竹の林や縁は人を野鴨からかくして、それが吃驚するのを防ぐようにしたのであるが、日本の野生の鳥は、如何なる種類の隠蔽物をも必要としないくらい、よく人に馴れている。

だが先ず主要な沼と、この沼から来ている鴨をおびき込んで、そこから彼等が飛び立つ時、場合に応じて変な形の網や鷹でそれを捕える運河とについて語らねばならぬ。鴨が必ず下降する相当な大きさの池を、選ぶなり、人工的につくるなりする。これを密生した竹叢で、ぐるりと取り巻き、何人なりとも、たった二人がはいれるだけの大きさの小舎に通ずる狭い路以外を通って、そこに近づくことは許されない。この小舎には小さな穴が二つあいていて、そこから池が見える。竹の密林によって、ぎっしり取り囲まれた平穏な水面をチラリと見、何百という小さな太った鴨の背中に太陽が照り輝き、鴨のあるものは泳ぎ廻り、他のものは日陰にある薄い氷の上で休み、池の真中の小島では大きな鷺が、安心しきって長閑に一本脚で立っているのを見た時は、面白いなと思った。所々池の辺に黒く陰になっているのは、そこに鴨をおびき入

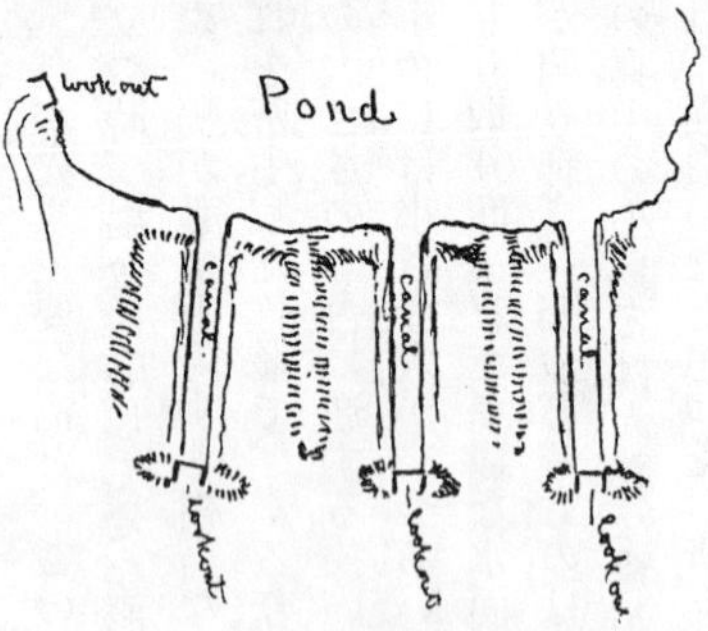

105 図

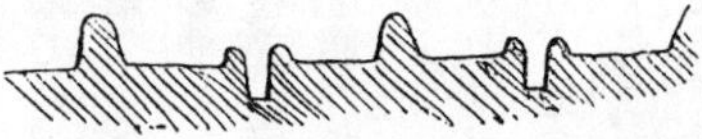

106 図

れる運河である。105図は池と見張所と、池からはいっている三本の運河とを示し、106図は運河の断面図である。これ等の運河は幅は三呎、あるいはそれ以上で、深さ四、五呎、運河の両側は一呎半ばかりの低い土手になり、それから十五呎ほどの空地を置いて高い土手になること、切断面図に示す如くである。この高い土手には竹が密生している。運河には飛びもしなければ、鷹を恐れもしない、馴れた鴨がかってある。それ等は屡々餌を貰うから大きい池へは出て行かぬ。野生の鴨は、併しながら、運河にはいって来るので、その末端にある見張所の小さな穴から見ていると、野鴨がはいって来たかどうかが判る。

鴨がそこにはいったということが報告されると、人々は爪先で歩いて、運河の岸の空地まで行く。鷹匠は小さな土手の、野鴨がいると思う場所へ近づき、別の男が運河の池に近い端へ行って手を振ると、鴨は吃驚して飛び立つ。鴨が低い土手の上に姿を現すと、鷹匠は隼をそれに向って投げ、鴨と隼とは一緒に飛び上る。隼は必ず鴨に追いつき、その頭を摑んで地面に引きおろし、鷹匠が来るまで翅《はね》を両方にひろげて待っている。鷹匠は来ると注意深く鴨を取り上げ翅を背中で組み合わせ、さて拇指を巧みに押し込んで、事実鴨の心臓を取り出す。その血をいくらか吸った上で、鷹匠は隼がその次の鴨に対しても空腹でいるように、心臓の小さな一片をそれに与える。運河に沢山野鴨がいる時には、他の人々が岸に近く網を持って立ち、鴨が立てば捕えようとまちかまえる。

鴨が舞い上ると共に数名の人々が、長い柄の網をふり廻し、同時に二羽の隼が網をのがれてその上に出た鴨を追いかける光景は、まことに私の心を躍らせた。107図はこれに使用する網の形で、108図は鷹匠の身体つきを示している。腕を大きく振り鳥が手を離れる時までにその速度を増して行って隼を投げるには、技術を必要とする。投げようが速すぎると、恰も競走している子供をうしろから押すような具合になり、鳥は前にのめってしまう。あまり激しく押すと子供がころぶのと同じ訳である。

隼を捕えてそれを訓練する方法は興味が深い。隼を捕えるには、真中が大きく、輪

107 図

108 図

109 図

を入れてひろげた長い筒形の網の中へ、雀を入れたものを使用する。この両端を杙《くい》にしばりつけて、地面に置くこと、109図の如くする。この筒の網を横切って、極めて細い糸で編んだ網目の広い大きな網を、二本の竿にかける。その大きさは高さ六呎、幅八呎か十呎で、上方の細い竹竿と地面にある割竹とから、容易に外すことが出来るようにかけてある(110図)。雀を捕えるには鷹匠は頭上を雀の群れが飛んで行くのを見ていて、呼子で隼の鳴き声に似た音を立てる。雀は驚いて直ちに地面に舞い下りるから、鷹匠は網を振りまわして容易に数羽をつかまえる。この一羽を筒形の網の内に入れ、おとりに使用する。野生の隼は網の上を飛んでいて、雀が筒形の網の中にいるのを見つけ、それに向ってサッと舞い下りると、雀は網の他端へ逃げ、これを追う隼は縦網にぶつかって、直ちにこんがらがってしまう。鷹匠は網の作用を私に説明する為に、紐をまるめた大きな球を網にぶつけた。すると網は即座に四隅から外れて、球はそれに包まれた。捕えた隼は暗い部屋に入れ、食物も飲料も与えず、文字通り餓死させられかけ、ひょろひょろになるので、取扱うことが出来る。鷹匠はそこで顔を布で

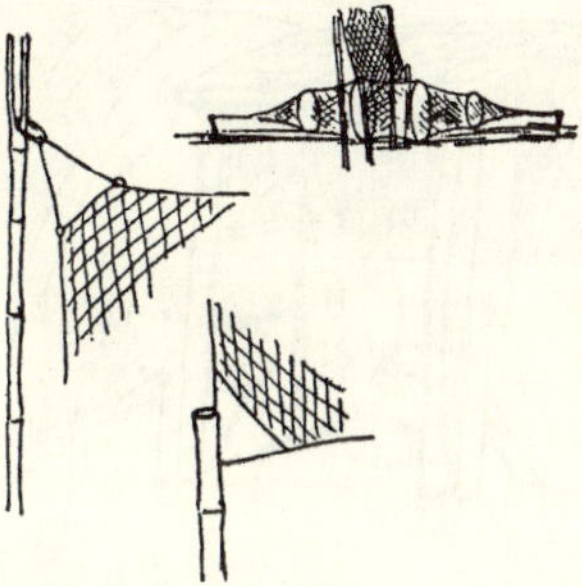

110　図

包んでその部屋にはいり、隼を一時間手でつかんだ上、それに雀の肉の少量を与える。これをしばらくの間、毎日くりかえす。最後に彼は布を取って部屋にはいり、徐々に部屋に光線を入れ、一日ごとに光を強くして行くうちに、隼は完全に馴れて飼主を覚える。こうなれば隼は真昼の光線にあてでもたじろかず、誰でもそれを持つことが出来る。それは決して逃げようとせず、箱をたたいて合図すると飼主のところへ来てその手にとまり、

全体として合理的な、そして行儀のいい鳥である。鷹の訓練には三十日から四十日かかる。この日使用した隼の一羽は、一ケ月ちょっと前までは野生の鳥であった。鷹狩に適したこの場所は、二百年以上、この目的に使用されて来た。111図は運河の一つの入口にある、小さな小舎兼見張所である。男は穀物を小さな漏斗に流し入れ、同時に穴から外を見張っている。何個かの木造の囮鴨が、他の鴨と一緒に水の上に浮いていたが、如何にもよく似せてあるので、見わけるのが至極困難であった。

111 図

外国人は何故日本人が、彼等が鳥に向ってバンバン発砲して廻ることに反対するのか、不思議に思う。発砲すると広い区域にわたって、鳥が池から恐れて逃げてしまう。上述のように、鷹狩をしたり網を用いたりしていれば、いつ迄も狩を続けることが出来る。

これは、たとえ鴨を食卓にのせる為に捕えるにしても、残酷な遊びのように思われた。すべてのことが静かに、いささかの興奮も無くして行われたことは、如何に屡々この遊びが行われるかを示していた。

我々は、初めて見たこの古い遊びに、大きに面白くなり、ドクタアは国へ帰ったらこれを始めると誓言したりした。

米国にもあるが、日本にはある種の格言を入れた菓子がある。112図は三角形の菓子の中にはいったものを示す。これは糖蜜で出来ていてパリパリし、味は生薑《しょうが》のはいっていないジンジャースナップ［生薑入りの薄い菓子］に似ていた。格言を意訳すると「決心は巌でも徹す、我々が一緒になれぬことがあろうか」となる。これを訳した團氏は私に、これ等の格言が普通恋愛や政治に関係があることと、これは昔から行われつつあることとを話した。私は子供の時米国で、恋愛に関する格言を入れた同様な仕掛を見たことを覚えている。

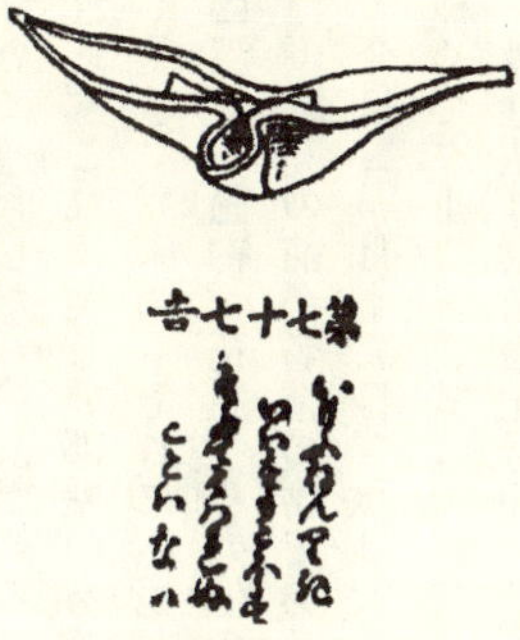

112　図

昨日私は大隈氏の学校の開校式で講演すべく招かれた。私の演題は進化論、即ちダーウィニズムで私の以前の特別学生の一人である石川氏が、私のために通訳した。講演が終ると我々は、学校のすぐ裏にある、大隈氏の別荘へ招待された。これは美しい部屋のある家で、二十年前純日本風に建てられた。部屋は皆大きく美しく、床間もそれに相当した深さを持っていた。私は、大きな部屋の床間が非常に深く、懸物、花瓶、その他の装飾品も、それに釣合って大きいことに気がついていた。床間の前が名誉の席であるということは、興味があろう。

今日（一月十二日）私は大学で、鳥類の爬虫類的相似に関する講演をした。これは極めてダーウィン式なもので、学生達をよろこばせたらしかった。

最近私は富士の記号のある茶碗を発見したが、これについては日本の専門家達が、大きに迷った。古筆はそれを二百年になる清水の仁清だというが、このような刻印は見たことが無く、柏木は古い大和の赤膚だと鑑定し、安藤は大和〔長門か〕の萩だといい、増田は古薩摩といい、前田は摂津の浪華〔難波〕であるかも知れぬと思い、更に別の、名前を忘れたが、一専門家は、それを尾張の志野だといった。私はこの一事を、日本の鑑定家達の意見がかくも相違することを示し、判らぬ品を鑑定するという仕事が如何に困難であるかを示すために、ここに書くのである。

他日の朝四時頃、私は突発的で激しい地震に、目をさまさせられた。私の床は地上二呎の所にあるのだが、しかもこの衝動は、棚の陶器を大きにガラガラいわせたほど激しかった。まったく、これでは家が潰れるに違いないと思うくらいであったが、私がはっきり周囲の状況に気がついた時には、すでに地震はやんでいた。ドクタア・ビゲロウは旅館の二階にいるが、きっと家が崩潰すると思ったそうである。

一月十八日の午後、私は日本の歌の最初の稽古をした。紹介状を持って私は――というより私の人力車夫が――浅草南元町九番地に住んでいる梅若氏の家にたどりついた。彼は能の歌と舞との有名な先生で、彼の家に接して、能の舞台がある。竹中が通弁としてついて来た。我々はお目通りを許された。梅若氏は非常にもてなしぶりがよく、外国人が謡をならうということを、よろこんだらしく見えた。竹中は、私がいろいろすることがあるので、すぐ稽古を始めねばならぬのだと説明した。梅若氏は私のために謡本を一冊持ち出し、私がこれから習う文句をゆっくりと読んでくれ、私はそれを出来るだけそれに近く書き取った。私は日本風に、両足を真下にして坐らねばならなかった。この坐り方は、外国人にとっては、初めの間は、やり切れぬものであるが、今では私は一時間半、すこしも苦痛を覚えずに、坐っていることが出来る。彼は私の前に、小さな見台を据え、扇子をくれた。これを私は足の上にのせて持つのである。彼が一行歌うと私が彼を真似てそれを歌い、そこで彼が次の一行を歌うという風にして、この歌の十一行を歌った。それをこのようにして二度やってから、我々は一緒に歌った。私は彼の声が、如何にも豊富で朗々としていることを知った。また、彼の声は、すべて単一の音調子でありながら、高低や揚音で充ちているのに、私のは、如何につとめても平坦で、単調であるのに気がついた。私は私が行いつつある、莫迦気きった失敗を感じて、居心地悪くも面喰い、一月の寒い日であるのに、盛んに汗を流した。最後に死物狂いになった私は、すべての遠慮をかなぐり棄て、何にしても彼の声音を真似てやろうと決心して、一生懸命でやり出した。私は下腹を力一杯ふくらませ、鼻から声を出し、必要な時には顫音《せんおん》発生装置をかけ、その結果数名の人々が、疑もなく絶望の念にかられて、襖の間から、このような地獄的な吼鳴り声で、名誉ある場所を冒瀆しつつある外国人を、のぞき見することになった。何はとまれ、私の先生は初めて私の努力に対して賞讃するように頭を下げ、私が最初の稽古を終った時私をほめ、そして、多分はげます積りであったろうとは思うが、私に一ケ月もすれば能の演技で歌うことが出来るだろうと云った。113図は先生と生徒との態度を示す。私は茶の湯や謡の実際の稽古をして、日本人の見解から、多くの事を知ろうと思うのである。謡の方法は横隔膜を圧し下げ、腹壁を太鼓のようにつっぱらせ、それに共鳴器の作用をさせるにある。だが声を酷使することは甚しく、歌い手は屢々歌っている最中に咳をするくらいである。

日本の細工物を調べる外国人は、それが如何なる種類の物であっても、その表面のいたる所が、同じ様に完全に仕上げてあることに、直ちに印象づけられる。青銅の像でも、漆塗りの箱でも、印籠でも、根付でも、底部が目にふれる面と同様に、注意深く、そして正確に仕上げてある。また彫刻した昆虫の腹部や、動物の彫像の基部が、解剖学的な正確さで仕上げてあるのに、驚かされる。この、仕事に対する忠実さのいい例は、ある家族が、その家具を動かす時に見られる。勿論家具は多くはないが、しかも箪笥や、低い机や漆塗りの戸棚や箱やその他が積まれたのを見る人は、米国に於

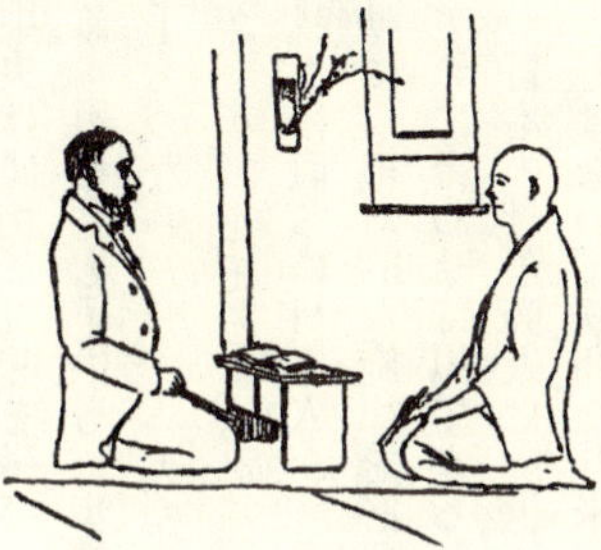

113　図

ける同様な家具積み馬車との対照に気がつく。よしんば富豪の家のものであっても、かかる荷はかなり乱雑に見えるものであるが、日本では、貧乏人の家から出た荷でも、キチンとしている。

東京で銀座と呼ばれる一区域を除いては、歩道というものが無い。この銀座はある距離にわたって西洋風に出来ていて、煉瓦建の二階家の街区や、煉瓦の歩道や、辺石がある。それ以外東京のいたる所では、車道が往来の一側から他の側にまで達し、その

中央は僅かに丸味を帯びかなり固くて平滑である。人々は道路の真中へまで群れて出る。男も女も子供も、歩調をそろえて歩くということを、決してしない。時に二人が手をつないだり、一人が連の者の肩に手をかけたりする。我が国では学校児童までが、歩調をそろえるのに、日本人は歩くのに全然律動が無いのは、特に目につく。我々は直ちに日本人が、我が国のように一緒に踊ることが無いのに気がつく。その運動に、絶対的な旋律を必要とするワルツ、ポルカその他の旧式な舞踊や、学校からピアノに合わせて出て来る練習やが、すべて我々の持つ行進の習慣に貢献している。

日本の骨董商人は、世界の他のすべてに於けると同じく、正直なので有名だということはない。欧洲なり米国なりでつかませられた贋物、古い家具、油絵、特に「昔の巨匠」の絵、埃及《エジプト》の遺物等を思い出す人は、日本の「古薩摩」（屢々窯から出たばかりでポカポカしている）や、古い懸物やその他の商人を、あまりひどく非難しないであろう。悪いことではあるが、これ等のごまかしのある物が、実に巧妙であるのには、感心せざるを得ぬ。一例として商人が、横浜か東京の郊外に、古風な庭のある古い家を発見したとする。若し彼がその家の住人を数週間、「所持品ぐるみ」ひっこしさせることが出来れば、彼は適宜な方法で、その家の中に懸物、青銅の品、屏風、漆塗りの箱、その他を一杯入れる。更に彼がその家の主人をして——彼が上品な老紳士であれば――不運な事変のため貧乏になり、今や家宝を売らねばならぬという、落ちぶれた大名の役目を演じさせることが出来れば、それでもう囮つきの係蹄は完全に張られたことになる。上陸したばかりで、日本の芸術の逸品に対して夢中になっている外国人は、ふとしたはずみに商人から、この都会から数哩しか離れていない所に引退した大名が住んでおり、この大名は今や零落して家財を売らねばならず、非常な値うちのある、且つ非常に古い家宝を手に入れる、このような稀な好機会は、一生に一度ぐらいしか起らぬのだということを聞く。人力車がやとわれ、長く、気持よく走った上で、彼は想定的大名のささやかなる住宅へ着く。商人は先に行って、彼が来たことを告げる。彼はそこで正式に、尊敬すべき老人に引き合わされ、老人はそこで何ともいえぬ鄭重さで彼に茶と菓子と、それから恐らくは少量の酒とをすすめる。彼は自分がこのように、無遠慮にも押しかけて来たことを恥じ、通弁を通じて前哨戦を行う一方、彼の目は慾深く部屋中を見廻し、自分の所有に帰するにきまっている品を選ぶ。同時に彼は商人によって催眠術にかけられ、愛すべき老人の、上品で、そして家宝を手ばなさずに済めかしと訴えるような態度にだまされる。彼はその品、この品に関して慎み深くいわれる値段を値切ることが恥ずかしくなる。誇がましい勝利の感情をいだいて、買物を積みこんだ人力車でホテルへ帰る彼は、すくなくとも今度こそは稀古の宝物を手に入れたという確信を持っているのだが、品物がすべて贋物であり、彼が途法もなく騙取されたのであることは、すぐ判る。これ等の商人が敢えてする面倒と巧妙さとは、他の事柄にも示される。政府の役人か大学の先生が、毎日きまった路を通って勤めさきへ行くとすると、東京の遠方で見て感心し、買いかけたが、あまり高いのでやめた品が、毎日の通路にある商人の手にうつる。値段は前よりも安いので、どうしても買うことが多い。これが、同じ都会の他の場所で、買うことを拒んだ品ではあるまいかと疑って、即座にその遠方の商人の所へ行って見ると、前にほしかった品はすでに売られている。しかし、更に買うことを拒み、再び遠くにいる商人を訪れると、その品はまた彼の手もとにあり、値段は安くなっている。私は数度、このような経験をした。

権左と呼ばれる老商人は、私が名古屋へ行った時、あの大きな都会中の骨董屋へ私を案内して大いに働いてくれ、この男こそは大丈夫だろうと思っていたのだが、その後私をだまそうとした。その方法たるや私が日本の陶器をよく知っていなかったら、ひどくだまされたに違いないようなものであった。私は古い手記から、初期の瀬戸の陶器のある物の、ある種の切込み記号を、非常に注意深く写し取った。これ等の写しを権左に送り、それ等の署名のある品をさがし出してくれ、そうすれば最高の値段を払うといってやった。数ケ月後名古屋から箱が一つ私の所へとどいた。それには権左の、古い陶工の歴史を書いた手紙がついていた。そして私が彼に送った写しと同じような記号のついた、これ等の陶工がつくった茶入、茶碗その他がはいっていた。私は一目してそれ等が、三百年昔のものではなく、精々三、四十年ぐらいにしかならぬことを知るに充分なくらい、日本の陶器に関する知識を持っていた。石鹼と水と楊子とを使うと、一度こすっただけで、なすり込んだ塵埃が取れ、切り込んだ記号が綺麗に、はっきり現れた。で、普通の虫眼鏡で見るとこの記号が、固く焼かれた品の上にひっ掻いてつけたものであることが知られた。本物だと焼く前に、やわらかい陶土に切り込むのだから、線の両端が持ち上っている。私はすぐさま、これ等の記号はすべて偽物であり彼をやがて出版する日本の陶器に関する本に、ペテン師としてあげてやるという、激烈な手紙を彼に出した。数週間後に私は権左から手紙と、絹に水彩画を描いたもの（114図）とを受取った。以下はその手紙を竹中氏がざっと訳したものである。

モース先生

過日は私の経験足らぬ眼のために、私は陶器を批判することについて間違をしまし

114 図

た。私は非常に恥入っています。私の欠陥に対して再び先生のお許しを乞うべく私は今や私が誤っていた事を書き記してお送りします。この絵で椅子に坐り、陶器を見ておられるのはモース先生で、他は竹中様、他は木村様であります。彼等の前に坐り、お許しを嘆願しているのは権左であります。最後に私は先生が陶器に関する御本を出版なさるに当って、私に親切にして下さらんことを祈ります。先生が御出版なさらんとする御本のことを考えるごとに、私は先生に向って正しからぬことを致したことを、非常にくやみます。

敬具

権左

絵に書いてある詩は「この世界では殆どすべてがかくの如くである。あなたは外側から、柿の内部の渋は見ることが出来ぬ」という意味である。

粗野で侵略的なアングロ・サクソン人種はここ五十年程前までは、日本人に対し最も間違った考えを持っていた。男性が紙鳶《たこ》をあげ、花を生ける方法を学び、庭園をよろこび、扇子を持って歩き、その他女性的な習慣や行為を示す国民は、必然的に弱くて赤ン坊じみたものであると考えられていた。一八五七年の『大英百科全書』には『日本人はかつては東方の国民間にあって、胆力と軍隊的の勇気とで評判が高かった。しかし現在ではそうでなく、吾人は彼等が本質的に弱々しく、臆病な国民であると見出されるであろうと思う。ゴロウニンによれば彼等は勇気に欠け、戦争の術にかけてはまったく子供である。これは二世紀以上にわたって、すべての点で、外的と内的の平和をたのしんだ国民にあっては、事実であろうと思われる。苦痛や受難を、勇気深く、辛抱強く堪えること、更に死を軽侮することまでもが、活動的で侵略的な勇気の欠亡と矛盾しないことがあり得るのを、我々は知っている。』と書いてある。だが、こんな以前のことをいう必要はない。カーゾン卿は一八九四年に出版された『極東の問題』と称する興味深い本の中で、日本人の野望に就いて以下のようにいっている。『現に、これ等の頁が印刷所へ行きつつある時、日本が朝鮮の混乱を利用して朝鮮で行いつつある、そしてそれは、支那との実際上の衝突とまでは行かずとも、重大な論争に日本を導く懼《おそ》れのある、軍隊的の飾示は、同じ性急な盲目愛国主義の、その後の結果である。』更に進んで彼は、これ等の示威運動は『国家的譫妄状態の最も熱情的弁護者の口辺にさえも、微笑を漂わせる』という。最近の出来ごとは、このアングロ・サクソン人の審判が、如何に表面的であったかを示している。

欧洲の恐怖であった二強国、支那と露西亜は、両方とも十一年以内（一八九四―一九〇五年）に日本によってやっつけられ、艦隊は完全に滅され、償金が、支那からは現金で、露西亜からは樺太の南半で、取られた。英国は初めて日本を注目の価値ありと認め、同盟を結んだ。まるで鉱夫仲間の道徳である！

終りに臨んで一言する。読者は日本人の行為が、しかも屢々我々自身のそれと、対照されたのを読んで、一体私は米国人に対して、どんな態度をとっているのかと不思議に思うかも知れぬ。私は我々が日本の生活から学ぶべきところの多いことと、我々が我々の弱点のあるものを正直にいった方が、我々のためになることを信じている。ボストンの警察署長、オーミアラ氏の言葉は、私に深い印象を与えた。彼は我が国に対する最大の脅威は、若い男女の無頼漢的の行為であるといった。かるが故に私は対照として、日本人の行為をあげたのである。私の対照は、ひがんだ目で見たものではない。それ等は私が四十年前に見たところのものの、そのままの記述である。我々のこの弱点を感じることは、何も我等を劣等な国民として咎めることにはならず、我々はホール・ケインが『私の物語』に書いたような、米国を真に評価した文章を、誇の感情を以て読み、そして信じるのである。

『我々はこの国民を愛する。彼等は世界の他の者が、あたかもひそかにするが如く見える自由を、彼等の権利として要求しているからである。私はこの国民を愛する。彼等がこの世界で、最も勤勉で、熱心で、活動的で、発明の才ある人々であり、そして、何よりも先ず、最も真面目だからである。何故となれば、表面的な観察者の軽薄な審判はともあれ、彼等は国民性に於て最も子供らしく、最も容易に哄笑し、最も容易に涙を流すまで感動し、彼等の衝動に最も絶対的に真実であり、賞讃を与えるに最も大度だからである。私は米国の男性を愛する。彼等の女性に対する挙止は、私がいまだかつて見たものの中で、最も見事に騎士的だからである。私は米国の女性を愛する。彼女等は疑うべくもない純潔さを、あからさまなる、そして不自然ならぬ態度と、性の見事な独立とで保持し得るからである。』

後記

本書“JAPAN DAY BY DAY”の著者Edward S. Morse（一八三八年六月十八日―一九二五年十二月二十日）は日本の近海に産する腕足類の動物を研究する目的のため一八七七年来朝、当時東京大学理科では動物学の教授がいなかったので英国のハックスレイか米国のジョルダンを招こうと考えていたが、お膝もとの東京にモースがいたことを発見し、早速交渉して快諾を得た。モースは準備のため帰国し、翌年家族と共に来朝、滞在二年。更に一八八二―八三年に三度目の訪日をなした。この三回の訪問によってモースはJapantheistという渾名をつけられた程の、心からなる親日家になり、米国の各地で日本に関する講演を無数に行った。

“JAPAN DAY BY DAY”は日本滞在中に書いた日記とスケッチとを基礎とし、一九一七年上下二巻の堂々たる大冊として出版されたものである。著者の死後間もなく科学知識普及会が財団法人啓明会の補助を受けてその翻訳を出すこととなり、小生が訳を命ぜられ、昭和四（一九二九）年夏完成、同年十一月三日発行された。原著と同じく上下二巻で、厳密な意味における完訳、スケッチ七百七十七図も残らず収めてある。

今般科学知識普及会の承諾を得て『創元選書』中の一冊として出版するについて、非常な削除を必要とした。これは一面困難であったが、原著が米国人に日本を知らせることを目的として書かれたのであるために、割合に簡単でもあった。即ち小生は明治十年、同十一、十二年、同十五、十六年の三回にわたるモースの日記の中で、当時の日本を記述したもの及びモースの日本人論ともいうべきものを主として残したのである。この意味で第二十三章『習慣と迷信』と次の章『甲山の洞窟』の二章は全然採用しないことにした。

原著は米国では絶版となったが、モースの遺言でそっくり東京帝国大学に寄附されたプレートを使用した日本版が、昭和十一年東京の興文社から発行された。

なお、メイン州ポートランドに生まれ、鉄道工場の職工をしながら昆虫や貝を採集していたモースがルイ・アガシイに認められ、ついに世界的の学者になるまでの生涯は、まことに興味深いにもかかわらず、詳しい伝記は何一つ残っていない。今年の夏ボストン・グローブ紙の記者でモースの令嬢ロッブ夫人と親交のあるドロシィ・ウェーマン夫人が『モース伝』の資料を集めに来朝した。我々はその上梓の一日も早からんことを期待するものである。

昭和十四年秋

石川欣一

解説

牧野陽子

モースという人と日本

本書『日本その日その日』(*Japan Day by Day*、一九一七年)は、明治初期に来日したアメリカの生物学者エドワード・モース(Edward Sylvester Morse 一八三八―一九二五)の滞在日記である。

大森貝塚を発見したことで知られ、また帰国後は日本研究者としても活躍したモースは、一八七七(明治十)年六月、三十九歳の時に、日本近海に多く生息する腕足類の標本採集のために来日した。モースはアメリカ東北部のメイン州ポートランド生まれ、子供の頃から貝類の採集に熱中し、そのまま研究者となった人だった。そしてひと夏の滞在予定で、江ノ島に漁師小屋を改造した「臨海実験所」を設け、主にシャミセンガイを採集したが、文部省の外山正一がアメリカ留学中にモースの講義を聴講したことがあった縁で、請われて東京大学の初代動物学・生理学教授に就任した。モースは絵が得意で、講演では黒板に次々と動植物の絵を名人芸のように描いてみせたといわれている。モース自身による多数のスケッチや図解に彩られていることも、本書の魅力のひとつだろう。

翌年には家族を伴って改めて来日し、一八七九年に退任するまでの二年余の間、ダーウィンの進化論を紹介し、一般向け講演も行った。大森貝塚を発見したのは、来日直後横浜から新橋へ向かう汽車の中からだったが、その発掘と出土品の調査は、考古学の発展に寄与した。モースはまた大学図書館の充実、大学紀要の創設、学会発足にも関わり、物理学の教授にトマス・メンデンホールを、政治学、哲学の教授としてアーネスト・フェノロサを推薦した。

その一方で、モースは日本人の生活文化に深い関心を寄せ、たくさんのスケッチや写真を残している。講義や研究の合間を縫って、各地を見物し、日光や北海道、九州、近畿地方へも採集をかねた旅行を行った。貝塚の土器から興味が広がり、多くの民具や民芸品、陶器を収集した。一八八二（明治十五）年、八ヵ月間の三度目の来日のときには、知人の日本美術研究家ウィリアム・ビゲローを伴い、フェノロサとともに、関西、中国地方を回った。

帰国後は、ボストン近郊セイラムの「ピーボディー科学アカデミー」の館長としての仕事のかたわら、『日本人の住まい』(*Japanese Homes and their Surroundings* 一八八六年)と、日本滞在時の日記とスケッチをもとにした本書を出版。アメリカ各地で日本と日本文化についての講演を晩年にいたるまで続けた。数千点にのぼる「モース・コレクション」のうち陶磁器類はボストン美術館に、民具類はピーボディー科学アカデミー(のちにピーボディー博物館と改称)に収められた。そして、一九二五(大正十四)年、モースは八十七歳でセイラムの自宅で没した。一万二千冊の全蔵書は東京帝国大学に遺贈されている。

「共感の精神」

本書には、明治初期の町の様子と人々の暮らしぶりが、新鮮な筆致で描かれている。一人の研究者らしいすぐれた観察力によって残された明治日本の風景は、記録として貴重なだけではない。現代の日本人は驚き、同時に郷愁を覚えるだろう。そこに現代日本が忘れ、失いつつある、何か大切なものをみいだす人もいるにちがいない。

モースの記述の特徴のひとつは、当時の来日西洋人の多くにみられた、西洋文明優越主義にとらわれていないことだといえる。科学者の曇りのない目で正確に対象を捉えようとする姿勢だったともいえるし、十九世紀西洋の価値観にとらわれることを意識的に回避したという面もあろう。『日本人の住まい』の序文では、民族学者が研究対象である異文化を観察するときには「偏見の煤で汚れた眼鏡」で見るよりは「薔薇色の眼鏡」をかける方がましだ、必要なのは「対象に対する共感の精神である」（モース『日本人の住まい』九頁）と述べて、一方的に異国の状況を中傷する人々を批判しているが、あるいは、モースにはキリスト教信仰との距離感があったのかもしれない。モースは子供の時、急死した兄の葬儀に際し、洗礼を受けなかった兄は地獄の業火に苦しめられると牧師が説教したことに深く傷ついたという（磯野直秀『モースその日その日』一四頁）。そして父親の厳格なピューリタニズムに反撥して育ったため（本書東洋文庫版第一巻二八頁にて「旧式なニューイングランドの習慣で育てられた者にとって」日本の日曜日は店にも町にも活気があって実に愉快な日だと述べている）、日本でもキリスト教宣教師の教化的言動に違和感を覚えたとされる。

さらに大きな特徴は、庶民の生活に関心を寄せたことだろう。モースは、立派な寺院や城郭や庭園には興味を示さず、普通の日本人が実際に暮らす住まいに目を向け、民具を収集し、名もない市井の人々の暮らしぶりを書き留めた。そして書物を通した研究ではなく、直接自分の目で見、自分の耳で聞き取ったことを記述することを重んじ、消え去ろうとする昔の日本の面影をとどめていた明治日本の姿に愛着をもった。民俗学者の宮田登も、「印象深く当時の日本人の生活記録をのこし、それらが貴重な民俗資料となって」いるこのようなモースの著作に、のちに日本民俗学を体系化した柳田国男も目を留めたことがあったと述べている（宮田登「モースと日本民俗学」『共同研究――モースと日本』二二三頁）。

このように異文化に対する姿勢や民俗資料としての面が評価されるモースの日記だが、その文章には、モースという人と日本の出会いによって生まれた一編の作品としての輝きと魅力がある。

なかでも、日本の第一印象を記した第一章は、異国の風物を見ていく心地よい興奮にあふれている。

一八七七年六月十七日の夜、モースは港で接岸用の小舟に乗り換えて、横浜に上陸した。「私は叫びたいくらい嬉しくなって――まったく私は小声で叫んだが――日本の海岸に飛び上った」「すべてが新しく珍しい景色を眺めた時、なんという歓喜の世界が突然私の前に展開されたことであろう」（本書一二頁）というモースは、翌朝、早速、横浜の町を見物に出かけた。

日本の町の街々をさまよい歩いた第一印象は、いつまでも消え失せぬであろう。――不思議な建築、最も清潔な陳列箱に似たのが多い見馴れぬ開け放した店、店員たちの礼譲、いろいろなこまかい物品の新奇さ、人々のたてる奇妙な物音、空気を充たす杉と茶の香り。我々にとって珍しからぬ物とては、足の下の大地と、暖かい輝かしい陽光とくらいであった。ホテルの角には、人力車が数台並んで客を待っていた……（本書一三頁）

モースは、人力車に目をとめるが、人間が引く車に乗ることを申し訳なく感じて、歩きだす。だが、いざ乗ってみると、車夫の力強い走りに魅了されてしまう。そして、「それにしても人力車に乗ることの面白さ！　狭い街路を全速力で走って行くと、……人々、衣服、店、女や子供や老人や男の子の何百人――これ等すべてが我々に、かつて見た扇子に描かれた絵を思い起させた」「人力車に乗ることは絶間なき愉快である。身に感じるのは静かな上下動だけである。速度は中々大きい」（東洋文庫版一巻七頁）と繰り返し記すモースの文章からは、人力車の躍動感とともに異国の街の賑わいの中を行く楽しさが伝わってくる。

初めての印象ほど魅力的なものはなく、読者に伝えるべき大切なものだとモースは考えた。モースがすでに目をとめ、書き留めた日本の風物は、後にたとえばラフカディオ・ハーンなども同じように感じ入り、紀行文のなかに記した事柄が少なくない。たとえば、モースは横浜に上陸してすぐに道行く人々の足元を見て、「木製の下駄や草履がたてる音は、どこかしら馬が沢山橋を渡る時の音に似ている――このカラコロいう音には、不思議に響き渡るどっちかというと音楽的な震動が混っている」（本書一九頁）と、日本の下駄の音に注目した。芝居見物にいくと、「何が何やらまるで見当もつかぬような支那文字をべったり書いた細長い布や、派手な色の提灯や怪奇な招牌の混合で装飾された変てこりんな建物が劇場なのである」（本書二五頁）と目を見張った。そして、夜、宿で外から聞こえてくる「あんまーかみしも　ごひゃくもん」という按摩師の呼び声に耳をすませ、彼らの姿を書きとめた。

開かれた世界

そして、本書におけるモースの記述がひときわ生彩を放つのは、「この大都会の狭い路や生活の有様は、更に更に興味が深い。人力車は速く走る、一軒々々の家をのぞき込む……」（本書一九頁）と、家々や人々の暮らしぶりの細部を描くときである。

モースは何より、家の開放的なつくりに驚きを隠せなかったのだろう。「風変わりな開け放した店（quaint open shops）」、小さな店は、「開けっぱなしの仮小屋（open shed）を連想させる」（本書一五頁）、「店と、それからそのうしろにある部屋とは、道路に向って開けっぱなしになっている（wide-open to the street）ので、……その家族が食事を」するのが丸見えだ（本書一四頁）と、モースは、openという形容詞を繰り返す。渡辺京二『逝きし世の面影』（葦書房、一九九八年）によれば、モース以外にも当時の外国人の多くが、庶民の家屋と生活が開放的すぎることに驚いている（同書一二七頁）。

　だがモースは、あきれるのではなく、大いに喜んで、通りに面して開け放たれた家々の中を覗き込み、店の棚に並べられている品物や、客と店主のやりとりを、奥で家族がすごす部屋のつくりを、生活の様子を活き活きと書き留めていく。母親が往来の真ん中で堂々と（openly）子供に乳房をふくませる姿を見かけると、「この国の人々がどこ迄もあけっぱなしなのに（utter freedom）、見る者は彼等の特異性をまざまざと印象づけられる」（本書一六頁）とも述べた。

　モースにとっての日本とは、自分に対して開かれた世界だった。自分を迎え入れるかのように、警戒心もなく、すべてを見せてくれる世界である。その印象は、近郊の村を通ったときにも変わらない。風景のなかに神社仏閣が点在して実に絵画的だとモースが思っていると、お寺では、学校の授業が行われていた。「そのお寺は大きな木の柱によって支持され、まるで明け放したパヴィリオン（亭）といった形なのだから、前からでも後からでも素通しに見ることが出来る」（本書三六頁）とモースは述べて、子供たちの賑やかな勉学の様子を温かい目で描く。寺や神社でさえも、奥の方まで見通すことのできる、開け放たれた世界として映ったのである。

そして、その「開かれた」世界を、モースは、庶民の生活の細部を彩る品々の豊かさと多様性の記述で埋め尽くしていく。

モースは、あらゆるところで観察力を発揮し、自身のスケッチをそえて次々と解説する。たとえば、竹が様々な製品の素材として用いられていることや、箸を食事の時に使うだけでなく、炭をつかみ、細工に使い、往来では掃除夫がごみをひろうという、道具としての応用の幅広さに感心する。横浜の市場を訪問したときも、「興味深い光景の連続」だと感嘆し、道具と魚介類を列挙し、「種類の多さ」に感じ入る。「面白い」「興味深い」といかにも嬉しそうに、眼を輝かせながら、感嘆の言葉を繰り返すモース。『日本その日その日』全編にみられる、こうした目に見える「もの」の多様性と機能に対するモースの観察が、帰国後、『日本人の住まい』にまとめられた。日本民家研究の嚆矢とされるこの著で、モースは家の構造や造りだけでなく、室内、調度品、風呂、便所、玄関、門、庭の花にいたるまでを詳述した。

日本人論の嚆矢

だがモースの日記を読んでいて、印象深く心に残るのは、モースが描く情景の明るい広がりではないだろうか。興味深い品々であふれる町はすみずみまで清潔で衛生的であり、階級を問わず人々はきれい好きで、礼儀正しく正直であることを、モースは繰り返し指摘する。

モースが特に感心したのは、行動をともにした人力車の車夫の礼儀正しく丁寧であることで、つねに微笑をたやさないし、動物はいたわる。アメリカの馬車屋なら喧嘩になるような場面でも穏便に事を収める（本書二九頁）、と再三車夫の話が登場する。そして、日本の住まいでは鍵も閂もかけずにいることができる。「人々が正直である国にいることは実に気持がよい」（本書三一頁）とモースは述べて、外国人は「日本人にすべてを教える気で」日本にやってくるが、数ヵ月もいれば、残念ながら教えることは何もない。「自分の国で人道の名に於て道徳的教訓の重荷になっている善徳や品性を日本人は生まれながらに持っているらしい」と気づく（東洋文庫版一巻四〇頁）、という結論に達する。

モースは日本の社会を、近代の悪徳や弊害の未だない社会として捉えていたのだろう。アメリカで行った日本の魅力についての講演には、モースなりの文明批評の意味もこめられていたかもしれない。もちろん、日本の町の清潔さ、人々の正直さ、礼儀正しさについては、モース以外にも、ペリー提督をはじめ、ハインリッヒ・シュリーマン、ネリー・ブライなど、来日した多くの外国人が、中国など他のアジア諸国の町の不衛生ぶりと比較して感心し、感嘆の言葉を書き残していることはよく知られている。ラフカディオ・ハーンは、日本人がいかに自己を律するかについて「日本人の微笑」というエッセイを書いた。そして日本人の礼儀正しさと自己抑制への感嘆と深い敬意の念がはからずも繰り返されたのが、東日本大震災直後の被災者の姿を報道したニューヨークタイムズ他の社説だった。

モースの観察は、決して一人の親日家による「薔薇色の眼鏡」によるものだったのではなく、むしろ日本人論としては正統派の嚆矢と位置づけられるだろう。ただモース本人は、あくまでも、自らの〈眼〉がみいだすものを忠実に書き記すことに留意したのだった。そして、日本の家屋の開放性と、町の清潔さと、人々の心の明朗さを同列に同一のものとして記述するモースにとって、庶民の風景も、日本の住まいも、すべて、昼間の光に照らされた明るい世界だったのだといえる。

モースは、東京から日光に向かったときにみた、ある村の風景を次のように描写した。

路に接した農家は、裏からさし込む光線に、よく磨き込まれた板の間が光って見える程あけっぱなしである。……家屋の開放的であるのを見ると、常に新鮮な空気が出入りしていることを了解せざるを得ない。（本書三七頁）

道路に添う美しい生垣、戸口の前の綺麗に掃かれた歩道、家内にある物がすべてこざっぱりとしていい趣味をあらわしていること、可愛らしい茶呑茶碗や土瓶急須、炭火を入れる青銅の器、木目の美しい鏡板、奇妙な木の瘤、花を生けるためにくりぬいた木質のきのこ。これ等の美しい品物はすべて、あたり前の百姓家にあるのである。（本書三八頁）

モースにとっての日本の原風景がここにある。光がふりそそぎ、風が吹き抜ける。明るく、清潔で、開かれ、多様な品々もすべて見渡せる。それは、江ノ島の海岸で腕足類を採集して過ごした夏の日々にそのままつながる世界であり、また、目に見える現実世界を信じるモースのまなざしに応えて広がっていき、展開していく風景だともいえる。

モースは三度目の短期来日の後、再び戻ることはなかった。だが、帰国後も、セイラムの自宅に日本からの留学生や訪問客を喜んで迎え、日本に対する大衆の無理解を解くべく、講演活動の努力を惜しまなかった。そして多くの日本人弟子に慕われ、その著作は欧米の日本文化の理解を深めることに貢献した。フェノロサとビゲローへの影響をはじめ、アメリカ東部における日本美術嗜好の中心となったことも知られている。

その善良な人柄についても、日米双方の多くの人が回想している（そのことについては、太田雄三『E・S・モース』に詳しい）。前述したようにモースは父親の信仰に反撥し、独善的な宣教師を嫌ったが、モース自身の人生は、アメリカのニューイングランド地方に所属して揺らがず、不安がない。幼き日、海辺で貝を採集していたモースは、長じて学者となり、晩年にはボストン博物学会会長をもつとめたのである。モースの著作に一貫する健全な明るさは、その基盤の安定によっているといえるのかもしれない。「古きよき日本」を愛したモース自身が、現代からみると、「古きよき時代の善良なるアメリカ人」といった趣がある。そして、モースが描いた明治初期の日本の情景のやわらかさは、モースと日本の穏やかで幸せな出会いのもたらしたものだといえるかもしれない。

（成城大学教授）

追記

以下、モースの他の著作と、主要参考文献をあげておく。なお、本書の訳者、石川欣一（ジャーナリスト、翻訳家）は、モースの弟子の石川千代松（動物学者、東京帝国大学教授を務めた）の長男である。

エドワード・モース

『動物学初歩』矢田部良吉訳、丸善、一八八八年（*First Book of Zoology*, 1875）

『理科会粋第一帙 大森貝墟古物編（*Shell Mounds of Omori*, 1879）』近藤義郎・佐原真訳、東京大學法理文学部、（後に、『大森貝塚』岩波文庫、一九八三年）

Catalogue of the Morse Collection of Japanese Pottery, Boston. Museum of Fine Arts, 1901

『日本人の住まい』斎藤正二・藤本周一訳、八坂書房、一九七九年（*Japanese Homes and Their Surroundings*, 1886）
太田雄三『E・S・モース――〈古き日本〉を伝えた親日科学者』リブロポート［シリーズ民間日本学者］一九八八年
守屋毅編『共同研究　モースと日本』小学館、一九八八年
磯野直秀『モースその日その日――ある御雇教師と近代日本』有隣堂、一九八七年
R・A・ローゼンストーン『ハーン、モース、グリフィスの日本』杉田英明・吉田和久訳、平凡社、一九九九年
ドロシー・G・ウェイマン『エドワード・シルベスター・モース』上下、蜷川親正訳、中央公論美術出版、一九七六年
牛沢百合子『E・S・モースと十九世紀的貝塚研究』大田区資料編纂室編、一九七八年
中西道子編・解説『モースのスケッチブック』雄松堂出版［新異国叢書］、二〇〇二年
小西四郎・岡秀行編『百年前の日本――セイラム・ピーボディー博物館蔵モー

ス・コレクション　写真編』小学館、二〇〇五年

小西四郎・田辺悟編『モースの見た日本――セイラム・ピーボディー博物館蔵　モース・コレクション　民具編』小学館、二〇〇五年

KODANSHA

本書の原本は一九三九年、創元社より刊行されました抄訳版です。

E・S・モース（Edward Sylvester Morse）

1838年アメリカ・メイン州生まれ。動物学者。進化論の観点から腕足動物を研究対象に選び，1877年に来日。その折，東京にて大森貝塚を発見する。その後，文部省に請われて東京大学理学部の教授を２年間務める。日本に初めてダーウィンの進化論を体系的に紹介したことでも知られる。1925年没。

石川欣一（いしかわ　きんいち）

1895年生まれ。ジャーナリスト・随筆家・翻訳家。モースに教えを受けた石川千代松の子。自身も，アメリカ・プリンストン大学留学中にモースの知遇を得ている。1959年没。

講談社学術文庫

定価はカバーに表示してあります。

日本《にほん》その日《ひ》その日《ひ》

エドワード・シルヴェスター・モース／石川欣一《いしかわきんいち》 訳

2013年６月10日　第１刷発行
2025年６月４日　第13刷発行

発行者　篠木和久
発行所　株式会社講談社
東京都文京区音羽 2-12-21 〒112-8001
電話　編集（03）5395-3512
販売（03）5395-5817
業務（03）5395-3615

装　幀　蟹江征治
印　刷　株式会社ＫＰＳプロダクツ
製　本　株式会社国宝社
本文データ制作　講談社デジタル製作

Printed in Japan

ISBN978-4-06-292178-7

「講談社学術文庫」の刊行に当たって

これは、学術をポケットに入れることをモットーとして生まれた文庫である。学術は少年の心を養い、成年の心を満たす。その学術がポケットにはいる形で、万人のものになることは、生涯教育をうたう現代の理想である。

こうした考え方は、学術を巨大な城のように見る世間の常識に反するかもしれない。また、一部の人たちからは、学術の権威をおとすものと非難されるかもしれない。しかし、それはいずれも学術の新しい在り方を解しないものといわざるをえない。

学術は、まず魔術への挑戦から始まった。やがて、いわゆる常識をつぎつぎに改めていった。学術の権威は、幾百年、幾千年にわたる、苦しい戦いの成果である。こうしてきずきあげられた城が、一見して近づきがたいものにうつるのは、そのためである。しかし、学術の権威を、その形の上だけで判断してはならない。その生成のあとをかえりみれば、その根は常に人々の生活の中にあった。学術が大きな力たりうるのはそのためであって、生活をはなれた学術は、どこにもない。

開かれた社会といわれる現代にとって、これはまったく自明である。生活と学術との間に、もし距離があるとすれば、何をおいてもこれを埋めねばならない。もしこの距離が形の上の迷信からきているとすれば、その迷信をうち破らねばならぬ。

学術文庫は、内外の迷信を打破し、学術のために新しい天地をひらく意図をもって生まれた。文庫という小さい形と、学術という壮大な城とが、完全に両立するためには、なおいくらかの時を必要とするであろう。しかし、学術をポケットにした社会が、人間の生活にとってより豊かな社会であることは、たしかである。そうした社会の実現のために、文庫の世界に新しいジャンルを加えることができれば幸いである。

一九七六年六月

野間省一

外国人の日本旅行記

393
ニコライ著／中村健之介訳
ニコライの見た幕末日本

幕末・維新時代、わが国で布教につとめたロシアの宣教師ニコライの日本人論。歴史・宗教・風習を深くさぐり、鋭く分析して、日本人の精神の特質を見事に浮き彫りにした刮目すべき書である。本邦初訳。

455
S・ウォシュバン著／目黒真澄訳（解説・近藤啓吾）
乃木大将と日本人

著者ウォシュバンは乃木大将を Father Nogi と呼んだ。この若き異国従軍記者の眼に映じた大将の魅力は何か。本書は、大戦役のただ中に武人としてギリギリの理想主義を貫いた乃木の人間像を描いた名著。

1005
B・タウト著／森 儁《とし》郎《お》訳（解説・持田季未子）
ニッポン

憧れの日本で、著者は伊勢神宮や桂離宮に清純な美の極致を発見して感動する。他方、日光陽明門の華美を拒みその後の日本文化の評価に大きな影響を与えた。世界的な建築家タウトの手になる最初の日本印象記。

1048
B・タウト著／森 儁《とし》郎《お》訳（解説・佐渡谷重信）
日本文化私観

世界的建築家タウトが、鋭敏な芸術家的直観と秀徹した哲学的瞑想とにより、神道や絵画、彫刻や建築など日本の芸術と文化を考察し、真の日本文化の将来を説く。名著『ニッポン』に続くタウトの日本文化論。

1308
R・フォーチュン著／三宅 馨訳（解説・白幡洋三郎）
幕末日本探訪記
江戸と北京

世界的プラントハンターの幕末日本探訪記。英国生まれの著名な園芸学者が幕末の長崎、江戸、北京を訪問。珍しい植物や風俗を旺盛な好奇心で紹介し、桜田門外の変や生麦事件の見聞も詳細に記した貴重な書。

1325
H・シュリーマン著／石井和子訳
シュリーマン旅行記 清国・日本

シュリーマンが見た興味尽きない幕末日本。世界的に知られるトロイア遺跡の発掘に先立つ世界旅行の途中で、日本を訪れたシュリーマン。執拗なまでの探究心と旺盛な情熱で幕末日本を活写した貴重な見聞記。

外国人の日本旅行記

1673
絵で見る幕末日本
A・アンベール著／茂森唯士訳

スイス商人が描く幕末の江戸や長崎の姿。鋭敏な観察力、才能豊かな筆の運び。日本各地、特に、幕末江戸の町を自分の足で歩き、床屋・魚屋・本屋等庶民の生活の様子を生き生きと描く。細密な挿画百四十点掲載。

1710
英国人写真家の見た明治日本 この世の楽園・日本
H・G・ポンティング著／長岡祥三訳

明治を愛した写真家の見聞録。写真百枚掲載。日本の美しい風景、精巧な工芸品、優雅な女性への愛情こもる叙述。浅間山噴火や富士登山の迫力満点の描写。スコット南極探検隊の様子を撮影した写真家の日本賛歌。

1771
続・絵で見る幕末日本
A・アンベール著／高橋邦太郎訳

該博な知識、卓越した識見、また人間味豊かなスイス人の目に、幕末の日本はどのように映ったか。大君の居城、江戸の正月、浅草の祭り、江戸の町と生活などなど。好評を博した見聞記の続編。挿画も多数掲載。

1794
ビゴーが見た明治ニッポン
清水　勲著

西欧文化の流入により急激に変化する社会、時代の波にもまれる人びとの生活を、フランス人画家ビゴーは愛情と諷刺を込めて赤裸々に描いた。百点の作品を通して、近代化する日本の活況を明らかにする。 電P

1871・1872
イザベラ・バードの日本紀行（上）（下）
イザベラ・バード著／時岡敬子訳

一八七八年に行われた欧米人未踏の内陸ルートによる東京─函館間の旅の見聞録。大旅行家の冷徹な眼を通じ、維新後間もない北海道・東北の文化・自然等を活写。関西方面への旅も収載した、原典初版本の完訳。 電P

1933
ビゴーが見た明治職業事情
清水　勲著

激動の明治期、人々はどんな仕事をして生活していたのか。洋服屋、鹿鳴館職員など西洋化により登場した職業を始め、超富裕層から庶民まで、仏人画家ビゴーが描いた百点超の作品を紹介、その背景を解説する。 電P